JN022494

エンタイトル

男性の無自覚な資格意識は
いかにして女性を傷つけるか

Entitled
How Male Privilege Hurts Women
Kate Manne

ケイト・マン

鈴木 彩加　青木 梓紗 ＝訳

人文書院

エンタイトル　目次

エンタイトル——男性の無自覚な資格意識はいかにして女性を傷つけるか

娘へ

第一章　消されない——特権を付与された男性の資格

その男性は、資格（entitlement）を絵にしたような人だった。五三歳のブレット・カバノーは、顔を真っ赤にしながら不機嫌そうに、ほとんど叫ぶようにして答えていた。彼がその訴訟を価値がなく、滑稽だと思っていることは明らかだった。二〇一八年九月、カバノーは上院司法委員会で、五一歳のクリスティン・ブラジー・フォード博士が高校時代に受けた性的暴行の申し立てについて質問されていた。問われていたのはカバノーの合衆国最高裁判事への任命だけではなかった。それよりも重要だったのは、この事件は性的暴行、男性の特権、ミソジニーの作用を問うものだったことだ。

アメリカはその試練を乗り越えられなかった。約三六年前、カバノーが実際に、一五歳だったフォードを性的に暴行したという非常に信頼できる証拠があったにもかかわらず、カバノーの連邦最高裁判事への指名は過半数によって支持された。

フォード博士は、カバノーと友人のマーク・ジャッジによって、メリーランドで開催されたパーティで寝室へと「追いやられ」、襲われたと証言した。カバノーは彼女をベッドに固定し、身体をまさぐり、股間を押しつけた。服を脱がせようとし、叫ばれないようにするために彼女の口を覆った。カバノーによって誤って窒息死させられるのではないかという恐怖を、フォードは語った。ジャッジがベッドに飛び乗ってふたりを倒した隙に、彼女はなんとか逃げ出せたのだった。(1)

心理学の教授であるフォードは、「笑い声は海馬では消えない」という言葉を用いて、事件とその心的外傷の余波について説明した。しかし、彼女のことを信じていると公言していた多くの人びとにさえ、カバノーの経歴や評価を考えると、フォードの経験はカバノーのような男性に与えられて然るべきだと思われているようなものを奪う価値があるほど重要だとは思われなかった。[2] もちろん、彼女は嘘をついている、間違ったことを言っているとして、彼女を信じることを拒否する人びともいた。[3]

カバノーの公聴会がトップニュースになる以前から、私は男性の特権と、その特権が少女や女性に強いる犠牲について考えていた。この事件は、私が研究してきた社会的力学の多くが凝縮されているようにみえた。資格という概念が、完璧に捉えられていたのである。つまり、特権のある男性は、合衆国最高裁判事という地位と同じくらい尊い何かを持っているという、広く共有された認識である。[4] カバノー自身もこの認識を有しており、ヒアリング中に見られた彼の苦悩や攻撃性、見境なく発狂した行動からも、そのことがわかる。フォード博士の落ち着いた冷静なふるまい、強く心に訴えかける試みが、上院議員の質問に対して「有益」だったこととは対照的に、カバノーは質問されるということ自体に激怒していた。とくに、質問者が女性の場合に顕著だった。エイミー・クロブシャー上院議員は、今では悪名高いやり取りのなかで、彼に次のように尋ねた。「前の晩に何が起きたのか、部分的にすら思い出せないほど飲酒したことは一度もないということですか?」カバノーは軽蔑と泣き言が混ざった口調で、「あなたは意識がないときのことを訊いてるのか。意識がないときのことなんかわかるはずがない。あなたにはわかるのか?」と答えた。[5]

この事件はまた、ヒムパシー(himpathy)という現象にも光を当てた。ヒムパシーとは、性暴力への関与や、その他のミソジニー的な行為をした力があり特権的な少年や男性が、犠牲者である女性よりもしばしば同情や配慮を得るというものだ。リンゼー・グラハム上院議員は、イライラしながらそうしたヒムパシーの典型的な態度をとっていた。

グラハム：（民主党員の方を見て）あなたたちの望みは、この男性の人生を破壊し、最高裁判事の席を空席のままにしておいて二〇二〇年に獲得することだ……（カバノーに向かって）謝罪する必要はありません。ソトマイヤーとケーガンに会ったらよろしくお伝えください。私は彼らに投票したんです。（民主党員に向かって）私は、あなたたちがこの男性にしたことを絶対にしない……（カバノーに向かって）あなたはギャングの強姦魔ですか？

カバノー：いいえ。

グラハム：あなたとご家族が経験したことを、私には想像すらできません。（民主党員に向かって）まったく、あなたたちは権力が欲しいのでしょう。神よ、彼らには絶対にその力を与えないでください。アメリカ人がこれらの詐欺師の正体を見抜くことができるよう願っています……神はフォード博士を守るつもりなどまったくないのですから。（カバノーに向かって）彼女はあなたと同じように被害者です。私は彼らの友人だったのでこんなことは言いたくありません。しかし、この件に関してあなたは公正なプロセスを模索したのでしょうか？　私の友よ、あなたは来るべき場所と時間を間違えてしまったんです。これは採用面接だと思いますか？

カバノー：助言と同意をすることが採用面接であるなら。

グラハム：これまで採用面接を受けてきたのだと思いますか？

カバノー：私は憲法のもとで助言と同意のプロセスを経てきました。それは……

グラハム：あなたが経験したのは地獄ではないですか？

カバノー：大変な思いをしました。それ以上にもっと。

グラハム：これは採用面接ではありません。

カバノー：そうです。

グラハム：これは地獄です。

グラハムによれば、カバノーのような立場のある男性がアメリカで道徳的権威の最も高い地位のひとつに昇進するために、性的暴行という深刻で信じるに値する告発に対応して酷く省略されたＦＢＩ捜査を受けることは、不当なほどに地獄のようなもの――それ以上に馬鹿げたこと――なのである。この場面において、カバノーはグラハムの見解を明らかに共有しており、さらに大胆になっている――自己憐憫にふける機会を無駄にはしなかったのだ。やり取りのなかでグラハムは、フォードはカバノーと「同じように被害者」だったとリップ・サービスをしているにもかかわらず（民主党側は政治的利益のために、カバノーの信頼を傷つけようとしていると想定した試みを参照されたい）、彼はフォードと彼女の家族に対しては、カバノーに向けたものと同じ程度の感情を向けることはなかった。後にグラハムは、「フォード氏は問題を抱えているが、カバノー判事の人生を破壊したとしてもそれは解決しない」と、フォックス・ニュースで激怒していた。[6]

カバノーがこの事件における真の被害者であるようにグラハムに思わせたのは、ヒムパシーである。カバノーのような男性を最高裁判事に任命しないということは、単に機会を留保するだけのことではなく、彼の人生を台無しにするに等しかった。[7] リンゼー・グラハムのような男性だけがこの種のレトリックを口にし、クリスティン・ブラジー・フォードを罵倒したわけではなかった。否定論者の多くは女性であり、上院議員、ジャーナリスト、一般市民も含まれていた。[8]

最後に、カバノーの事例はミソジニーの本質と機能が有するいくつかの側面を照らし出している。前作『ひれふせ、女たち――ミソジニーの論理』［小川芳範訳、慶應義塾大学出版会、二〇一九年］において私は、ミソジニーは少女や女性に対する画一的で根深い心理的憎悪として理解されるべきではないと論じた。それよりもむしろ、ミソジニーは家父長制の「法執行」部門とした方が、最もよく概念化することができる――ジェンダー化された規範と期待を監視して強要するように機能し、さまざまな要因のなかでもとりわけジェンダーによって、不釣り合いに、または明確に、敵対的な扱いをされている少女や女性たちを巻き込むシステムである。[9] クリスティン・ブラジー・フォードが受けた性的暴行（念の為に言及すると、私は彼女のことを信じている）が、ミソジニーのこの説明に該当するのは確かである。少女や女性は、男性よりもこの種の攻撃を受ける可能性が非常に高いからだ。[10] 加えて、ミソジニーとは典型的に（常にではないが）、ジェンダー化された「法と秩序」に抗する女性に向けられる反応である。権力のある男性から受けた虐待を告発したことで、フォードが罵りのメッセージや殺害予告を受けた事実は、そうした罰の例である。[11]

ミソジニーとは概して、最近郊外で増えているインビジブル・フェンスの犬の首輪［犬の脱走防止のために、隣家や道路と接する地中にケーブルを埋め、それに犬が近づくと首輪から警告音が鳴ったり電流が流れたりするというもの］に少し似ている。ミソジニーは確かに痛みを生じさせる可能性があるし、実際にそのとおりになることもある。しかし、積極的に誰かを傷つけていないとしても、ミソジニーは少女と女性に境界の外で冒険することを思いとどまらせる傾向がある。迷ったり間違えたりしたとき、私たちは境界線の外に出てはいけないのだということを知っている。[12] だからこそ、フォードの証言はあんなにも勇気のあるものだったのだ。

ミソジニーとは対照的に、性差別とは家父長制の理論的・イデオロギー的部門だと考えられる。家父長制の規範と期待を合理化し、自然化するための有益な信念や考え方、想定であり、ジェンダー化された役割分業や、伝統的には男性の権力や権威の領域にいる女性に対する男性支配も含まれる。本書は性差別よりもミソジニーに焦点を当てるが、両者は典型的には協力して機能していると認識することは重要である。

しかし、女性に対して必ずしも性差別的な信条を有していなくても、人はミソジニー的な行為をすることがある。ブレット・カバノーは、非常に多くの女性書記官を雇っていたことにもとづいて、性的違法行為の申し立てに対して自分を弁護していたが、実際にはそれはまったく弁護にはなっていない[13]。男性は、女性が法律やビジネス、または政治の領域において知的能力があると認めており、部下として働かせることも厭わない。一方で、これらの女性たちをミソジニー的な扱い――性的暴行など――の対象とみなしてもいる。さらに広くみれば、女性が男性を脅したり、男性に挑んだりしない限り、男性は女性にある程度の権力を喜んで与えるかもしれない。しかし、もし女性がそれを実践するならば、男性は女性を、女性の場所にとどめるためにミソジニー的な行為をし、不相応の考え方をしているとして女性を罰するだろう。私の分析では、そうした男性は性差別主義者というより、ミソジニストである。

全体的に、ミソジニーについての私の議論は、ミソジニーの個々の加害者に焦点を当てるのではなく、ミソジニーの標的や被害者に注目するよう促すものになっている。これは少なくともふたつの理由で有益である。第一に、ミソジニーに関するいくつかの事例では、個人としての加害者がまったくいないことがある。ミソジニーは純粋に構造的な現象であり、社会制度や政策、およびより広範な文化的慣習によって永続化されている可能性がある[14]。第二に、男性が心の奥底で感じる敵意としてではなく、少女と女性が直面する敵意としてミソジニーを理解することで、心理学的な検証不可能性の問題を回避できる。セラピストでない限り、ある人の最も深い内面の状態と、最終的な動機が何であるかを知ることはしばしば困難である（そして、たとえ知ることができたとしても、そうした知識はつかみどころのないものかもしれない）。しかし、ミソジニーについての私の説明では、誰かがミソジニーを永続化させていたり、ミソジニーを可能にしていたりすると言うために、誰かの内面を知る必要はない。知らなければならないのは、少女や女性が、男性の世界にいる女性――つまり、歴史的な家父長制社会のなかにいる女性（すべてではないにせよ、ほとんどの人が含まれると私は考えている）であるがゆえに、ジェンダー化された敵対的な扱いに不釣り合いなほどに、あるいは明確に直面していることを証明するうえで、私たちははるかに優位な立場にいることが多い、ということだ[15]。ある女性が、男性の心のなかの女性であるがゆえにそうした扱いを受けているのだと示す必要はないのだ。問題にすらならない場合もあるだろう。結局のところ、先述したように、男性と同じように女性もミソジニー的な行為をしうるのである。例えば、他の女性を解雇したり、同じ行為であっても女性を厳しく非難する一方で、男性を窮地から救おうとする傾向がある道徳に従ったりすることによって。

それゆえに、ミソジニーは少女や女性を水路づける社会環境の特性、として考えるのが最善なのだ。そうした環境で女性たちは、自身のジェンダー、多くの場合はジェンダー化された「悪い」ふるまいが原因となり、憎悪に満ちた敵対的な扱いを受けやすくなる。しかしながら、私はミソジニストと呼ばれるに値する個々人のリアリティを否定したくはない。確かに、「ミソジニスト」は善悪の判断を含む蔑称的な用語であり、この重要な言語学的武器がもつ特徴的な「パンチ力」とパワーを失わないよう、この用語をあまり自由に振りかざすべきではない。だから私はミソジニストを、永続的なミソジニーの達成者、つまりその環境にいる他の人と比較して、特定の頻度と一貫性でミソジニーを実践する人、として定義する。この定義は、私たち全員がミソジニーの社会構造にある程度加担しているという重要な真実を認識するうえで有益である。しかし同時に、多くの人びと、とくにミソジニーに抵抗するために果敢に努力している人びとにとって、私たち全体をミソジニストと呼ぶのは間違っているだろう。このラベルは、主犯者のためにとっておく必要がある。これ以降の章において、そうした人びとに数多く出会うことになるだろう。

『ひれふせ、女たち』を執筆していたとき、ミソジニーは少女と女性が直面する敵意として、そして、彼女たちを監視し、ジェンダー化された規範や期待を強化するものとして理解されるべきだという抽象的な議論を展開することに私は焦点を合わせていた。しかし、この定義はそれ以来、多くの疑問も生じさせてきた。比較的平等主義だといわれている、とくに私自身が置かれている環境[16]（合衆国）において、ミソジニーが取り締まり、強化しているジェンダー化された規範や期待とは何だろうか。その結果として生じる、ときに巧妙な社会的力学は、人生のさまざまな領域において少女や女性、また、ノンバイナリーの［性自認が男性／女性という二分法には該当しない］人びとの可能性をどのように制限するのだろうか。そして、少年と男性は、具体的な日々の生活においてこのシステムからどのようにして不当な利益を得るのだろうか。これらの問題を考えていくなかで私は、キンバリー・クレンショーがインターセクショナル・アプローチを開拓して私たちに注意を促したように、ミソジニーが社会的病理と密接に結びついている方法をより強く意識するようになった。そうした社会的病理には、人種差別（とくに白人至上主義）、外国人嫌悪、階級差別、同性愛嫌悪、トランスフォビア［トランスジェンダーの人びとに向けられる嫌悪］、および障害者差別などが含まれる[17]。

ミソジニーの経験には普遍的なものはない――とくに、ジェンダー化された規範と期待が常に他の不当なシステムと交差し、少女や女性のさまざまなグループが直面する新しい形の抑圧を生み出しているためだ。以下では、合衆国でトランスジェンダーの女性と黒人女性が直面している特定の形態のミソジニー――トランスミソジニーとミソジノワールのそれぞれを（私の主張が権威的にならないように）取り上げたい。シスジェンダー［性自認と出生時に割り当てられた性別が一致している人］であり、異性愛者であり、白人の女性として私は、タリア・メイ・ベッチャー、トレッシー・マクミラン・コットム、ジャスミン・ジョイナーをはじめ、このトピックに関しては多くの重要な人びとの洞察から計り知れない恩恵を受けてきた。

本書は、ミソジニーとヒムパシー、そして男性の資格が他の抑圧的なシステムと連携して生み出す、不当で屈折した、ときに奇妙でもある幅広い帰結を取り上げる。それらの多くは、伝統的には女性的な財（セックス、ケア、育児、再生産労働など）を、女性は特定の、多くの場合はより特権のある男性に与える一方で、伝統的には男性的な財（権力、権威、知識への異議申し立て）を男性から奪わないことを期待されている、という事実に由来する。これらの財は、特権のある男性に暗黙のうちにその資格が付与されていると考えられており、男性が女性から不当に財を奪うことに対して、しばしばヒムパシーを得ることからも理解できる。セックスに関しては最も明白であるが、セックスだけに限られるわけではない。

本書全体をとおして、正統性のない男性の資格は、広範囲に及ぶミソジニー的なふるまいを引き起こしていることを示す。男性に対して与える義務があると思われているものを女性が与えなかった場合、その女性はしばしば罰と報復に直面する。そうした罰や報復を与えるのは当の男性だけでなく、彼に同情的な支持者や、女性を取り巻くミソジニーな社会構造でもある。

さらに、このシステムにおいて女性は、女性にコード化された財と、男性にコード化された財、両方に対する真の資格を不当に奪われている。その結果、女性は自分の痛みをケアすることや、伝統的には男性に属する権力を得られないこと、専門にしているテーマについて話すための正当な権限を与えられないことなど、さまざまな不平等が生じている。

本書はいくつかの章において、男性の資格という正統性のない感覚に焦点を当てている。少女や女性、ノンバイナリーの人びとが、彼女たちに真に資格を付与されているはずの財を奪われていることを扱った章もある。多くの場合、多少異なる分析と解決法が求められるだろうが、こうした懸念は同じコインの両面である。

これらの道徳的バイアスの根底にある論理を明らかにすることは、次のような問いに取り組むにあたって役に立つだろう。反中絶運動と反トランス運動に共通しているものは何か。なぜ女性はいまだに家庭での「セカンドシフト」に大きな責任を課されているのか。なぜ特定の男性は日常的に、少女や女性、その他の傷つきやすい人びとを対象にした性的攻撃へと逃げるのか。そして、なぜマンスプレイニングはいまだに頻繁に起きるのか[18]。

本書でみるように、ミソジニーを保とうとする力は強力でありかつ浸透している。ときに女性はその問題のリアリティについて人前で発言したことで——実際にはミソジニーの対象として——罰せられ、非難される。多くの人びとは、男性は有罪が証明されるまでは無罪だとみなしているだけでなく、悪行とは無関係に、男性には無罪とみなされる資格があると感じている。さらに、ミソジニーの標的にされたなら、そのダメージは消えないだろう。クリスティン・ブラジー・フォード博士は最初の性的暴行によって深くトラウマを負っただけではない。何が起きたのかを証言することが市民的義務だと感じていたために、その義務を果たすことでおそらく再びトラウマを負った。公聴会の後、彼女は自身と家族に対する殺害予告が出たために家から追われたのだった[19]。ブレット・カバノーは最高裁判所の判事として任命されただけでなく、まもなくこの国の反中絶運動に合衆国連邦裁判所の支援を与えるという重要な役割を果たすことになるかもしれない。本書を執筆している時点では、数十名の女性に対する性的暴行やハラスメントがあるといわれているドナルド・トランプは、この国の大統領のままだ[20]。

それでも、社会の進歩とは明らかに不正とされるものだけが不正である、という普遍的な合意に依拠していない——依拠することはできないし、また、幸いなことに決して依拠してこなかった。その代わりに、私たちはそうした不正義に対して、個人的および集合的な勇気、創造性、および政治的抵抗といった日々の行動からきっかけを得ることができる——そして、私はそれらをより強く信じている。これが正しい結果をもたらすのに十分かは私にはわからない。しかし、闘うことは重要で、価値があると私は知っている。そして、私たちは何に反対しているのかが明白なときに、よりうまく闘うことができる。この信念をもって、以下の章で議論を展開していきたい。

注

(1) カバノーは他にも三名の女性：デボラ・ラミレス、ジュリー・スウェトニック、および匿名の原告から性的暴行または淫行罪で告発されている。Christine Hauser, "The Women Who Have Accused Brett Kavanaugh," *The New York Times*, September 26, 2018, https://www.nytimes.com/2018/09/26/us/politics/brett-kavanaugh-accusers-women.html. しかし、ここでは本章のねらいを明確にするために、クリスティン・ブラジー・フォード博士の申し立てに焦点を当てる。

(2) 例えば、アネケ・E・グリーンは、「フォードを信じることと、カバノーを承認することは両立する」というタイトルの記事において、次のように述べている。「フォード博士の勇気を称賛し、彼女は個人として説得力があり、共感できるのと同じように、男性や女性の人生において、成人前に生じた裏づけがなく調査も不可能な告発によって、その人を明らかに優れたキャリアから脱線させるべきではないという、私の信念は変わらない。」RealClearPolitics, October 3, 2018, https://www.realclearpolitics.com/articles/2018/10/03/we_can_believe_ford_and_confirm_kavanaugh_138240.html.

(3) フォードが嘘をついているとほのめかした人の例として、シェリル・K・チャムリーの次の言及があげられる。「もしフォードが何かを摑んでいて、それが真実や事実にもとづいていてカバノーに対抗できると示せるならば、それが何であれ彼女はさっさと言ってしまった方がいい。カバノーには自分の無実を証明する義務はない。しかし、フォードにはカバノーの有罪を証明する義務がある。最高裁判所の手続きを混乱させ、カバノーの任命を潰すために嘘をついてないこと、恥ずべき卑劣な戦術を使っていないことを証明する必要が彼女にはある。」"Christine Blasey Ford Could Indeed be Lying," *Washington Times*, September 22, 2018, https://www.washingtontimes.com/news/2018/sep/22/christine-blasey-ford-could-indeed-be-lying/.

一方で、スーザン・コリンズは、事件の加害者の特定が間違っており、フォードの証言は信頼できないと主張した。カバノーを任命するための決定票を投じた後、彼女はテレビのインタビューで次のように述べた。「(クリスティン・ブラジー・フォードは) 明らかに恐怖とトラウマを抱えています。彼女が性的暴行の被害に遭ったのは事実だと私は思っています。しかし、私が間違っていると思うのは、誰が加害者だったのかということです。ブレッド・カバノーが加害者だったとは信じられません。」Jaclyn Reiss, "Susan Collins Says She Thinks Brett Kavanaugh's Accuser Was 'Mistaken,'" *The Boston Globe*, October 8, 2018, https://www.bostonglobe.com/news/politics/2018/10/07/susan-collins-says-she-thinks-christine-blasey-ford-was-mistaken-about-identity-perpetrator-being-brett-kavanaugh/JD3AyfW6tly9KfUZjJxNwJ/story.html.

（4）男性の特権——白人の特権などのその他の形式の特権と同じように——には、資格の他にも多くの側面があることには注意が必要だ。特権を持っている人は、不愉快なほどに特権を持っているようにふるまわなくても、特権的な人（例えば私のように。実際にはジェンダーを除いたあらゆる点において、だが）になることができるし、そのようにしているだろうが、ある人が自分の特権を（それに気づき手放そうと思っていたとしても）現実的に放棄できる程度には限りがある。白人の特権を扱った古典として、以下を参照。Peggy McIntosh, “White Privilege: Unpacking the Invisible Knapsack,” *Peace and Freedom Magazine* (1989): 10–12. 最新の議論としては以下を参照されたい。Rachel McKinnon and Adam Sennet, “Survey Article: On the Nature of the Political Concept of Privilege,” *Journal of Political Philosophy* 25(4) (2017): 487–507.

　本書をとおして明らかになるように、白人女性の特権と資格の感覚は、それ自体が重要なトピックでもある。しかし、本書が焦点を当てる大部分は男性の特権であり、それは群生した一連の現象で構成されているため、体系的かつ交差的に研究することが望ましい。

（5）Sam Brodey, “‘The Most Telling Moment’: Sen. Amy Klobuchar in National Spotlight After Brett Kavanaugh Hearings,” *Minnesota Post,* September 28, 2018, https://www.minnpost.com/national/2018/09/the-most-telling-moment-sen-amy-klobuchar-in-national-spotlight-after-brett-kavanaugh-hearings/.

（6）Billy Perrigo, “Sen. Lindsey Graham Says Christine Blasey Ford ‘Has Got a Problem’ as He Continues Attack on Democrats,” *Times,* September 28, 2018, https://time.com/5409636/lindsey-graham-christine-blasey-ford-problem/.

（7）以前、私が書いた記事で取り上げたドナルド・トランプのヒムパシー的発言と比較してみてほしい。“Brett Kavanaugh and America's ‘Himpathy’ Reckoning,” *The New York Times,* September 26, 2018, https://www.nytimes.com/2018/09/26/opinion/brett-kavanaugh-hearing-himpathy.html.

（8）本章の注2と3で言及した（活用法が多岐にわたる）否定論と、高校時代からカバノーを知っていたとする六五名の女性からの手紙を参照すると、カバノーが性的暴行を犯したことを知らなかったことを主な根拠として、彼を個人的に擁護している。しかし、よくあることではあるが、（直接の、じかの）証拠がないということは、証拠がないことを決定づける証拠にはならない。言い換えれば、これらの女性たちがブレット・カバノー自身から暴行されていないことを証言できるという事実によって、フォードの証言が疑わしいものになるわけではない。以下を参照。Tara Golshan, “65 Women Who Knew Brett Kavanaugh in High School Defend His Character,” *Vox,* September 14, 2018, https://www.vox.com/2018/9/14/17860488/

brett-kavanaugh-sexual-assault-georgetown-prep-defense.

(9) 明らかなことだが、法執行機関というのは比喩である。すぐにわかるように、ミソジニーを公的な監視と執行のメカニズムに限定することを主張したいわけではない。

(10) 最新の統計によれば、未成年のレイプ被害者のうち八二%は少女が占めており、成人のレイプ被害者のうち九〇%は女性である。さらに、一六歳から一九歳までの少女と女性は、一般の人びとよりもレイプ、レイプ未遂、または性的暴行の犠牲となる可能性が四倍高い。*RAINN*, "Victims of Sexual Violence: Statistics," (https://www.rainn.org/statistics/victims-sexual-violence) を参照。

(11) 以下は、そうしたメッセージの例である。「お前を信じる奴なんか誰もいない。お前のカルマ(前世)はビッチだったから、その罰がもうすぐ下されるだろう。」「あんたはあと六か月しか生きられないらしいよ。不快な奴め。」Erin Durkin, "Christine Blasey Ford's Life 'Turned Upside Down' After Accusing Kavanaugh," *The Guardian*, September 19, 2018, https://www.theguardian.com/us-news/2018/sep/19/christine-blasey-ford-brett-kavanaugh -sexual-assault-accuser-threats.

(12) この比喩はもともと、『ゲルニカ』におけるリーガン・ペナルナとのインタビューで用いたものだ。"Kate Manne: The Shock Collar That Is Misogyny," February 7, 2018, https://www.guernicamag.com/kate-manne-why-misogyny-isnt-really-about-hating-women/.

(13) カバノーは公聴会の冒頭で次のように述べた。「過去一二年間で私の法務書記官を担当した四八名のうち大多数は女性でした。この委員会に宛てた手紙のなかで彼女たちは、私が女性弁護士にとっては連邦司法における最も強力な擁護者のひとりであり、私のおかげで司法の世界はより公平で平等になったと書いています。私が主任判事を務めていた期間中、国内では私よりも多くの女性法務書記官を最高裁判所へ送った連邦判事はいませんでした。」"Brett Kavanaugh's Opening Statement: Full Transcript," *The New York Times*, September 26, 2018, https://www.nytimes.com/2018/09/26/us/politics/read-brett-kavanaughs-complete-opening-statement.html.

(14) 例えば、第六章では合衆国の反中絶運動がミソジニーに深く根ざしていることを論じるが、それはその信条に賛同しているすべての個人がミソジニーを有していると言いたいわけではない。

(15) 合衆国やその他の環境におけるフェミニズムの社会的進歩の可能性と具体的な現実を決して否定するものではない。歴史的な家父長制の社会規範はいまだに残っており、平等主義の社会的慣習によって打ち消されたとしても、それらはしばしば無意識のうちに私たちのふるまいに影響を及ぼしているということである。

(16) 文化分析を実践する者として、私はたいていの場合は自分を内部者とみなすことができる社会的文脈に焦点を当てている——他の文化的文脈ではどのような類似点や相違点があるのかという問いは、読者に考察してもらう方が適している。しかし、これが道徳的帝国主義を回避するための唯一の方法というわけではない。これらの問題に関する最新の議論については以下を参照。Serene Khader, *Decolonizing Universalism: A Transnational Feminist Ethic* (New York: Oxford University Press, 2018).

(17) インターセクショナリティに関する古典であり画期的な著作については、クレンショーによる以下のふたつのものを参照。

Kimberlé Williams Crenshaw, 1991, "Mapping the Margins: Intersectionality, Identity Politics, and Violence Against Women of Color," *Stanford Law Review*, 43(6): 1241-99.

Kimberlé Williams Crenshaw "Beyond Race and Misogyny: Black Feminism and 2 Live Crew," in *Words That Wound*, edited by Mari J. Matsuda, Charles Lawrence III, Richard Delgado, and Kimberlé Williams Crenshaw (Boulder: Westview Press, 1993), pp. 111-132.

(18) 言うまでもないが、これらの問いや私がこのページで答えようとしている問いは、男性の特権と資格に関するトピックの包括的なリストを構成しているわけではなく、中心的な問いと、それについて言及することが合理的だと思った一部の問いに過ぎない。

(19) Ewan Palmer, "Christine Blasey Ford Can't Return Home for 'Quite Some Time' Due to Continuous Death Threats: Lawyer," *Newsweek*, October 8, 2018, https://www.newsweek.com/christine-blasey-ford-cant-return-home-continuous-death-threats-1157262.

(20) Chris Riotta, "Trump Accused of 26 New Cases of 'Unwanted Sexual Contact,'" *Independent*, October 9, 2019, https://www.independent.co.uk/news/world/americas/trump-sexual-assault-allegations-harassment-groping-women-karen-johnson-book-a9149021.html.

第二章　自発的ではない——称賛される資格

二〇一四年五月二三日金曜日、午後九時半をまわった頃、カリフォルニア大学サンタバーバラ校（UCSB）のアルファ・ファイ・ソロリティハウスではドアを叩く大きな物音がしていた。当時、少なくとも四〇名の女子大学生が住んでいたが、その日は戦没将兵追悼記念日の週末だったため、在室でその音に反応した学生は比較的少なかった。寮にいたひとりの女子学生によると、ドアを叩く音は異様なほど大きく攻撃的だったという。彼女たちは一分以上ドアが叩かれ続けたとしても、ドアを開けないことにした。後から考えると、運が良かったことは言うまでもなく、彼女たちが下した判断は賢明だった。ドアを叩いていたのはエリオット・ロジャー、二二歳。彼は銃を所持しており、彼女たちを全滅させる計画を立てていた[1]。

「思春期を迎えてから今までの八年間、僕は孤独、拒絶、そして満たされない欲望に耐えざるをえなかった。それはすべて、女の子たちが一度も僕に惹かれなかったせいだ。女の子たちは他の男には愛情を与え、セックスをしたのに、決して僕にはくれなかった。」車でUCSBにやって来る直前にYouTubeにアップロードした動画のなかで、ロジャーは次のような不満を口にしていた。「僕は二二歳で、まだ童貞で、女の子と一度もキスをしたことがない……。ずっと拷問されているようだ。大学生というのはセックスや楽しいことや快楽のような経験を誰もがする時期だ。それなのに僕は孤独のなかで腐っている。不公平だ。」そして、より道徳的な言い方で次のように述べた。

君たちは一度も僕に惹かれたことがない。君たちがなぜ僕に惹かれないのかはわからない。だが、僕は君たち全員に罰を与えようと思う。僕のことをわからないのは、不正義だしもはや犯罪だ。僕は完璧な男なのに、君たちは僕のような最高の紳士ではなく、そうではない不快な男たちに身を委ねるんだね。

それゆえ、ロジャーが立てたのは「報復の日」という計画だった。「僕はＵＣＳＢで一番イイ女たちがいるソロリティハウスに侵入し、その場にいる腐った傲慢なブロンドの尻軽女をひとり残らず虐殺する。[2]」

結局、彼は入館を拒否された後、そのときちょうど角を歩いていた三名の女性（ソロリティハウスの近くにあるトライデルタ寮の学生だった）を撃つことにした。二名を殺害し、一名を負傷させた。その後、車を走らせながら発砲し、男性一名を殺害、一四名を負傷させたのだった。[3]

・・・

ケイト・ピアソンは、壁の背後からドンという鋭い音を三回聞いたとき、てっきりホットヨガスタジオのステレオが棚から落ちたのだと思った。しかし、それは銃声だった。招かれざる客のスコット・ポール・バイアリー（四〇歳）は、午後五時半から始まるヨガのクラスのために、二〇〇マイル以上の距離を運転してフロリダ州タラハシーへとやって来た。彼はクレジットカードで一二ドルを支払い、そのクラスに何名が参加する予定なのか尋ねた。事前登録者は一一名しかいなかったため彼は失望し、スタジオの最も忙しい時間（土曜日の朝）はどうか尋ねた。それにもかかわらず、その日のクラスに女性たち（とひとりの男性）がやって来たので、彼は近くで待っていた。ヨガのインストラクターは彼に、スタジオの外の部屋にバッグを置くよう伝えた。彼は、質問があると言いながら聴覚保護のためのイヤーマフを装着し、グロッグ銃を出した。銃を手にして少しの間たたずんだ後、彼は最も近いところにいた女性に銃を向けて発砲した。一見すると無差別に見えるが、彼は「拒絶された青春」という復讐のファンタジーを描き続けていて、思春期の頃から自分を激怒させるような女性たちを殺害することを目的にしていた。結局、彼は六名を撃ち、そのうち二名は死亡した。[4]

この事件は二〇一八年一一月に起きた。襲撃の前にバイアリーは、エリオット・ロジャーに感化されたとする動画を投稿していた。クリス・ハーパー・マーサー（二六歳）も、オレゴン・コミュニティ・カレッジの教室で発砲する前に同様のことをしていた。彼は八名の学生と助教を殺害し、さらに八名を負傷させた。トロントで歩行者にバンを突っ込ませる前のアレク・ミナシアン（二五歳）も同じだった。彼は一〇名を殺害し、負傷者の数は一六名にのぼった。ミナシアンは、「インセルの反乱はすでに始まっている！　我々はすべてのチャドとステイシーを打倒する！　最高の紳士であるエリオット・ロジャー万歳！」と、事件前にFacebookに投稿していた。[5]

・・・

「インセル」という言葉は、「非自発的独身者 involuntary celibate」を意味する。皮肉なことに、この言葉は一九九〇年代に「アラナの非自発的独身プロジェクト Alana's Involuntary Celibacy Project」というウェブサイトを設立した、バイセクシュアルで進歩主義者のカナダ人女性、アラナによって作られた。[6] 彼女のような人びとの恋人関係における孤独や性的不満を手助けすることを目的としていた。[7] しかし今日、「インセル」という言葉は異性愛者の男性たち——その多くがかなり若く、インセルのイデオロギーに傾倒した匿名または偽名のインターネット・コミュニティを頻繁に利用している——が自らを指し示すものとして、ほぼ独占的に使われている[8]。インセルたちは、彼らが「ステイシー」と呼んでいる若い女性とセックスする権利が自分たちにはあるにもかかわらず、それを奪われていると信じている。インセルたちはまた、愛やガールフレンド、より正確には、ロジャーが欠如していることを嘆いていたように、自分に注目や愛情を与えてくれる女性に対する抽象的な憧れを表すこともある。しかし、彼らは通常、自分自身のためだけに、そしておそらく一義的にも、セックスや愛を望んでいるわけではない。彼らのレトリックは手段的な理由、つまり、「チャド」と比較したときに男性のヒエラルキーのなかで地位を得るための手段として、愛やセックスといった財を所有したいという願望を示すものだ。チャドとは「アルファ雄」として彼らが想定している男性のことで、その男性としての魅力はインセルの低い(と彼らが考えている)地位とは対照的である。それゆえに、インセルの復讐計画の標的は女性だけでなく、彼らを打ち負かし阻害していると認識されている男性も含まれる。エリオット・ロジャーは、先述の動画で次のように述べている。

僕が渇望していた女の子たちはみんな、たとえ僕が性的に言い寄ったとしても、劣った男として僕を拒絶し、見下しただろう(咳払い)。一方で、彼女たちは不快な獣どもに身を委ねた。君たち全員を虐殺することに、僕は大きな喜びを感じる。

真に優れているのは僕だと、君たちは最終的にはわかるだろう。本当のアルファ雄(笑い)。そうだ、ソロリティハウスの女の子たちを全滅させたら、僕はアイラビスタ通りに出て、そこで出会った人すべてを殺す。僕がこの数年、孤独のなかで腐っていた間、快楽に溢れた喜びの生活を送っていたすべてのモテる奴ら。僕が外に出て関わりを持とうとするたびに、彼女たちは僕を見下し、ネズミのように扱った。

さあ、今から僕は、君たちの神になろう。

この種の暴言は、狂人の戯言として退けたくなるかもしれないし、それは確かに間違ってはいない。このような風刺漫画の悪役風の暴言は本当に馬鹿げていて、ほとんどが滑稽だ。しかし残念ながら、それは彼らを無視する十分な理由にはならない。ひとつには、こうした男性のなかには明らかに非常に危険な人物がいるからだ。彼らは暴言を吐くほどに絶望していて、どん底にいるため、なおさら危険である。失うものは何もないと感じているため、最大級に暴力的な（彼らの理解によれば栄誉ある、満足のいく）大惨事へと身を投じようとする。ロジャー、バイアリー、ハーパー・マーサーはみな、自殺することで暴挙を終わらせた。法の執行によって逮捕されたのは、四名のうちミナシアンだけである。模倣犯の行動を考えれば、こうした暴力が増殖する可能性を危惧することは当然であり、その暴力の性質と原因を理解することは重要だ。

加えて、より厄介なことに、インセルとはより広範で根深い文化的現象が鮮明に現れたものだともいえる。彼らは、人びとから愛情ある眼差しできちんと称賛され、尊敬される資格――そして、彼らを尊敬し忘れたり、尊敬することを拒否したりする人びとを標的にし、破壊する資格――が自分にはあるという、男性たちが有する何らかの有害な感覚を具現化している。本章の後半でも論じるように、愛情と称賛を得る資格があるという感覚を持った男性は、家庭内や交際中などの親密なパートナーとの間で暴力を振るう男性の割合よりもはるかに多い。

すでに論じたように、インセルが一義的にはセックスに動機づけられていると考えるのは誤りである。愛に憧れている（もしくは表向きにはそう見せかけている）インセルもいるし、彼らが「ステイシー」とのセックスに関心を持つのは、少なくともそれが終わりに向けた部分的な手段になるからだ――彼らなりのゲームにおいて、チャドを倒すという意味で。したがって、セックスは彼らの性欲を満たすものである以上に、インセルの男性たちの劣等感を和らげるものである。

また、他の男性たちと比べるとインセルであることは地位が低い、という彼らの主張を安易に鵜呑みにするのも誤りである。男性の美的基準に関して、例えば最近の『ニューヨーク・マガジン』のインセルに関する記事では、完全に普通に見える若い男性たち――なかにはハンサムな男性すらいた――の写真が公開されていた。それにもかかわらず、彼らは顎のラインを変えたいと切望していて、なかには男性的な外見（彼ら自身の見解だが）にするために、チークインプラント［頬骨を高くするための手術］や輪郭形成といった途方もなく高額な美容整形にまで手を出している人もいた。[9]

さらなる間違いは、セックスはインセルが想定している問題の解決策になると考えることである。もしインセルが実際にセックスをするようになったり交際を始めたりしたら、彼は何者になるのだろうか。複数のコメンテーターの意見とは逆に、私の予想は「いい男にはならない」である。[10] ずっと独りだったインセルは、パートナーである女性を拷問するかもしれない。孤独は誰もが感じる。しかし、女性の性的・物質的・生殖的・感情的労働に対して資格があるという誤った感覚は、付き合う前にインセル的な傾向をもたらすかもしれないし、もし彼が妨害されたと感じたり、憤慨したり、嫉妬を感じたりすれば、後に親密なパートナーへの暴力につながるかもしれない。言い換えれば、インセルとは事が起こることを待っている虐待の加害者である。

インセルは、能動的か受動的かの程度に違いがある。エリオット・ロジャーは主に後者だった。彼は、彼がマニフェストとしている『私の歪んだ世界 My Twisted World』（一〇万単語以上の長々しい回顧録のようなものである）の影響から、デートをするための真剣な努力を一度もしなかった。彼は、アルファ・ファイ・ソロリティハウスの女性たちに実際にアプローチしたことはなく、ただ彼女たちが彼を拒否するだろうと思い込んだだけだったようだ（もちろん、これは正確な予測だったのかもしれない）。自分の腕を試すよりも、彼は失敗のリスクを冒さず、遠くからストーキングすることを好んだ。また、最終的な暴力行為に至るずっと前から、妬みや怒りといった感情を引き起こす幸せそうに見えるカップルに対して、数々の些細な復讐行為もしていた。カップルの顔に飲みものを投げつけていたのだ――あるときはホットコーヒー、またあるときはオレンジジュースというように。彼の説明が正しいとすれば、こうしたことはロジャーが一度も得たことのない「ステイシー」との、物理的な接触にかなり近い行為だった。

対照的に、スコット・バイアリーには、同意なしに女性に触るというたちの悪い習性があった。要するに、彼は痴漢だったのだ。ヨガクラスを襲撃したとき、彼は女子学生を不適切に触った（女子学生の腹部、ブラジャーのすぐ下のところに手を当てて、くすぐったいかと尋ねた）として、臨時教員の職を解雇されていた。また、複数の女性の身体を触ったとして軍を除隊させられていた（しかし、それは明らかに名誉除隊という扱いだった）。そして彼は、タラハシーにあるフロリダ州立大学のキャンパスで連続事件を起こした後、キャンパスへの出入りを禁止されていた。そこは彼が行政学の修士号を修得した場所だった。一連の事件のうちのひとつで、彼は食堂で三名の若い女性――全員がヨガパンツを履いていた――の臀部を触っていた[11]。

バイアリーとロジャーは、横暴から失望までが連続しているような、資格を付与された男性的行為の両端にいたのだと考えられる。バイアリーは、女性たちの身体に手を伸ばして望まない接触を強要することで、女性の身体に対して自分には資格があることを示していた。ロジャーは、（比喩的かつ文字どおりに）彼に手を差し伸べなかった女性に深い恨みを抱くことで、女性を得る資格が自分にはあるという意識を示していた。ロジャーは明らかに、女性が自分の膝の上に、少なくとも玄関先には現れてくれることを期待していた。そして、それが実現しなかったとき、資格が傷つけられたという意識から、報復計画とともに彼は彼女の玄関先にやって来たのだった。[12]

彼らの行動パターンのいずれかが、他方よりも優れていると言いたいのではない。これらの行動を区別しても道徳的には大差がない。しかし、双方のパターンを認識することは重要である。攻撃的なインセルと、臆病に見えるインセルの間に潜む類似点を見逃さないようにするためだ。とくに後者は、明確な反証があったとしても無害な「ナイスガイ」と誤認されがちである。

インセルは多くの場合、有害な人種差別主義者でもあるが、すべてのインセルが白人であるわけではない。実際、「カリーセル curry-cels」[南アジアをルーツにするインセル]や「ライスセル rice-cels」[東アジア・東南アジアをルーツにするインセル]といった人種差別的用語が使われているほど、白人ではないインセルは数多く存在する。[13] しかし、非 - 白人のインセルは、決まって白人至上主義のイデオロギーに同調する。例えば、エリオット・ロジャーは自らの著作で明らかにしているようにアジア系のルーツを持ち、人種差別主義的な自己嫌悪に満ちていた。彼は、自分には白人性が欠如していると嘆き、ブロンドの白人になりたいと切望していた。

私は混血だから違っていた。私は、半分白人で、半分はアジア人だ。そのために、　私がなりたかった普通の完全な白人の子どもたちと私との間には違いがあった。

私はかっこいい子どもたちが羨ましくて、自分もそのひとりになりたかった。彼らのような容姿にしてくれなかった両親に、昔は少し苛立っていた。両親は決して、私にかっこいい服を着させてくれたり、かっこよく見える髪型にしてくれたりはしなかった。私はそれを正すためにあらゆる努力をしなければならなかった。適合しなければならなかった。

最初にしたのは、髪をブロンドに脱色する許可を両親から得ることだった。私はいつも、ブロンドヘアの人びとが羨ましくて見とれていた。彼らは常に、自分よりもずっと美しく見えた。[14]

ロジャーは、彼を拒否していると（間違って）認識していた「イケてるブロンドの尻軽女たち」を襲撃するためUCSBに向かう直前、二名のルームメイトとそのゲストを刺して致命傷を負わせている。その三名は全員男性で、アジア人だった――最終的には六件の殺人のうち、最初の三件がこれらの男性だったことに人種差別的要因が関係している可能性は高いだろう[15]。

ロジャーはまた、黒人に対する偏見にも満ち溢れていた。『私の歪んだ世界』のなかで、彼は人種の異なるカップル、とくに黒人男性と白人女性のカップルを罵倒している。アイラビスタで最初の二名のハウスメイト（最終的な殺人の犠牲者ではない）を「いい人」だと表現しながらも、次のような不平を述べている。

彼らはチャンスという名の友人をずっと家に招いていた。彼はいつも家にやって来る黒人の少年で、私は彼の自信過剰な態度が嫌いだった。必然的に、私と彼との間には非常に不愉快な出来事が生じた。私がキッチンで食事をしていたとき、彼がやって来て女の子とうまくいったことをハウスメイトに自慢し始めた。私はそれに耐えられず、ハウスメイトたちは童貞なのか聞いてみた。彼らはみな私を奇妙な目で見て、とっくの昔に童貞ではなくなっていると言った。人生において自分がどれだけのものを逃してきたのかを思い知らされて、私は自分がとても劣っているように感じた。そして、チャンスという名のこの黒人の少年は、わずか一三歳で童貞は捨てたと言ったのだ！　さらに、彼が最初にセックスをした相手は、ブロンドで白人の女の子だったのだと！　私は激怒しすぎて、彼にオレンジジュースをぶっかけそうになった……。

劣った醜い黒人の少年は白人の女の子をゲットできるのに、どうして私にはできないのだろう？　私は美しいし、半分は白人である。私はイギリスの貴族の血を引いている。彼は奴隷の子孫ではないか。私の方がずっと価値がある。彼の汚らわしい言葉を信じないようにしたが、時すでに遅し。私の心から消すことは難しかった。もしそれが事実で本当ならば、私が人生でずっと童貞であることに苦しんでいる一方で、この醜い黒い汚物がブロンドの白人の女の子と一三歳でセックスしたのだとしたら、それは女性という性がいかに馬鹿げているのかを証明している。彼女たちは、こんに不潔な人間のカスには身体を許すのに、なぜ私のことは拒絶するのか？　不公平だ！[16]

スコット・バイアリーも、YouTube の一連の動画において同じように有害な感情を表現している。

異人種のカップルを見かけたら、ふたつのうちのどちらかだと思う……男があまりうまくいかなかったか、女が売春婦か……。軍隊ではこういうパターンがたくさんあった。俺はアジア人や黒人の妻を持つ将校たちを見かけて思った。

これはお前らが諦めているものそのものだ。一緒にいてくれる人間をそれ以上は見つけられなかったということ。つまり俺が言いたいのは、ネット上での斡旋でさえ……ロシアやウクライナから国際結婚を斡旋してもらえるってことだ。イグアナやトカゲみたいなもので諦める必要はない。[17]

このような、人種が混ざることを嫌う有害な偏見は、男性内のヒエラルキーに対するインセルの執着と明らかに密接に結びついている。例えば、人種差別的な社会においてヒエラルキーの下層にいる男性が白人女性と性的・感情的に近づくと、インセルは激怒する。[18] この例において、男性と女性に向けられるだろうインセルの攻撃性の程度はおそらく同じであり、インセル自身も白人ではない可能性がある。仮に、彼が白人だったとしても、その憎しみは明らかに白人至上主義的な家父長制の産物であり、また、そこから生じた男性の資格意識（the sense of entitlement）の産物でもある。

「非自発的禁欲主義者」という言葉における非自発性という概念は、よく考えてみると明らかに食い違ったものである。通常、非自発的という修飾語は、それに関連する言葉の行為が故意または意図的に、もしくは自由に行われたのではないことをほのめかす場合に用いられる。例えば、「非自発的な過失致死」という言葉は、無謀ではあるが意図的ではなかった殺人を意味する。同様に、「非自発的な隷属」という言葉は、交渉して契約し、その結果として自由に行う仕事ではなく、不適切に強制された労働を意味する。

それゆえに、ある人の禁欲（celibacy）が――単に残念な状態であるのではなく――非自発的な状態であるという考え方には、多くの示唆が含まれている。「独身だが結婚相手を探している」、または、「デート相手がおらず絶望している」という考えとは異なるものであり、それよりも純粋ではない。インセルである彼らの意志に反して、何らかのかたちで禁欲であることが課され、それを強制されてさえいるのだ、という強い含意がある。そして、セックスに関していえば、その含意は非常に間違っている。インセルが、自分には女性とセックスする資格があり、それゆえに女性には彼とセックスする義務があるのだと思っている限り、インセルは、女性の意志に反して行われることには無関心である。これらの理由から、自発的または非自発的であるとみなされるべきは明らかに性的な行動の方であり、禁欲という状態にあることではない。

こうしたことにもとづいて、インセルは女性の内面を見ていないのだと、つまり、彼らは女性を無知で、モノのような、人間以下の、もしくは人間ではない動物だとみなしていると結論づけたくなるかもしれない。インセルのレトリックには、確かにこうした誘惑の根拠を見出すことができる。スコット・バイアリーが、アジア人や黒人の女性をイグアナやトカゲだと中傷していたのを本章では取り上げてきた。

私は、この考え方は単純で都合がよすぎるために、拒否するべきだと考えている。ひとつには、インセルは明らかに女性の精神面を認知しているのだ。女性たちから欲望され、称賛されたいと望んで――いや、それどころか彼女たちに要求して――いるのだから。この点において、ロジャーが書いた文章は典型的な例だといえる。渇望していた女性たちが彼に惹かれたようにはみえなかった理由、そして、女性たちが彼ではなく「不快な獣たち」に「身を委ねる」ことを選んだ理由について、ロジャーは暗く長々と推測している。「なぜ私のことを見てくれないのかわからない」と彼は不平を述べているが、ロジャーが女性たちの主体性や欲望、さらには自律的なセクシュアリティのせいにしていることは明らかである。だからこそ、女性たちが「最高の紳士」であるロジャーではなく他の男性を選んだとき、彼は激怒したのだ[19]。

言い換えれば、これらの女性たちの自由――自分自身で選択するという能力――には、疑う余地はなかった。しかし、彼女たちが彼を支持しないという選択をしたとき、その自由に対して彼は憤慨したのだ。

スコット・バイアリーは、思春期に小説を書いている。そのタイトルは「拒絶された若者 Rejected Youth」。出版されてはいないが、『ワシントン・ポスト』は次のように報じている。

> 彼を遠ざけ、自尊心を傷つけた少女たちに憎しみを抱いた中学生の少年による、七万語の復讐ファンタジー。主人公はスコット・ブラッドリー。彼は少女たちの外見を批判し、そのボーイフレンドたちを嘲り、彼女たちから軽蔑されると激怒した。「イケてる女の子たちはみんな僕を嫌う。でもそれがどうしてなのかわからない」と、彼は嘆いている。
>
> その少年は、少女の身体に憧れていたにもかかわらず、彼女たちを残酷にひとりずつ殺害した。最後のシーンでは、警官が近づいてきて屋根から飛び降りる前に、グループの中心人物の喉を掻き切った[20]。

ロジャーの回顧録や暴力行為と類似しているが、バイアリーがこの小説を書いたのは一九九〇年代後半で、彼が高校生のときだった。当時、ロジャーはまだ小学生だった――そして、彼自身が論じるところによれば、幸せな子ども時代を謳歌していた。

それではなぜ、女性について語るときにインセルたちは、女性を脱人間化し、物象化するような言葉に訴えることがあるのだろうか――そうした例として、「フェモイド femoids」（もしくは、省略して「フォイド foids」）という言葉があげられる。[21] これまで論じてきたように、彼らは女性のことを文字どおりの人間ではない動物、単なる性的対象物、または性的ロボットのようなものだと思っているわけではない。簡潔に言い換えるならば、それは激怒の表現であり、結果として女性を下に置きたいという願望の表れである。インセルたちが情熱を捧げているのは社会的ヒエラルキーである。それは、神を頂点に、人間ではない動物を底辺として、その間にさまざまなランクの人間が位置づけられている存在の大いなる連鎖と似たようなものである。だから、女性は人間ではない何かであるとほのめかすことは、究極の侮辱に値することになるだろう。しかし、女性の道徳的罪だと想定されているのは、女性に課された罰と同じように、人間的な、あまりにも人間的な違反――それは、人間のみが行うことのできる種類の行為――である。人間以外の動物は、飼い主を失望させることはあっても裏切ることはない。そして、人間は通常、人間ではない動物に復讐することはしない。[22] そのようにするときは、単に倫理的に間違っているのではなく、すべての企てについて何らかの概念的な歪みが生じている。これは、私が『白鯨』のクリフノート［文学作品などを教材にした学習本のこと］から学んだことである。

インセルたちは女性を完全な人間だとみなしていないという考え方は、あまりにも都合がよすぎるものでもある。そうした考え方は、女性をブタとかイヌとか呼んだりはしないが、インセルの資格化されたイデオロギーを共有しているその他の男性たちに、自分の身を守りやすくさせてしまう。ミソジニーな行為をしたと告発されると、男性たちはしばしば、自分の妻や姉妹、母、その他の女性親族たちの人間性を認めていることを引き合いに出して反論する。男性が、自分に属する女性などおらず、そして、非対称な道徳的関係においていかなる女性からも愛やケア、称賛を受ける資格などそもそもないのだと認めることができるのなら、それははるかに良いことだろう。思うに、女性が完全な人間であるという明白な事実を認めることは難しくはない。本当の課題は、女性は完全な人間（human being）であり、愛やセックス、道徳的支援を与えてくれる人（human giver）ではないのだと認めることにある。女性は、自分自身でいることも、他の人びとと関わることもできるのだ。

インセルは道徳的観念がないのではなく（もちろん、彼らはかなり道徳に反してはいるが）、ある特殊な道徳的秩序の熱心な信者なのである。彼らはただ怒りを感じているのではなく、心外だと感じている。ただ失望しているのではなく、憤っている。ただ落胆しているのではなく、とくに女性たちや世間一般から積極的に裏切られているのだと感じている。彼らは、自分たちは世界から愛されて然るべきだと感じている。そして、彼らは自分自身のことを脆く、犠牲にされ、傷つきやすく、トラウマを付与されたとさえ感じている。ロジャーは一一歳のときのサマーキャンプで、ある少女からはじめて屈辱を味わったときのことを次のように記している。

私は新しくできた友だちと無邪気に遊んでいた。彼らは私をくすぐった。私はくすぐったがりだったので、みんないつもそうしていた。私は間違って同い年のかわいい女の子にぶつかってしまった。すると、彼女はとても怒った。友だちの前で私を罵り、突き飛ばして恥ずかしい思いをさせた。私はこの女の子のことをよく知らなかった……。しかし、彼女はとてもかわいくて、私よりも背が高かった。私はその場で固まってしまい、ショックで動けなくなった。ひとりの友だちが大丈夫かと声をかけてくれたが、私はそれには答えなかった。その日はずっと黙ったままでいた。

私はこの出来事が信じられなかった。女性から残酷に扱われることは、男性からそうされるよりも一〇倍以上悪い。女性から残酷に扱われると、自分が取るに足らなくて価値のない小さなネズミのように感じた。[23]自分がとても小さくて脆いように感じた。あの女の子がそんなに醜いとは信じられなかったが、彼女は私を敗者だとみなしたのだと思った。これは女性から残酷なことをされて耐えたはじめての経験であり、私に際限のないトラウマを与えた。そのせいで私は女の子の近くにいると一層神経質になるようになった。そして、このときから女の子たちにものすごくうんざりし、用心深くなったのだと思う。

「トラウマ」と「トラウマを与えた」という言葉は、ロジャーの例のマニュフェストに一〇箇所以上登場し、常に彼自身のことに言及している。この点については、彼がインセルのなかで例外的だというわけではない。インセルによる記述には、こうしたテーマが頻出する。Incel.co のある匿名ユーザーは、次のように投稿している。「女たちが俺たちに一度もチャンスを与えようとしなかったほどに、俺たちは女から身体的な嫌悪感を持たれている存在なのだという辛さに、これまでの人生ずっと耐え続けなければならなかった。実際、俺たちは遺伝的に非常に劣っているから、女たちは俺たちを嫌悪するんだ。」彼は続けて、「女たちは苦しまなければならない。女たちの偽善は、残りのあばずれ人生のなかで拷問される（ことで罰せられる）べき罪だ」とも書いている。

多くの抑圧者と同じように、インセルたちが自分自身を脆い存在だとみなしているのは、悲しい事実である。彼らは、他者に暴力的に襲いかかるときでさえ、自分のことを本当の犠牲者だと感じている。そして、最も嘆かわしい悪事を犯すときでさえ、自分は正しいのだと思っている。だからこそ、魅力（attractiveness）という不公平なヒエラルキーのなかでインセルは他の男性に比べて低い地位にいるのだという彼らの自己申告に対して、私たちは懐疑的になるべきである。むしろ、彼らは劣等感や恨み、苦しみを晴らすために、自分自身が不公平に位置づけられるようなヒエラルキーを探しているのだろう。[24]彼らは単に、今抱いている犠牲者という不当な感覚——実際には彼らを不当に扱ったり、妨害したり、言うまでもないが拒絶などしたりしていない人びとによって、抑圧され、迫害されているという感覚——を事後的に合理化しているだけである、という主張には、疑うべき点はあるかもしれないがほぼ同意できる。とくに、インセルたちが罪があると想定して憤っている女性たちは、多くの場合、自分自身の人生を生きて、自分のことを気にかけているだけである。

こうした考察は、自分には資格があるというインセル的な考え方を持つ人びとをどのように扱うべきか（もしくは扱うべきではないか）にも影響を及ぼす。一般的な倫理的義務でいえば、誰かが痛みを感じているときは、可能であればその痛みをなだめ、和らげ、他の人びとと等しくなるように試みるべきである。助けられる立場にはないときであっても、少なくとも同情は示すべきである。そして、インセルたちは明らかに痛みを感じている（その痛みはときに誇張されているかもしれないが）ことが多い。[25]しかし、いずれ現れるだろう他者からの援助でなだめてもらえる、という膨れ上がった資格の意識を持つがゆえに、痛みを感じているまさにそのときに、彼らの痛みを和らげようと介入することは倫理的に問題を含んでいる。同情を示すことでさえ、他の人びと——とくに少女と女性——がインセルのニーズに迎合し、彼らのエゴを満足させるために存在するのだというインセルの誤った危険な感覚に取り込まれてしまうリスクがある。[26]それゆえに、本章でも彼らに同情するというヒムパシーの圧力に抵抗する必要がある。

インセルたちは最近、多くのトップニュースを生み出している。インセルたちが犯した実に酷いミソジニーな暴力行為を考えれば、その理由は容易に理解できる。しかし、実際にはそうした行為は、家庭内暴力からレイプ、性的捕食［sexual predation　性犯罪あるいは性犯罪を企てること］、性的強制に至るまで、発見されないことも多い日常の出来事と連続している。インセルがしでかす最も極端な行為と、親密なパートナーに対する最も極端な暴力は密接に関連しているため、それらは互いに間違われることもある。

二一歳のブランドン・クラークが一七歳のビアンカ・デヴィンスを殺害したとき、彼は当初、Twitter上でインセルだといわれていた。しかし、実際にはそうではなかったようだ。彼がそうしたインターネット・コミュニティに属しているという証拠は何もなかった。確かに、ふたりの出会いはソーシャルメディア――Instagramだった。しかし、被害者家族によれば、彼らはニューヨーク北部で二か月以上付き合っていたという[27]。その間に、クラークはデヴィンスの家族にとっても信頼できる友人になっていた。それゆえに、ふたりがニューヨークシティで開催されるコンサートに一緒に参加する計画を立てたとき、気にかける人は誰もいなかった[28]。

その夜に何が起こったのかは完全には明らかではないが、いくつかの報告によれば、デヴィンスがコンサートで別の男性と親しげにしたりキスしたりしたため、クラークが激怒したのだとされる。明らかなことは、ふたりが口論をしていたということだ。クラークはデヴィンスの喉を非常に激しく切り裂いたために、首を切り落としたのだと表現されることもあった。その後、彼は自殺すると脅し、警察に逮捕されて病院へ連行される前に、致命傷にはならないように自分の首を刺した（彼は完全に回復し、第二級殺人罪で起訴された[29]）。逮捕される前、クラークはチャットアプリのDiscordに、殺害したガールフレンドの写真と自分の傷のセルフィを投稿し、デヴィンスのフォロワーに対して「他の人に注目した方がいい」と伝えた。どうやら彼は、デヴィンスが自分に注目してくれなかったとき、彼女自身が注目されていたことを妬んでいたようだ[30]。

女性に対する犯罪の証拠写真をオンラインに投稿しているクラークのような男性について、法学教授でプライバシーの専門家であるロリ・アンドリュースは、「彼らは閲覧者が彼らに共感すること、彼らには女性に物事を教える権利があるのだと考えてくれることを、本気で期待している」のだとコメントしている。メディア心理学研究センターの所長であるパメラ・ラトレッジは、そのような行動は「社会的妥当性を得て特別感を味わうための、見当違いな試み」だと述べた。「このような「称賛」の源への欲求は、逮捕されることへの懸念よりも優先されている」と彼女はつけ加えている。[31]

クラークが陰惨な自己PRをした結果、この話はインターネット上で頻繁に共有された。彼は、インセルのようなフォーラムにはまったく関わっておらず、インセルのイデオロギーを直接吸収したこともないようであるにもかかわらず、インターネット上のインセルたちはデヴィンスの殺害を祝福した。Incels.coのあるユーザーは「彼女の死が嬉しい」と投稿した。「正直なところ、あの写真にもとづけばあの娼婦はとにかく恐ろしい奴で、ああなったのも自業自得だ」と投稿したユーザーもいた。別のフォーラムでは、「彼がどのくらいの間、彼女を追い求めてきたのかはわからないが、彼女は彼のことを軽蔑し、人間のクズのように感じさせて、こういう風に扱ってきたんだ」という書き込みがなされていた。そのユーザーは、エリオット・ロジャーのアバターを使っていた。[32]

家庭内での、あるいは、交際中の親密なパートナーに対する暴力の実例の多くは、ほとんど同じかたちをとる——悪気がないように始まり、嫉妬心が芽生え、裏切りだと想定される行為に対する残忍な懲罰行為へと至る——が、私たちの集合意識にはほとんど影響を与えない。アメリカでは、平均して毎日二、三名の女性が、現在または過去の親密なパートナーによって殺されている。[33] そして、親密なパートナーからの暴力では、女性が最も危険にさらされるのは別れるとき、または、別れを言い出すときである[34]——彼女の男性パートナーまたは元パートナーは、嫉妬や憤慨、捨てられたという感情になるのである。家庭内暴力の専門家であるシンディ・サウスワースが述べるように、彼がその後に起こす犯罪は、「彼女の世界を支配し、たったひとりの大切な人になりたいということ」を意味する。ビアンカ・デヴィンスについても、サウスワースは次のようにコメントしている。

これはInstagramの話ではない。デートDVと殺人について、権力と支配について、少女の命を奪う資格が自分にはあるのだと感じ、大胆にもその写真をゲームのプラットフォーム［Discordのこと］に投稿した男性についての話である[35]。

クラークとデヴィンスの話は、インセルの話でもない。本章で取り上げたのはすべて、結局のところは男性が持つ資格意識から引き起こされた暴力についての話である。

注

（1）"Timeline of Murder Spree in Isla Vista," *CBS News*, March 26, 2014, http://www.cbsnews.com/news/timeline-of-murder-spree-in-isla-vista/.

（2）幸いなことに、この動画はすぐにYouTubeから削除された。しかし、この動画のトランスクリプトは次のサイトで閲覧することができる。http://www.democraticunderground.com/1002994525（二〇一九年一〇月五日閲覧）。ロジャーは以前にも同じような動画をYouTubeにアップロードしており、母親が警察に通報していた。警官はアパートの外でロジャーを問いただしたが、それ以上のことはしなかった。

（3）エリオット・ロジャーに関しては、私の著書『ひれふせ、女たち』の第一章および第二章で詳しく解説している。ロジャーの精神疾患に関する治療歴——良心的な両親のおかげで幅広い治療を受けたにもかかわらず、具体的な診断名がついていないことで有名である——に関するいくつかの批判的意見については、以下で答えている。*The APA Newsletter in Feminism and Philosophy* 8, no. 2 (2019): 28–29.

（4）ここでは、スティーブ・ヘンドリックスによる次の記事を参照している。彼はまた、ジュリー・テイトがこの記事の執筆に貢献したことを書き記している。"He Always Hated Women. Then He Decided to Kill Them," *The Washington Post*, June 7, 2019, https://www.washingtonpost.com/graphics/2019/local/yoga-shooting-incel-attack-fueled-by-male-supremacy/.

（5）二〇一八年にフロリダ州パークランドのマージョリー・ストーンマン・ダグラス高校で一七名を殺害したニコラス・クル

ス（一九歳）も、YouTubeでロジャーを称賛するコメントをしていた。

（6）当初は（さまざまな報告によれば）表面的には良い意味で始まったものの、今日ではミソジニーのホラーショーと化しているインセル文化の歴史に関しては、ザック・ボーシャンによる次の考察が優れている。"Our Incel Problem: How a Support Group for the Dateless Became One of the Internet's Most Dangerous Subcultures," *Vox*, April 23, 2019, https://www.vox.com/the-highlight/2019/4/16/18287446/incel-definition-reddit.

（7）アラナ（彼女はあまり名字を名乗らない）は、過去数十年にわたってインセルコミュニティが発展し荒廃するのを見て、最近はより生産的な代替策を提示しようとしている。彼女の新しいプロジェクトである「ラブ・ノット・アンガー　怒らずに愛する」は、彼女のウェブサイトの本来の精神、つまり、自分は恋愛にツイていないと思う人びとを憤らせずにサポートすることを復活させようとしている――彼女がかつて行っていたように。アラナは、『ヴォックス』のライターであるザック・ボーシャンに次のように語っている。

交際することや効果的なサポートサービスを受けることに苦労している人びと――性別や性的指向にかかわらず――がいる理由を調査し、人びとの孤独感を和らげることを目的にしています。このプロジェクトには、暴力をなくすための直接的な方法はありません。自己嫌悪の状況に近い孤独な人にとって、ラブ・ノット・アンガーは何らかの希望を提供できるかもしれませんし、それによって救われることもあるかもしれません（Ibid.）。

男性と同様に女性も、ストレートの人びとと同様にクィアの人びとも、孤独で愛されていないと感じたり、性的な不満を持ったりするかもしれないと思い出すことは、おそらくインセルに傾倒している人びとを説得するうえで効果はあまりないだろう。しかし、こうした取り組みがなければ最終的に過激化する可能性のある人びとにとっては、現実を確認するうえで役立つかもしれない。単に何かをひどく欲しがることと、それを得る資格があると（すなわち、それを不当に奪われていると）感じることは、別の話である。

（8）ザック・ボーシャンは次のように記している。

（インセル）は若い男性および少年が圧倒的に多く、彼らの多くは孤立したり拒絶されたりした経験を持つ。そうした痛みの意味を見つけるために、インターネットに目を向けるのだ……。

インセルたちの属性に関する正確で科学的な調査研究はないが――インセルのコミュニティは部外者、とくに研究者やジャーナリストにはきわめて敵対的である――、彼らのフォーラムでは、ユーザーの属性に関する非公式な調査が実施されている。「ブレインセルズ Braincels」（レディット Redditでかつて人気のあったインセルのフォーラムで、後に閉鎖されている）のユーザー一二六七名を対象にした非公式調査では、フォーラム参加者の約九〇%が三〇歳未満だった。ユーザーはほぼすべて男性であり——女性は閲覧を禁止されているが、潜り込んでいる人もごくわずかだがいる——およそ八〇%がヨーロッパまたは北アメリカに住んでいる。

"Our Incel Problem: How a Support Group for the Dateless Became One of the Internet's Most Dangerous Subcultures," *Vox*, April 23, 2019, https://www.vox.com/the-highlight/2019/4/16/18287446/incel-definition-reddit.

（9）Alice Hines, "How Many Bones Would You Break to Get Laid? 'Incels' Are Going Under the Knife to Reshape Their Faces, and Their Dating Prospects," *The Cut*, May 28, 2019, https://www.thecut.com/2019/05/incel-plastic-surgery.html.

（10）例えば、ロス・ドウザットによる次のような発言を参照してほしい。

　性の革命は新たな勝者と敗者、古いものに取って代わる新しいヒエラルキーを生み出し、美しく豊かで社会的に成熟した人びとを新たな方法で特権化し、それ以外の人びとを新しい形態の孤独と欲求不満へと追いやった。広く普及した孤立・不幸・無生殖（sterility）は、一夫一婦制・純潔性・永続性といった美徳や、禁欲／独身を貫くことに敬意を払う古い考え方を復活させることで、または、そうした考え方に適応することで処理されるのかもしれない。

"The Redistribution of Sex," *The New York Times*, May 2, 2018, https://www.nytimes.com/2018/05/02/opinion/incels-sex-robots-redistribution.html.

同様に、ニューヨークタイムズの記者ネリー・ボウルズは、ジョーダン・ピーターソンを引用して、インセル問題の解決策は「強制的な一夫一婦制（enforced monogamy）」であると述べている。ボウルズは次のように記述している。

　暴力的な攻撃というのは、男性にパートナーがいないときに起こるものであり、社会はそうした男性たちが確実に結婚できるよう動く必要があるとピーターソン氏は述べる。

　トロントの殺人者「アレク・ミナシアン」について、ピーターソン氏は「女性たちが彼を拒絶したため、神に対して怒った」と述べた。「その治療法は、強制的な一夫一婦制だ。それこそが一夫一婦制が出現する理由である。」

　こう述べた後もピーターソン氏は止まらない。強制的な一夫一婦制は、彼にとって単なる合理的な解決策でしかない。そうしないと、すべての女性が最高ランクの男性たちだけを求めることになり、それは結局どちらのジェンダーも幸せにしない、と彼は説明する。

「男性の半分は失敗する。そして失敗した男性を気にかける人は誰もいない」と、ピーターソン氏はヒムパシーを持ってつけ加えた。

Nelie Bowles, "Jordan Peterson, Custodian of the Patriarchy", *The New York Times*, May 18, 2018, http://www.nytimes.com/2018/05/18/style/jordan-peterson-12-rules-for-life.html.

(11) バイアリーに関係する事件については、ヘンドリックス(テイトとの共著)の "He Always Hate Women," *The Washington Post* を参照。ザック・ボーシャンが調査報道で詳述しているように、インセル・コミュニティ内で性的暴行がまん延していることも深刻な問題である。彼は次のように論じている。

インセルの話のなかで最もおぞましいのは、公然と行われる性的暴行である……

あるユーザーは、公共交通機関のなかで女性を連続して暴行したと主張する。「俺は自分がイクまで女の背中/尻にペニスを擦りつけてる。いつもやっている」と書き込んでいた。ふたりめのユーザーは、自分のことを口説いていると思っていたのに実際には彼氏がいた女性を「罰する」ため、オフィスで板チョコに自分の精液をかけたと書いている。三人めは「たくさんの女性の身体をまさぐった」、その数は合計すると五〇〜七〇名になるとし、暴力的なレイプへとエスカレートしていきたいと書いていた。

これがどの程度真実なのか確かめる術はない。しかし、一部が真実だと仮定しても、女性をターゲットにする男性が褒め称えられ、エスカレートするよう鼓舞されるコミュニティだということはわかるだろう。

"Our Incel Problem," *Vox*.

(12) 「傷つけられた資格 aggrieved entitlement」という言葉は、社会学者のマイケル・キンメルから着想を得た。以下の彼の著作を参照。*Angry White Men: American Masculinity at the End of an Era*, New York: National Books, 2013, pp. 18–25 and chapter 1.

(13) ザック・ボーシャンは次のように述べる。

主に白人が多数派の国からユーザーを獲得しているにもかかわらず、ブレインセル(Braincels レディットに集まっていたインセル用に隔離されたフォーラム)には、民族的に多様な投稿者がいる。サイトユーザーの五五%は白人であるが、東アジア人・南アジア人・黒人・ラティーノと自己認識している投稿者もかなりの数を占めている。レディット以外で最大のインセル・サイトである Incel. co が実施した調査でも、ユーザーの年齢、人種、地理的分布に関しては同じような数字が出ている。
"Our Incel Problem" *Vox.*

(14) この文章は、ロジャーの「マニフェスト」である『私の歪んだ世界』からの引用である。事件の後に公表された。以下でコピーを入手できる。http://s3.documentcloud.org/documents/1173619/rodger-manifesto.pdf（二〇一九年一〇月五日閲覧）

(15) "Timeline of Murder Spree in Isla Vista," *CBS News*, http://www.cbsnews.com/news/timeline-of-murder-spree-in-isla-vista/.

(16) ロジャーは次のように続けている。

　本当に、女性たちの心のなかには悪いものが巣くっている。女性の心には欠陥があり、人生において今、私はそのことを知るようになった。大学のあるアイラビスタの街を歩けば歩くほど、馬鹿げた光景を目にした。イケてるきれいな女の子たちはみな、常にパーティをしていて狂ったようにふるまう、不快でゴツいスポーツマンタイプの男と歩いていた。彼女たちは私のように知的な紳士といるべきだ。女性たちは性的に間違ったタイプの男に惹かれている。これは人間性の根本における大きな欠陥である。あらゆる意味において、すべてが完全に間違っている。こうした真実がわかるようになってから、私は女性にひどくかき乱されるようになった。彼女たちのせいでひどく動揺し、怒り、トラウマを付与された。

ロジャーが単に女性に失望したというよりも、トラウマを付与されたと頻繁に不満を述べていることに関しては、本章で後に言及する。

(17) この動画や「思春期の男性の苦悩 The Plight of the Adolescent Male」と題された——若年層のインセルに向けた——別の動画も含め、バイアリーによるすべての動画は以下で閲覧することができる。https://www.youtube.com/watch?v=8Ca00hcOND8（最終閲覧：二〇一九年一〇月五日）。引用部分（筆者による文字起こし）は、この動画の約一分半から二分までの部分から抜き取ったものである。

(18) オレゴン・コミュニティ・カレッジで殺人を犯した前述のインセル、クリス・ハーパー・マーサーも、ガールフレンドがおらず童貞であることを嘆いている、同じように人種差別的な長ったらしい話を綴っている。

(19) ロジャーのレトリックを忠実に反映しながら、アレク・ミナシアンは事件後に警察の取り調べで次のように述べている（その映像は二〇一九年九月二六日に公開された）。「僕は、（女性たちが）付き合う相手として紳士ではなく不快な男を選ぶことに、ときどきうろたえてしまう。」彼は、二〇一三年のハロウィン・パーティで拒絶されたことを、重要なエピソードだとして語っている。

僕はパーティへ行って、何人かの女の子たちと仲良くなろうとした。でも、彼女たちはみな、僕のことを笑って、僕ではなくデカイ男の腕をつかんだ……。僕はすごく苛立った……、僕は自分のことを究極の紳士だと思っていたから。女の子たちが不快な獣に対して愛や注目を向けて、僕は腹が立った。

ミナシアンはまた、エリオット・ロジャーを敬愛しており、オンラインで彼に会ったことがあるとも語っている——「ステイシーにインセルを再生産させようとするチャドを打倒する」ため、「僕のような怒れるインセルの運動」を始めた「創始者」だと言及している。「インセル」の「非自発性」について、彼のようなインセルは「真の孤独へと強制的に放り込まれ、（自分の）童貞を捨てることができない」のだとミナシアンは語る。ここで引用している動画は以下で閲覧できる。https://www.youtube.com/watch?v=S_zSdw1nShk.

(20) 当時のバイアリーを知る者によれば、この原稿の登場人物たちは名前を少し変えただけで、実際のバイアリーのクラスメイトだった。「この小説は基本的には彼の学校日誌だ」と、その情報提供者は匿名を条件に『ワシントン・ポスト』の記者に語っている。ヘンドリックスによる（テイトと共著の）以下の記事を参照。"He Always Hated Women," *Washington Post.*

(21) 物象化とミソジニーの複雑な関係性についての議論は、ミソジニーに関する私の定義を用いながら自著『ひれふせ、女たち』の第三章で論じている「ミソジニーと性的モノ化」を参照。

(22) この点についての詳細な議論は、『ひれふせ、女たち』の第五章を参照。

(23) インセル・フォーラムでは、あるユーザーが女性をストーキングするようになった経緯を投稿している。それと比較してみてほしい。

僕は昔、一〇代の女の子（一四歳くらい）に近づいたことがある。最初は道を尋ねるためだった。それから彼女の名前を聞こうとした。彼女は怖がって、僕から離れて歩き出した。僕は彼女について行った。すると早足で歩いていた彼女が走り出したんだ。彼女の足取りは変な感じだった。生まれたての子鹿みたいに走って、ときどき後ろを振り返って、僕がまだついてきているかを確かめようとしていた。（はっきり言っておくが、僕はレイプが大嫌いだ。そんなつもりは毛頭なかったし、痴漢をするつもりもなかった）。

怖がらなくてもよかったのに。僕は何もするつもりはなかった。でも、女の子の後をついて行って、彼女がそれに気づいて、逃げようとしたり小走りになったりしたときの気持ち。あれはいい気持ちなんだ。彼女にとって僕が重要な人物になるんだから。もう群衆のなかにいる誰でもいいような取るに足らない人じゃなくなるんだ。

低レベルな行動だってわかってる。でも、僕はそうすることが楽しい。違う街に行って、ひとりで歩いている女の子を見つけて、後ろをついて行く。しばらくして女の子が気づく……。孤独なインセルたちも、いつか試してみるといいよ。

“Incel Creeper: It's Fun to Follow 14-Year-Old Girls Down the Street and Scare Them to Death,” *We Hunted the Mammoth*, April 20, 2018, (http://www.wehuntedthemammoth.com/2018/04/30/incel-creeper-its-fun-to-follow-14-year-old-girls-down-the-street-and-scare-them-to-death/).

（24）Pace Amia Srinivasan, “Does Anyone Have the Right to Sex?” *London Review of Books*, March 22, 2018, (https://www.lrb.co.uk/v40/n06/amia-srinivasan/does-anyone-have-the-right-to-sex).

（25）ザック・ボーシャンは、アベとジョンという二名のインセルにインタビューをしたときのことについて、次のように述べている。

アベやジョンのような人びとに共感しないことは難しい。私たちはみな、ときには拒絶や孤独に苛まれるという経験をする。インセルの世界をおぞましいものにしているのは、そういった普遍的な経験を持ち出して、その痛みを抑制の効かないミソジニーな怒りに変換していることである。

“Our Incel Problem,” *Vox*.

（26）また、痛みを和らげようとする行為は——世間、概してとくに女性が、自分に何らかの好意を抱いているというインセルの感覚を効果的に正当化することで——、他者に深刻な危害を及ぼす可能性があるというだけでなく、少なくとも長期的にはインセルの助けにさえならないかもしれないことは指摘しておきたい。それは、彼らの痛みを増大させ、悪循環に陥るだけかもしれない。なぜなら、彼らの痛みは彼らがどの程度関心を向けられ、なだめられ、落ち着かされ、養われ、赤ん坊のように大事にされるに値するかについての誤った見方に究極の原因があるためである。

（27）Patrick Lohmann, “Bianca Devins: Lies, Scams, Misogyny Explode Online Before Facts: Grieving Family Debunks Rumors,” *Syracuse*, July 15, 2019, (https://www.syracuse.com/crime/2019/07/bianca-devins-lies-scams-misogyny-explode-online-before-facts-emerge-grieving-family-debunks-rumors.html).

（28） Alia E. Dastagir, "Bianca Devins' Murder Is 'Not an Instagram Story,' Domestic Violence Expert Says," *USA Today*, July 17, 2019, (https://www.usatoday.com/story/news/nation/2019/07/17/bianca-devins-death-posted-instagram-thats-not-story/1748601001/).

（29） ニューヨークでは、第一級殺人罪は一定の条件を満たした計画的な犯罪に適用される。例えば、警察などの法執行官・消防士・裁判官・犯罪の目撃者を殺害すること、大量殺人、重罪を犯している間に誰かを殺害すること、拷問などのとくに凶悪な方法で誰かを殺害すること、などである。

（30） Dastagir, "Bianca Devins' Murder Is 'Not An Instagram Story,'" *USA Today*.

（31） Ibid.

（32） Ibid.

（33） 統計データにもとづいて立証されている近時の代表的な記事のひとつとして、以下を参照。Mary Emily O'Hara, "Domestic Violence: Nearly Three U.S. Women Killed Every Day by Intimate Partners," *NBC News*, April 11, 2017, https://www.nbcnews.com/news/us-news/domestic-violence-nearly-three-u-s-women-killed-every-day-n745166.

（34） 『ひれふせ、女たち』の序論と第四章——とくに、「生命を奪う——恥と家庭内殺人者」の項目を参照。親密な女性パートナーあるいは元パートナーだけでなく、その子どもたちを殺害する男性もいる（典型的なパターンは、自分たちを殺す前に子どもを殺害する、というものだ）。合衆国では平均して週に一件はそうした事件が起きている。しかし、家庭内殺人者は、インターネット上ではインセルよりもはるかに注目はされていない。

（35） Dastagir, "Bianca Devins' Murder Is 'Not An Instagram Story,'" *USA Today*.

第三章　例外ではない――セックスをする資格

ミネソタに住む五〇代半ばのレイ・フロレクは、咽頭がんに苦しんでいた。二〇一三年の時点で、一五回ほど手術を受けていた。痛みに苦しむこともしばしばあった。しかし、その日に痛みを感じたのは腕だった。[1]「前日に雪かきをしたせいだと思ったけど「一体私は何をしたんだろう?」」彼女は驚いて声をあげた。

彼女は、付き合ったり別れたりを繰り返していたボーイフレンドのランディ・ヴァネットに、煙草とツイステッド・ティー（ほどよいアルコールが入った飲みもの）を六パック買って来るように頼んだ。彼はその頼みを聞き、レシートを置いた。そのとき、レイの腕に布切れで作られた即席のつり包帯がされていることに気づかなかったようだ。レイはその場で代金を支払い、お礼にランチを作ると申し出た。しかし、ランディにランチは不要だった。彼が欲しがったのはセックスだった。レイはしぶしぶ、「気分が良くなくて……無理」と答えた。ランディは、「あぁ、問題ないよ。この前はキミが酔いつぶれた後に二回もイカせたからね」と言った。

レイは、自分が今聞いたことを理解するのに時間がかかった。「そんなことするべきじゃない」、「それはデートレイプだよ」と彼女は最後に言った。[2]

確かに、それは紛うことなくレイプである。ランディが口にしたその日の夜、レイとランディは合意のうえでセックスをした。その後、レイは喉の痛みを和らげるために鎮痛剤を服用し、ツイステッド・ティーを二本飲んだ。彼女は眠りにつき、熟睡した。ランディが彼女と二回めのセックスをしている間――つまり、彼女をレイプしている間――、彼女は眠り続けていて意識がなかった。

後にレイは、「とても裏切られた感じがしました……。私は何も言えませんでした。意識がない私の身体に彼が何をしたのかわかりませんでした」と述べている[3]。

どうしたらいいか三週間以上も考え続けたレイは、夫が法執行機関に勤めている友人に連絡することにした。すると、その友人が保安官に連絡し、代理人がレイの家へやって来た。レイは、ランディの自白をこっそり録音することを提案したが、それは相手を罠にかけることになる――要するに間違っている――から駄目だと代理人に却下された。それでもなお、レイはウォルマートでビデオカメラを購入し、計画を進めた。テディベアのお腹の部分に切れ目を入れて、そのなかにカメラを仕込んだ。ランディが何をしたのかを認めた会話を二回、彼女は隠れて録音した。以下は一回めの会話である。

レイ：あなたは私の意識がないことを知ってた。あの日、キッチンでそう言ってたでしょ。「キミが意識を失った後に二回もイカせた」って。
ランディ：いや、「意識を失った」とは言ってない。
レイ：じゃあなんて言ったの？　何？　「意識を失った」じゃなくて「酔いつぶれた」って？
ランディ：わからないけど、「意識を失った」ではなかったような……。まぁいいよ、俺らは寝てたんだ。
レイ：「酔いつぶれた。」
ランディ：寝てた。キミが寝ているとき。キミが寝ているときに抱いた。
レイ：「キミが寝ているとき、俺はキミを抱いた」ってこと？

ランディ：そうだ。
レイ：そう。
ランディ：そうだ。俺はヤッた。

この最初の会話がきちんと録音されているか不安だったため、レイは翌日に再びランディを招いた。以下は、ピザを食べながら交わした会話の断片である。

レイ：ランディ、酔いつぶれてあなたにファックされてたときの私、酷かったでしょ。あぁ最低。
ランディ：酔いつぶれてたときに俺がファックしたキミは綺麗だったよ。やめろよ、そんなこと言うなよ。キミは綺麗だ。

レイは、これらの録音を持参して警察へ行った。その日はとくに喉の調子が悪く、か細くしゃがれた声で話していたので、聞き取りにくいこともあった。しかし、彼女の言いたいことは非常に明確だった。ランディは彼女が薬を服用した後、彼女の意思に反して、彼女とセックスした（「それがあなたの伝えたいことですか？」と、ディーン・シャーフ刑事は尋ね、それに対してレイは「そのとおりです」と答えている）。しかし、シャーフ刑事は繰り返し彼女に警告した。

すべての物語には、ふたつの側面があります。こういったケースの場合、十中八九、彼はこう言った、彼女はこう言った、というような水掛け論になります。あなたがどのような主張をしようとも、です。

一週間後、シャーフ刑事は警察署にランディを呼んだ。彼らの会話は友好的なものだった。

シャーフ刑事：昨日お伝えしたように、私はただ、彼女が言ってきたことをあなたにお話しして、あなたの立場から何が起きたのかをお伺いしたいだけです。ここに留置するつもりはありません。あなたが……今日ここで何を仰ったとしても、外に出て行くことはできます。ご理解いただけますか？　あなたはどのような罪でも起訴されませんし、逮捕されることもありません。これは単なる……

ランディ：本当に悲しい話ですね。

シャーフ刑事：そうですね。誰もこんな話はしたくありません。でも、我々はしなければならない。

ランディ：わかりました。

シャーフ刑事：この事案に関する報告書があがっています。それによると……彼女はかなり深刻な申し立てをしています。彼女が言うには、処方薬が効いていたときに、あなたがたは性的な接触をしたと。

ランディは、基本的にはレイに話した内容とほぼ同じことをシャーフ刑事にも話した。つまり、彼はレイに意識がなかったときに、彼女とセックスをした。「彼女はイエスともノーとも言わなかった」と、思い返しながらつけ加えた。ランディはレイプだったことは否定し、ロマンティックな出来事のように語った。「このことは、私にとっても非常に苦痛であり続けています」と、最後に彼は言った。暗黙のヒムパシーを得るためだった。

ヒムパシーについて再び述べると、私の解釈ではヒムパシーとは、性的暴行やセクハラ、および、その他のミソジニーな行為に関する事件において、男性と同等の、もしくはそれよりも少ない特権しか持たない女性の標的や犠牲者に対する同情を通り越し、男性加害者へと向けられる不釣り合いで不適切な同情のことである。ミソジニーが、女性の「悪い」行為——家父長制的な規範や期待を軸にしたときの悪さ、である——を非難し、罰することを考えれば、ヒムパシーはミソジニーの裏面であることを理解できるだろう。つまり、ヒムパシーはミソジニーの鏡像であり、（かなり不正にではあるが）互いに自然に補完しあっている。ミソジニーは女性を打ちのめし、ヒムパシーは女性を打ちのめす者を「いいヤツ」だと描写することで守っているのである。

ヒムパシーは、ミソジニーの標的や犠牲者を非難したり、消し去ったりする作用と相互に関連している。加害者に同情が集まっているとき、加害者の悪事に注目している女性は、疑いや攻撃の対象にされることがある。[4] それゆえに、女性の証言は適切な理解を得ることができない。他方で、ヒムパシーを有する人びとは、加害者のために口実を無限に見つけようとする。

ブロック・ターナー（一九歳）の事件では、そうしたことがとくに顕著に見られた。スタンフォード大学でフラタニティ・パーティ［フラタニティとは、合衆国の大学における男子学生のための社交クラブのこと］の後、ターナーはシャネル・ミラー（二二歳）という女性を、意識がない状態で性的に暴行したのだった。[5] 大きな金属製のゴミ箱の影でミラーを暴行していたターナーは、現行犯で（二名のスウェーデン人大学院生による私人逮捕によって）捕まったにもかかわらず、多くの人びとはターナーがレイプ犯だということには懐疑的だった。[6] 彼の友人のひとりは、ターナーの過ちは「駐車場で車に戻ろうとする女性を誘拐してレイプしたというのとは、全然違います」と述べた。「そういうのはレイプ犯です。ですが、ブロックはそういった人間ではないと私は知っています」と、彼の善良さを証明するために声明を出した。友人の女性は、この事件が知れわたってしまったのは「物事の収拾がつかなくなる」「キャンプのような大学環境」のせいだったと主張した。そして、「自分が飲んだ酒の量以外は何も覚えていないような女」の証言にもとづいて判決を下さないでほしいと裁判官に嘆願した。今なお、多くの人びとがこの事件の決定的な要因として、ミラーの飲酒量を引き合いに出している。これは言うまでもなく、典型的な被害者非難（victim blaming）である。[7]

被害者を非難するのではなく、物語から消すことでターナーへのヒムパシーを表明した人びともいた。私はこういった行為を「ハラシュアー（herasure：女性の抹消）」［この単語は、her（彼女）とerasure（抹消）を組み合わせた造語だと思われる］と呼んでいる。ターナーの水泳の力量と、明るい未来が閉ざされたことに言及したニュース記事は数え切れないほどたくさんあったが、ミラーに言及したものはひとつもなかった。ブロックの多くの支持者たちについて、ミラーは次のように書いている。

彼らは、判決が出された後でもなお、ブロックには無罪になる資格があると信じていた。彼らの支持は確固たるもので、ブロックがしたことを暴行だと呼ぶことを拒否し、あれは単に不幸な状況における残念な出来事だったと言っていた。そして、彼らはいまだに、「ブロックは法を犯したり特別扱いされたりするような人間ではない……」、女性として彼から怖い思いをさせられたことはまったく一切ない」と言い続けている。文字がびっしりと書かれた三ページ半にわたる彼の母親の声明文では、私のことはひとことも触れられていなかった。抹消することは抑圧の一形態であり、事実から目を背けることなのだ。[8]

一方で、ターナーの父親は、息子が美味しい焼きたてのリブアイステーキを楽しく食べられなくなったこと、息子の食欲がなくなったことを嘆き悲しんでいた。ターナーの「お気楽」で「能天気」なふるまいが消えてしまったことを、息子の犯罪的な悪行による当然の結果としてではなく、ありえない悲劇として父親は受け止めていた。しかし、さらに衝撃的だったのは、この事件の裁判官であるアーロン・ペルスキーが、ターナーが「良い人」であることを証明するために、彼の家族や友人たちの言葉を採用しようとしていたことである。先述したターナーの女性の友人に対して、「私はそれこそがまさに真実だと思っています。事件が起きる夜まで、彼が良い人間だったことの一種の裏づけになります」とペルスキーは答えている。同様に、ターナーの父親も息子の罪について、「あの子の二〇年という人生のなかの、たった二〇分の行い」だと表現した。

しかし、知ってのとおり、性犯罪を実行する人びとは往々にして同じ犯罪を繰り返す。だから、ターナーの良いとはいえない行いについて、ターナーは悪い人間ではないと仮定することは楽観的すぎるだろう。裁判の後、ターナーがスタンフォード大学の水泳チームの女性部員を性的な目つきで見ていて、彼女たちに対して不適切なコメントをしていたという事実が明らかになった[9]。また、同じフラタニティだがスタンフォード大学の別のパーティで、ターナーが「馴れ馴れしく身体を触って」きて、「気色悪い」感じでダンスをされたと警察に通報していた二名の若い女性がいた。それは、彼がミラーを暴行するわずか一週間前のことだった（この通報が明らかになったのは、彼が罪を犯した六か月後だったが）。ミラーが記しているように、これらの話には「彼は愛すべき人間であるとメディアが報道していたようなイメージは、まったくなかった」。『ワシントン・ポスト』ですら、彼のことを「清廉潔白」で「純真無垢」だと言っていたのである[10]。

ヒムパシーとハラシュアーが吹き荒れるなかで、ターナーは六か月の禁固刑を言い渡されたが、服役したのは三か月間だけだった（しかも三年間の執行猶予がつけられた）。ペルスキーは、服役が長期にわたることでターナーの将来に「深刻な影響」を与える可能性を懸念していた[11]。ターナーによって犠牲者にされた女性のことを、これから先、彼の犠牲者になるかもしれない女性のことを、果たしてペルスキーは考えたのだろうか？

「警察：メリーランドの学校を襲撃したのは、どうやら恋愛後遺症の一〇代だったようだ」とＡＰ通信は報じた。一七歳のオースティン・ローリンズという少年が、元交際相手のジェリー・ウィリンを含む二名のクラスメイトを撃ったとのことだった。彼女は脳死を宣告され、その翌日には生命維持装置を外されたため、ローリンズは殺人犯となった。AP通信の報道がローリンズに同情的だったことに抗議した人びともいたが、このニュースはABCやMSN、タイム誌を含む大手報道メディアに配信されたことで、爆発的に広まった。[12]

「テキサスの学校襲撃者は、彼の誘いを断り、クラスメイトの前で彼に恥をかかせた少女を殺害したのだと母親は語っている」と、『ロサンゼルス・タイムズ』は報じた。[13]その後、ディミトリオス・パゴルツィスという一七歳の少年が、彼を拒否したシャナ・フィッシャーという少女を含む一〇名に発砲し、殺害したことを自白した。シャナの母親であるサディ・ロドリゲスによれば、シャナは「あの少年のせいで四か月もの間悩まされて」おり、「彼はシャナに言い寄り続けていたが、彼女は繰り返しノーと伝えていた」のだという。[14]教室内でシャナが彼に抵抗し、クラスメイトの目の前で彼に恥をかかせるまで、パゴルツィスの執拗なアプローチは増大していったとされる。一週間後、彼は七名のクラスメイトと二名の教師、そして、彼女を撃った。

パゴルツィスの家族は、「この事件によって誰よりも衝撃を受けて混乱している」のは自分たちであるという声明を出した。さらに、次のように続けている。

　賢く、物静かで、愛らしい少年という、私たちが思うディミトリの姿を示してくれた、サンタフェ高校の他の生徒たちのパブリックコメントを嬉しく思っています。メディアで報道されているのは、私たちが愛している少年とは相容れないものでした。[15]

襲撃者の「愛らしさ」が証言されたことは、彼の家族を喜ばせたかもしれない。しかしそれは、グロテスクな誤解を招き、致命傷を負わされた犠牲者たちを道徳的に深く侮辱するものでもあった。

「ブリスベンの悲劇的な自動車火災で、元NRL選手のローワン・バクスターは三人の子どもと疎遠だった妻の横で死んでいた」と、トップニュースは報じた[16]。この事件に関する別の記事には写真が掲載されており、「元NRLのスター選手、ローワン・バクスターは、三人の子どもたちにいつも優しさと愛情を注いでいた、楽しいことが大好きな父親だと思われていた」という説明書きがつけられていた[17]。バクスターは、ガソリンを撒いた車に火をつけて、最近疎遠になっていた妻であるハンナ・クラークと、アリーヤ、ライアナ、トレイの三人の子どもたちを殺害した。その後すぐに、バクスターは自らを刺して死亡した。マーク・トンプソン刑事は、オーストラリアのクイーンズランドで起きたこの事件について、「偏見を持たずに」捜査すると語った。オーストラリアのジャーナリスト、ベッティナ・アーントは、Twitter で次のようにコメントした。

おめでとう、クイーンズランド警察。偏見を持たずに捜査して、適切な証拠が出るのを待っているんですね。もちろん、ローワン・バクスターが「行きすぎ」だった可能性も考えていますよね。でも、怒りの取り扱い方には気をつけてください。警察は、女性がパートナーを刺して死なせたり、子どもをダムへ突き落としたりしたときには、弁解や説明を求めるフェミニストのシナリオには従わないくせに、男性がそういう状況になると、それはすべての男性のなかにある邪悪な暴力性が表面化したものに過ぎないと、すぐに判断しますからね[18]。

アーントは二〇二〇年の冒頭に、「社会評論家としてコミュニティへ、そして男性の代弁者としてジェンダー平等に大きく貢献した」として、オーストラリア勲章（OBE［大英帝国勲章］と同様の栄誉）を授与され、その栄誉を称えられた[19]。

ヒムパシーは、女性に対する男性の暴力性の枠組みを根本から歪め、場合によっては子どもに対しても同様のことが生じる場合がある。[20] ヒムパシーは狡猾なことに、冷酷な殺人であるように思われる行為を、情熱から引き起こされた理解可能な行為、あるいは、正当な理由のある自暴自棄へと変換してしまう。そして、ヒムパシーは狡猾なことに、レイプなどのその他の犯罪も、単なる誤解やアルコールによる事故へと変えてしまう。

・・・

レイ・フロレクの事件において、ランディ・ヴァネットは彼が認めた罪によって逮捕されることも、罰せられることも、起訴されることもなかった。[21] レイとランディを聴取したディーン・シャーフ刑事は、約三〇年間にわたって保安官を補佐し、その後退職した。マーク・グリーンブラット記者は、この事件が逮捕に至らなかった理由について、シャーフの自宅でインタビューをしている。

グリーンブラット：実際のところ、被害者が強く主張していたのは、彼女が寝ているか意識を失っているときに、ランディが彼女とセックスしたということですよね。
シャーフ：あぁ、まぁ（肯定的に）。
グリーンブラット：そして、彼女はそれに同意はしていなかった。
シャーフ：そうだ。
グリーンブラット：それは犯罪ではないんですか？
シャーフ：そうかもしれないね。いや、そうだ。私がそうだと言うべきではないだろうが、そうだろうね。でも、あの場で彼を有罪とする要素が他に何かあったか？

グリーンブラット：他にどんな証拠が要るんですか？　容疑者は、眠っていたときにセックスしたことを認めているのに。それ以上の証拠が必要なんですか？

シャーフ：あぁ、そうだね。ここにはふたりの人間がいるんだ。ひとりは被害者だと言っているが、容疑者の方は「いやいやいや、オレはやっていない」と言っている。そういうことだ。何も……それ以外には何も、君がこの事件で証明しようとしていることに関する物的証拠もないし、目撃者のようなものもいないんだよ。君はインタビューをしたが、物的証拠は何も持っていない。君が扱っているのは、彼はこう言ったが彼女はこう言っているという水掛け論だが、君は片方の録音しか持っていない。

グリーンブラット：お言葉を返すようですが、水掛け論とはどういうことですか？　彼は酔って意識を失っていると認識していた相手とセックスしたことを認めているんですよ。この場合の水掛け論とは何ですか？

この事件でも、あるいは他の同じような多くの事件においても、互いが実際に何と言ったのかは重要ではない。重要なのは、事実に関しては直接的な意見の相違がない場合であっても、つまり、（彼女が）主張していることと（彼が）否定していることには矛盾がない場合であっても、それに関連する利害が衝突することである。この事件もそのひとつだが、男性がきっぱりと自分の罪を認めているケースはいくつもある。しかし、男性に対しては何も対応がなされないのだ。それどころか、次にみるように、彼は彼女の犠牲者であるとすら認識されている可能性もある。インタビューは次のように続く。

グリーンブラット：あなたのお考えでは、性的暴行事件で何があれば逮捕すべきだと確信できるのですか？

シャーフ：いろいろあるときもあるし、ないときもある……ケースバイケースだ。
グリーンブラット：録音されているインタビューで、容疑者はあなたの前で罪を認めています。それは……
シャーフ：君と法律について議論する気はないね。私は彼を逮捕しないと決めたんだ。彼は起訴されなかった。そういうことだ。次に進もう。もうこれ以上君に話すことはない。

先に、この刑事は彼の論理的根拠について次のように述べていた。

シャーフ：疑うに足る証拠がなかったとは言っていない。しかし、この事件では逮捕に至るための確固たる十分な確からしい証拠はなかった。それは彼女はこう言った彼はこう言ったの水掛け論で、両者の言い分が食い違っている部分があり、事件が報告されてから時間も経っていた。彼らは同意にもとづいた関係だった。逮捕可能な事件ではなかったのだ。

疑うに足る証拠はあったかもしれないが、確からしい証拠はない、というのは一貫性がなく、注意が必要である。犯罪を立証するための証拠基準としては、前者の方が後者よりもはるかに高いのだ[22]。インタビューは次のように終わる。

グリーンブラット：女性が知っている相手にレイプされることは事件ではないと？
シャーフ：ああ、そうだ。そういうことは起こりえる。しかし、賭けてもいい。もし君がそういった事件で調査されたものを全部集めて、そのうちどれだけの人が告訴されたかを比較したら、該当するのはごくわずかだろう。それは、いかなる理由があれ、起こったことにはならない。もう一度言うが、これは検察官と裁判官次第で、これが我々の刑事司法制度なのだよ。[23]

検察官のトッド・ウェッブは、ランディ・ヴァネットを起訴しなかった理由のひとつとして、この事件の被害者が「何が起こったのか自分ではわからないので、何が起きたのかを証言できないこと」だと述べた。しかし、彼女は暴行されていたときに意識がなかったのだから、それは至極当然のことである。他方で、殺人の被害者の場合は、自らに対して行われた犯罪を証言することは相当に難しい状況に置かれている。しかし、検察官は被害者の不在にもかかわらず、事を進めていくのだ。

ジム・アルステッドという別の検察官は、テディベアに仕込まれたカメラの録音はランディにとって不公平だと思うと述べた。なぜなら、彼は「仕組まれ」たのだから。レイが正義を追求するのではなく、彼を罠にはめようとした理由を尋ねられたとき、アルステッドは「おそらく、彼女は生活保護を受けているのだろう」と答えた。その後、彼は証拠がないにもかかわらず、彼女が違法な麻薬常用者ではないと嘘をついていたのかもしれないとも言ったのだった。

ヒムパシー、ハラシュアー、被害者非難では、どんな可能性でも理由になってしまう。そして、レイプに関与しているのは、腐った一個のみかんだけではないこともわかる。ヒムパシー的な社会システムによって、レイプすることを許し、レイプしても保護し、レイプするよう助長さえしている悪い行為者たちが関わっているのである。

司法制度に関しても、欠陥をあげればきりがない。警察官が緊急逮捕をやめたり、検察官が告訴を取り下げたりするだけではない。合衆国の司法では、レイプ事件は「例外処理 exceptional clearance」として、日常的に処理されている。二〇一八年、調査報道センターの記者たちは、『プロパブリカ』および『ニュージー』の記者たちと共同で、一年かけてこの慣行に関する調査を実施した。彼らは、一一〇の主要な都市および郡に対して、データを取得するために情報公開請求を提出したが、無事に得られた記録は約六〇件だけだった。おおよそ半分の主要都市および郡では、レイプ事件の大半を終わらせるために、警察官が例外処理にするよう指示していたことが判明した。[24]

フィラデルフィア性犯罪ユニットの司令官であるトム・マクデヴィット補佐官によると、こうした分類を適用できる、もしくは適用することが意図されているケースは、「それが犯罪だと知っていて、その犯罪が起きたことを立証できる場合。被害者がいて、それが特定されている場合。そして、検察官が起訴しようとしないか、被害者が事を大きくしたがらない場合」のみである。[25] 司法省の担当者は、例外処理は本当にそういったもの――例外的なもの――であり、逮捕するための十分な証拠があったとしても、何らかの理由で逮捕することが不可能なときにのみ適用されるはずだと認めている。容疑者がすでに収監されているか死亡している場合、または、被害者が協力を拒否している場合などが、その例としてあげられる。[26] 殺人の場合、例外処理がなされるのは解決事件の一〇％程度でしかない。このことはつまり、九〇％の事件は逮捕によって解決されているということである（もちろん、解決されていない「未解決の」捜査中の事件もたくさんある）。[27]

しかし、レイプに関しては多くの警察署が自らの方針を無視しているようにみえる。ジャーナリストが最初から最後まで追いかけたある事件では、被害者である若い女性の、事件にきちんと対処してほしいという意思に反して、例外処理がなされていた。レイプキット［レイプ被害に遭った直後に、被害者の身体や衣服などに残っている加害者の証拠を採取するためのキット］からは、彼女の傷と痣は、彼女が通報した性的暴行と一致することは明らかだった。彼女はできる限り警察に協力し、正義がほしいのだと繰り返し訴えた。彼女が告発していた男性を特定した（その男性は、女性が申し立てた暴行は同意があったと主張した）。警察は、彼女が告発していた男性を特定した（その男性は、女性が申し立てた暴行は同意があったと主張した）。警察へ行ってから二年後、突然この女性のもとに、あなたの事件は二週間前に例外処理となりました、という手紙が届いた。それ以上彼女にできることは何もなく、事件は終わったことにされた。何もかもが終わりだった[28]。

一方で、実際の逮捕による事件解決と、例外処理を用いた事件解決を区別せずに、高い解決率を誇っている多くの都市や郡もある。したがって、例外処理は警察の有能さに関する人びとの認知をも、間違った方向へと歪めてしまう恐れがある。

レイプ事件において例外処理が極端に高い割合を占めていることは、多くの人びとにとっては目新しい情報かもしれない。一方で、未検査レイプキット問題に対する注目が——少なくとも、リベラル界隈では——高まっている。過去に検査されなかった約一万件ものレイプキット（デトロイト警察の保管倉庫を定期巡回しているときに発見されたのだった）を最近再検査したところ、八一七名の連続レイプ犯が特定されたのである。ウェイン郡のキム・ワーシー検察官によれば、検査されていないレイプキットの数は合衆国全体で四〇万件にものぼると推定されており、現状の証拠からは、レイプ犯は逮捕されるまでに平均で七〜一一件のレイプ事件を起こしていると考えられるという。ワーシーは次のように述べている。

　これらの検査キットが提出されているのに、何もしていない管轄区域が全米中に非常に多くありました……。自分たちが見ている限りでは、レイプは起きていないと言うのです……。しかし、この問題を真摯に捉えてもなお、そんなことが言える人などいないと私は思います。これがもし殺人だったら、そんなことを言う人はいませんし、そんな質問をする必要すらないでしょう……。しかし、性的暴行の場合は、どういうわけだか、非常に簡単に事を覆い隠してしまう人びとがいるのです[29]。

もうひとつ、深刻に考えなければならないのは、過去に検査されていなかったレイプキットのうち約八六％は、被害者が主に非‐白人の少女と女性だったという事実である。ワーシーが述べるように、「検査されていないレイプキットのなかに、ブロンドヘアで青い目をした白人の女性はそう多くはないでしょう……。彼女たちのレイプキットは他とは別に扱われ、彼女たちの事件は解決されています……。人種は、残念なことに他のさまざまな事柄と同じように、レイプ事件に関しても問題の中心にあります。これは刑事司法制度のいたるところに現れています。[30]」

この無気力さを、この敵対的で辛辣な無関心さを、いかにして説明できるだろうか？　私たちは、レイプを憎むべき極悪非道の犯罪だとはみなさないのだろうか？　概念的にはもちろん、そのように考えている。しかし実際のところ、ある加害者が被害者に対して責任を果たすことを拒むのはなぜなのだろうか？

単純かつ非常に一貫性のある説明のひとつは、男性は何某かの女性からセックスを得る資格があるとみなされているということだ。同等、または、より少ない特権しか持たない女性と付き合っている白人男性、もしくは、かつてそのような女性と付き合っていた白人男性は、女性を性的に「所有する」資格があるとみなされることがある。[31]　このことはとくに、「所有された」女性が他の誰かによって語られてはじめて顕在化する傾向がある――そして、それを語るのは少なくとも一般的には女性や非‐白人男性ではなく、同じように特権を付与された男性である。最も権力のある男性たちは、事実上どのような女性も性的に「所有する」資格があるとみなされており、女性を「所有した」ことによる影響を最小限にとどめることができる。ブレット・カバノーやドナルド・トランプを考えてみるといい。トランプは、大統領選挙前に複数の女性たちから性的暴行をしたとして告発された。[32]　著名な銀行投資家であり、資産運用家であるジェリー・エプスタインの今では悪名高い事件を考えてみるといい。彼は、八〇名以上の少女たちを性的に暴行したことで告発された。パームビーチの邸宅で、少女たちの身体を撫でまわして性的暴行をしたといわれている。少女たちを触ったり、マスターベーションをしたり、性的暴行をしたりする前、彼は少女たちに自分の身体をマッサージするよう頼んだ。それでも二〇一九年までは、彼にとってそのことに由来する影響はほとんどなかったのだ。[33]

黒人、トランスセクシュアル、障害があるなど、さまざまな理由で軽んじられている少女や女性たちの場合、彼女たちをレイプしても刑罰を受けない男性の割合は、レイプキットを検査することが価値のないくらい高い傾向にある。そのため、レイプキットは放置されやすい――それにともなって、道徳的関心や正義に対する彼女たちの基本的な権利も放置されてしまう（本来はそうした権利を持っているにもかかわらず）。「正義が叶いそうだと知ったときは驚きました」と、トレイシー・リオスは語った。彼女のレイプキットは、彼女がレイプ犯の男性によってアリゾナ州テンペの空きアパートに連れ込まれ、暴行されたときから約一五年間、検査されていなかった。「司法制度への信頼は失いました」「私は気にされていないのだと思いました」と彼女は言った[34]。

リオスを性的に暴行した犯人は今、懲役七年で服役している。しかし、こうした結果になることは稀だ。もしレイプが理論上、例えば終身刑で罰せられるとしたら、不利な証拠があるにもかかわらずレイプ犯が釈放された場合、社会におけるあなたの価値はどうなるのだろうか？ あなたは一種の価値を切り下げられた人にされるのではないだろうか？

もちろん、私はレイプが終身刑によって罰せられるべきだと言っているのではない（多くのリベラルな人びとと同じように、私もそれは強く否定する[35]）。ここでのポイントは、ある加害者と、それに関連するある被害者を悩ませている怠慢と二重基準を特定することだ。私たちが正義であると（正しく、または正しいかのように、もしくは間違って）みなしているものが何であれ、ほとんどのレイプ事件でそれが実行されていないことは非常に明白である。ＲＡＩＮＮ（the Rape, Abuse and Incest National Network：レイプ、虐待、近親相姦に関する全国ネットワーク）の統計では、レイプ犯が最終的に投獄されるのは、レイプ事件の〇・六％以下であるとされている[36]。これは、暴行傷害や強盗などを含む同じような犯罪類型のなかではるかに低い数字である[37]。

レイプ文化には、しばしば問題の俎上には乗らない別の側面がある。このことは、若年層の犯罪者の悲しい現実を突きつけている。この問題は、刑務所に収監することによる解決も（他の事件におけるこの解決法の実行可能性について人びとがどう考えているのであれ）、道徳的責任という通常の観念も受けつけない。[38] 若年犯罪者は、自身が犯した悪事について、少なくともそのすべての責を負うには若すぎる場合がある。

ロクサーヌ・ゲイは、破滅させられるほどの衝撃を受けた過去を綴った回顧録、『飢える私――ままならない心と体』において、思春期の始め頃、彼女を残酷に集団レイプした一〇代の少年たちのことを書いている。彼らは「まだ男とはいえない少年たちで、しかしもうすでに、どうやって男の害を及ぼすかを知っていた」。数十年間、彼女はレイプのことを語らず、それについて書くこともしなかった。そして、ついに本のなかでその記憶を呼び起こした。

私は彼らのにおい、育ちの良さそうな彼らの顔、彼らの体の重さ、彼らの汗の鼻にツンとくるにおい、彼らの手足の驚くべき強さを覚えている。彼らが楽しんでいたこと、大笑いしたことを覚えている。彼らはただ単に私を見下したのだということを覚えている。[39]

その余波として彼女は今、有色人種の女性として、自称ではあるが太った女性として、さまざまな形態の周縁化と、無数の敵対的な沈黙に直面している。

本書の第一章を思い返してほしい。私は、ミソジニーとは男性が心のなかで感じる敵意ではなく、むしろ、家父長制的な力のせいで少女や女性たちが直面させられている敵意のことだと論じた。これを踏まえると、（典型的には思春期の）少年から少女に対して振るわれる性的攻撃が、ミソジニーのひとつであることは明らかだろう。また、そうした事件の加害者自身が、ある意味ではミソジニーやレイプ文化の犠牲者であるともいえる。若すぎるがゆえに自分のしていることがあまり、もしくは、まったくわかっていない人びとに、有害な行為を吹き込むということは、彼らにも多少なりとも道徳的にダメージを与えることになる。

このことは、MeToo運動から学ぶべき教訓と直接的に関連している。MeToo運動は、タラナ・バークが一〇年以上にわたって主導し、二〇一七年一〇月以降、アリッサ・ミラノのような有名人によって一般的に広まっていった。性的不法行為者だと暴露された後の、権力のある男性をみれば、ついに山が動いたのだと結論づけたくなるかもしれない。ようやく人びとは、彼らの性的不法行為を深刻に受け止めるようになった。また、加害者側に変化が起きた可能性もある。明らかにその要因だといえるのは、彼が歳をとったことであり、人びとが彼らに「汚い老いぼれ」という役をあてがいやすくなったことである。これは、より哀れになった姿というよりも、エイジスト［年齢差別主義］的な文化のより強力な側面を表したものである。とくに、後期資本主義の見地からすると、年配の男性は若い稼ぎ手よりも役に立たない傾向にある。彼らが売れる期限は迫っている。そのため、そうした場合においては、彼らは若い人びとよりも捨て去りやすいのである。

しかし、性的不法行為者は通常、老人もしくは中年になってからそうした行為をするようになるのではない。典型的な性的攻撃者は、思春期に最初の犯罪を起こしているということが自己報告式の調査で明らかにされている[40]。さらに、より若い人が犯した法定犯罪に対して必要な例外を設けたとしても（それは道徳的に複雑な問題を引き起こすが）、少年の犯罪者によって起こされた性的暴行はかなりの割合を占めている。最近の推定では、合衆国の（性的暴行事件の）四分の一から三分の一に該当する。これらの犯罪者は、加害者が年配である場合と同じように、圧倒的に男性である[41]。

MeToo運動で最も多くの記事が書かれた事件は、ある程度このことを証明している。ケビン・スペイシーとハーヴェイ・ワインスタインに対する告発は、（それぞれ）一九八〇年代初頭もしくは半ばまで遡ることができる。スペイシーは二四歳頃、ワインスタインは三〇歳頃のことだった。現時点から彼らの過去の行為を振り返ってみれば、このふたりが性的不法行為者であることはすぐにイメージできる。私たちは、年老いた彼らを被害者の語りのなかへと入れ戻して、被害者たちから私たちへと語られるものを読み取る。

しかし、ある女性が、エド・ウエストウィックというイギリスの俳優（当時三〇歳）から三年前にレイプされたことを証言しようと表に出てきたとき、よくTwitterに流れていたのは、彼は若くてセクシーすぎるから、捕食者にはなれない、という意見だった。さらに二名の女性が、ウエストウィックに対する証言をした。しかし、その申し立ては現在でもどういうわけか多くの人びとにとって「本当のように聞こえる」ものではない。警察は証拠の不十分さを引き合いに出して、起訴しなかった。ウエストウィックの若さと白人性は、他の特権の形態のなかでも優位だったようだ。彼は成功者であり続けている。なぜなら彼はハリウッドで金儲けをし続けているからである。あるいは、それゆえに彼はハリウッドで金儲けをし続けている、ともいえるかもしれない。

これまでみてきたように、ミソジニーは普遍的に少女や女性を対象とする必要はない。ミソジニーは、家父長制的な規範や期待の観点から「悪い」女性を選び出し、現実のものであれ、明白なものであれ、悪事をしたとして彼女たちを罰する。ミソジニーを過度に一般化しても、この点は誤解しないことが重要である。私が提案する枠組みのなかには、おそらくどのような少女または女性であっても、彼女自身のジェンダー化された「良い」ふるまいとは関係なしに、ミソジニーの標的や犠牲者となりうるという明らかな事実を受容するための余地がたっぷりとある。このことはひとつに、女性はときに特定の女性の「タイプ」を代表するものとして扱われることがあり、その集合体として悪い行いを責められたり罰せられたりするためである。また、ミソジニー的な攻撃は、（例えば、男性が資本主義的に搾取されることから生じる）無数の不満に由来するためでもある。そしてそこには、弱くて利用できる人びと、しばしば女性たちへ向けられる当てつけ――話し言葉では「ガス抜き punching down」といわれる行為も含まれるかもしれない。もし女性が、歴史的な家父長制的社会――男性が「癇癪を起こす act out」ことが許されるのかどうかを男性自身が決めていた社会、そして、今なおそうである社会――に生きているせいでこの八つ当たり的な攻撃に直面するとしたら、彼女は今なおミソジニーの犠牲者である、というのが私の分析である。最後に、ミソジニーな社会構造は、その目的を大きく超越したところに到達している可能性があり、そのために意図した、または、最初の標的だけではない非常に多くの女性を罰することができると言及する必要がある。

同様に、家父長制的な規範や期待に直接的に従わない女性（および、単にそうしていると認識されているだけの女性）が、どのような方法でミソジニー的な報復を受けるのかを認識することも重要だ。そして、ミソジニーの第一のルールは、そうした酷い扱いに対して文句を言わない、ということである。

最も酷い実例では、女性はミソジニーの被害者であるという主張をすることによって罰せられる。彼女たちは、苦しめられた犯罪に関する強力な証拠があるにもかかわらず、制度的に信用されず、中傷される。[42] 例えば、二〇〇九年、ワシントン州に住む若い女性が、ナイフで脅されてレイプされたと警察に通報したところ、虚偽の報告をしたとされて五〇〇ドルの罰金を課された。後で明らかになったことだが、その報告は正しかった。この事件は二〇一一年に明らかになった。ふくらはぎに特徴的な卵型の痣があるレイプ犯が、近隣地域の別の被害者女性からレイプで告発されたためだった。[43]

二〇〇九年から二〇一四年の間に、イギリスでは一〇〇名以上の女性が虚偽のレイプの申し立てをしたとして起訴された。そのうちのひとり、レイラ・イブラヒムは、司法妨害として禁錮三年の刑を言い渡された。性的暴行をされたという彼女の主張は決して揺るがず、彼女の母親と弁護士も、ほとんど最初から彼女は容疑者とみなされていたという事実を証言している。[44]

二〇一八年の後半、オーストラリアでは俳優のジェフリー・ラッシュが関与した事件が大きく報じられた。ラッシュは、劇場で共演したエリン・ジャン・ノービルからセクハラで公に訴えられた。彼は自分の手を彼女のシャツの中に入れて、背中を直に触り、まさぐるような動作を繰り返し、「社会的に不適切なくらいキミのことを考えている」という文章とともに、よだれを垂らしているような（または、おそらく喘ぐような）絵文字を含むメッセージを彼女に送っていた。ノービルはまた、ラッシュが「リア王」の最後のシーンの間ずっと、彼女の胸を触っていたことも強く主張した。ノービルは具体的な証拠をもってセクハラを証明したにもかかわらず、信じてもらえなかった。[45] ラッシュは、名誉毀損に対する慰謝料として二〇〇万ドル近く（オーストラリアドルで二九〇万ドル）を最終的に受け取っている。[46]

二〇〇六年、クィアで非‐白人の七名の女性たちが、性的暴行とセクハラに対して闘った結果、深刻な法的帰結に直面した。彼女たちを攻撃したのはドウェイン・バックルという名の男性で、彼は自分のヤジが軽くあしらわれた後、怒り狂った（彼を思いとどまらせようとして、「ミスター！　私はゲイです！」と七名のうちひとりの女性が言った）。彼は「お前らをストレートにしてやる」と脅し、殴り合いが始まった――誰が最初の一発を繰り出したのかについては議論がある。バックルは続けて、その女性たちのうちのひとりの髪を引っ張り、別の女性を窒息死させようとした。四分間続いた乱闘のどこかの時点で、バックルはキッチンナイフで刺され、病院へと搬送された。彼は『ニューヨーク・タイムズ』に、自分は「ストレート男性に対するヘイトクライムの被害者」であると語った。その間、女性たちはメディアで「キラーレズビアン」の「オオカミ集団」として描かれ続けた。最終的に、七名の女性たちは集団暴行と殺人未遂を含む重罪で起訴された。七名のうち三名は暴行罪を認めたが、「ザ・ニュージャージー・フォー」として知られるようになった残りの四名は、起訴された罪状と闘い、敗訴した。彼女たちは三年半から一一年の禁固刑を言い渡された。[47] 彼女たちの支持者は、正当防衛だったと主張している。

特権を付与された少年や男性たちにとって、ミソジニー的な行為に責任を求められることは、レイプのようなケースにおいても例外的であり原則ではないことがわかる。一方、多くの少女たち、とくに人種や階級、セクシュアリティ、障害といった他の軸もともなうことで、スタート時点から抑圧されている少女や女性たちにとっては、レイプ犯や虐待者が罰せられない、ということだけでは済まない。女性たちはこの不正義に抗議することで罰せられる可能性があるのだ[48]。

本章の最初に取り上げた話は、完全ではないにせよ、幾分まともな結末だったのかもしれない。レイ・フロレクは、民事訴訟でランディ・ヴァネットから精神的慰謝料として最終的に五〇〇〇ドルを受け取った。この決定を聞いた後、レイは弁護士と数名の友人とともに、にぎやかなバーで祝杯をあげた。彼女たちは次のような会話をしている。

友人：乾杯！　言いたいことは？
レイ：正義。
友人：勝利。やったぁ！
レイ：正義。ちょっとびっくりして目まいがする。本当に、予想以上の正義を勝ち取れたんだ。

彼女はそれを正義と呼んだが、ランディは判決に異議を唱えている。彼はまた、裁判の後でレイのトップレスの写真をインターネットに投稿している。このようないわゆるリベンジポルノは、ミネソタ州では刑務所に収監されて罰せられる[49]。彼に罰が課されることになるのかどうかは、まだわからない。

注

（1）以下の記述は、『プロパブリカ』のバーニス・ヨング、『ニュージー』のマーク・グリーンブラッドおよびマーク・ファヘイが、この事件について『リヴィール』というポッドキャストと共同で行った当事者による証言の収集と、その後の調査報告に大きく依拠している。"Case Cleared: Part 2," *Reveal*, November 7, 2018, https://www.revealnews.org/episodes/case-cleared-part-2/.

（2）しかし、ミネソタ州では被害者と「自発的に関係性を継続している」相手によって行われたレイプは、当時も別の法によって起訴されていたことは注目に値する。このことは「自発的な関係性における防衛」という議論の展開へと繋がっていった。その結果、離婚係争中の女性が元夫にレイプされたケースなど、事実上の夫婦間レイプの例外として「自発的関係性における防衛」を展開していくことに成功した例もある。その元夫は、四歳の子どもが寝ているそばでレイプビデオを撮影したが、「プライバシーの侵害」としてたったの四五日間の禁固刑に処せられただけだった。幸いにも国内で抗議の声があがり、この法律は二〇一九年五月に廃止された。以下を参照。Amir Vera, "Marital Rape Is No Longer Legal in Minnesota with New Law," *CNN*, May 3, 2019, https://www.cnn.com/2019/05/03/us/minnesota-marital-rape-repeal/index.html.

（3）看護施設において昏睡状態でレイプされ、その後に妊娠・出産したネイティブ・アメリカンの女性の事例は、行為無能力状態と性的暴行、そして——このケースでは——人種差別主義の交差性を浮き彫りにしている。Amanda Sakuma, "A Woman in a Vegetative State Suddenly Gave Birth. Her Alleged Assault Is a #MeToo Wake-Up Call," *Vox*, January 7, 2019, https://www.vox.com/2019/1/7/18171012/arizona-woman-birth-coma-sexual-assault-metoo.

（4）こうした傾向性は、いくつかの一般的な心理学的メカニズムで説明することができる。AとBが争うというシンプルな競争ゲームで、Aに関する不幸な話を聞かされたためにAに同情を寄せた人は、AのライバルであるBに対して攻撃的になり、敵対心を抱く傾向にあることを示す研究がある。同情させやすいようにAについて説明した際、そうした裏話を一切しなかった状態と比較して、被験者たちはBにより多くの激辛ソースを与えた（これは攻撃性を測るための標準的な臨床測定法である）ことを、心理学者たちは立証している。注目すべきは、BはAに対抗することは何もしていないにもかかわらず、また、Bにも同じような、あるいはそれ以上の同情に値する裏話があった可能性があるにもかかわらず、そして、Bを懲らしめたところでAの助けには少しもならないにもかかわらず、Bに対する攻撃性が示されたことである。以下を参照。Paul Bloom, "The Dark Side of Empathy," *The Atlantic*, September 25, 2015, https://www.theatlantic.com/science/archive/

2015/09/the-violence-of-empathy/407155/. この議論のもとになっている調査研究については、以下を参照されたい。Anneke E. K. Buffone and Michael J. Poulin, "Empathy, Target Distress, and Neurohormone Genes Interact to Predict Aggression for Others — Even Without Provocation," *Personality and Social Psychology Bulletin* 40, no. 11 (2014): 1406–22.

（5） 事件が起きたのは二〇一五年一月であり、二〇一六年三月に公判が行われた。ミラーは数年間、エミリー・ドゥという名で知られていたが、被害者供述が感動的だったことから本名が知られるようになった。本書が刊行される少し前、彼女は暴行事件とその後の余波に関する経験を綴った『私の名前を知って Know My Name』という特別な回顧録を出版した。そのなかには、身震いするような偶然の出来事もあった。ミラーがカリフォルニア大学サンタバーバラ校の学生だったときに、あのエリオット・ロジャーの襲撃があったのである。ロジャーの暴力は彼女に強い衝撃を与えた。彼女は次のように記している。

六人のクラスメイトが奪われた。エリオットは七人めだった。犠牲者の名前はここには書かない。名前は神聖であり、何をされたかということだけで、彼女らの名前が特定されることを私は望まないからだ。

Know My Name, New York: Viking, 2019: 89

この記述は、この問題に対する私自身の漠然とした考えを結晶化させてくれたものである。だからこそ、私は本書でもロジャーの乱射事件に関連する犠牲者の名前を掲載しないという実践をすることにした。

（6） これは自著『ひれふせ、女たち』の第六章「男たちを免責する」からの引用である。ミラーの回顧録から後に明らかになるもうひとつの決定的な要因は、彼女が中華系アメリカ人であり、ターナーの白人性（したがって、彼の方が相対的により多くの特権を有していた）によって、彼に関することはますますもっともらしく思われていたということがある。

（7） この事件に関するマルコム・グラッドウェルの分析を参照してほしい。彼は最近出版した著書で次のように述べている。

ある若い女性と、若い男性がパーティで出会い、そして、悲しいことに互いの意向を取り違えることになってしまった——彼らは酒に酔っていた……。この事件では、エミリー・ドゥの飲酒量が問題視された……。

このようなケースにおける課題は、初対面でのセックスを再考することである。両者は互いに同意していたのか？ 一方は反対していたが、他方がそれを無視したのか？ もしくは、相手の意向を正しく受け取らなかったのか……？

大衆対ブロック・ターナーという対立の結果、エミリー・ドゥにはある程度の正義がもたらされた。しかし、初対面の者同士の相互行為においてアルコールが何をもたらすのかを認めない限り、カッパ・アルファの夜は何度でも繰り返されるだろう。

Talking to Strangers, New York: Little Brown, 2019, Chapter 8

しかし、シャネル・ミラーが『60 Minutes Interview』で的確かつ完結に述べているように、「レイプはお酒に酔っていたことへの罰ではありません」。Bill Whitaker, "*Know My Name*: Author and Sexual Assault Survivor Chanel Miller's Full *60 Minutes* Interview," *CBS News*, September 22, 2019, https://www.cbsnews.com/news/chanel-miller-full-60-minutes-interview-know-my-name-author-brock-turner-sexual-assault-survivor-2019-09-22/.

(8) Miller, *Know My Name*, p. 285.

(9) Gabriella Paiella, "Report: Brock Turner Creeped Out Members of the Stanford Women's Swim Team," *The Cut*, June 16, 2016, https://www.thecut.com/2016/06/report-brock-turner-creeped-women-out.html.

(10) Miller, *Know My Name*, p. 284.

(11) Sam Levin, "Stanford Sexual Assault: Read the Full Text of the Judge's Controversial Decision," *The Guardian*, June 14, 2016, https://www.theguardian.com/us-news/2016/jun/14/stanford-sexual-assault-read-sentence-judge-aaron-persky.

(12) しかし、ABCはその後に見出しを変更した。以下を参照。Donte Gibson, "Maryland Teen Demanded That ABC News Change Its Maryland School Shooter Headline," *A Plus*, March 26, 2018, https://articles.aplus.com/a/great-mills-high-school-shooting-lovesick-teen-headline.

(13) Olly Hennessy-Fiske, Matt Pearce, and Jenny Jarvie, "Must Reads: Texas School Shooter Killed Girl Who Turned Down His Advances and Embarrassed Him in Class, Her Mother Says," *The Los Angeles Times*, May 19, 2018, https://www.latimes.com/nation/la-na-texas-shooter-20180519-story.html.

(14) Ibid.

(15) Ibid.

(16) SNSでは怒りの声があがり、その後この見出しは変更された。"Wife Dies Hours After Her Children Were Killed in Car Inferno Lit by League Player Father," *Fox Sports Australia*, February 19, 2020, https://www.foxsports.com.au/nrl/nrl-premiership/teams/warriors/exnrl-star-rowan-baxter-dies-alongside-three-kids-in-brisbane-car-fire-tragedy/news-story/

e1b715cb015ff853a4c8ccf115637e30.

(17) Kelsey Wilkie, "From Trips to the Beach to Loving Bedtime Stories: How an Ex-Footy Star Portrayed Himself as a Loving Dad Who Would Do Anything for his Three Kids — Before Killing Them All in Car Fire Horror," *Daily Mail*, February 18, 2020, https://www.dailymail.co.uk/news/article-8018989/Rowan-Baxter-died-three-children-car-set-alight-Brisbane.html.

(18) https://twitter.com/thebettinaarndt/status/1230623373232787456?lang=en.（二〇二〇年二月二九日閲覧）

(19) アーントのツイートでは、次のように書かれていた。「セックスの問題だとされていたときはタブーでした。今や男性問題です。男性を擁護しながら、ベッティナがジェンダー平等を達成できるよう手助けして下さい #MenToo」（https://twitter.com/thebettinaarndt 二〇二〇年二月二九日閲覧）。ところで、ある男性たちによれば、アーントは少年を虐待したとされるボーイスカウトの隊長を「いいヤツだ」と擁護し、「そうしたちょっとした虐待が長続きすることはほとんどない」とも言っていたという記録があるという。以下を参照されたい。この記事では、アーントの栄誉を無効にしようとするその後に生じた試みについても詳報している。Samantha Maiden, "Independent Board to Consider Rescinding Bettina Arndt's Order of Australia Honor," *The New Daily*, February 24, 2020, https://thenewdaily.com.au/news/national/2020/02/24/bettina-arndt-david-hurley/.

(20) 家族を全滅させる現象に関しては、前章の最後から二番めの注を参照。

(21) 後者（起訴）が前者（逮捕）に依拠しないことには注意が必要だ。ミネソタでは、逮捕されずに起訴されることがある。

(22) 「確からしい証拠」の標準的な定義とは、「慎重かつ注意深い者が、ある事実がおそらく真実だろうと信ずるに十分足りるような状況によって裏づけられた疑いが、かなりあること」である。一方で、「疑うに足る証拠」とは、その信憑性について、検察側の提示が、合理的な人びとにいかなる合理的な疑いも抱かせない程度に証明できなければならないことを意味する。以下を参照。https://www.lawfirms.com/resources/criminal-defense/defendants-rights/defining-probable-cause.htm.

(23) （レイ・フロレクが住んでいた）イタスカ郡では、過去五年間に四〇名以上が強姦罪の疑いで告発されていた。それらの事件の大半では、子どもが被害に遭っていた。数少ない例外を除いて——例えば、成人の犠牲者が含まれているレイプ事件——、容疑者は暴力を振るったり、露骨に威圧したりしていた。検察は、法執行機関によって持ち込まれた一七〇の性犯罪事件のうち、およそ六〇％を拒否していた。

（24） "Case Cleared: Part 1," *Reveal*, November 10, 2018, https://www.revealnews.org/episodes/case-cleared-part-1/. 以下も参照。Mark Fahey, "How We Analyzed Rape Clearance Rates," *ProPublica*, November 15, 2018, https://www.propublica.org/article/how-we-analyzed-rape-clearance-rates.

（25） より正確には以下のとおりである。

FBIの「統一犯罪報告（UCR）」［合衆国の犯罪統計］プログラムによれば、法執行機関は逮捕もしくは例外的手段のいずれかの方法で、犯罪を処理または「終了」させることができる……

例外的手段による処理

ある状況では、法執行機関のコントロールを超える要素が、当局による犯罪者の逮捕および正式な起訴を妨げることがある。このような場合、当局はその犯罪を例外的に処理することができる。例外的手段によって犯罪を処理するためには、法執行機関は以下の四つの条件を満たさなければならない。

- 容疑者を特定すること。
- 逮捕および起訴を裏づけるために十分な証拠を集め、起訴するために容疑者を法廷に引き渡すこと。
- 容疑者を速やかに拘留できるよう、犯罪行為をした者の正確な居所を特定すること。
- 法執行機関の管轄外で、当局が容疑者を逮捕し、罪状を特定し、起訴することを妨げるような状況に遭遇すること。

例外処理の具体例には、容疑者の死亡（例えば、容疑者が自殺した場合、もしくは、正当な理由で警察または市民に殺害された場合）が含まれるが、それだけに限られるわけではない。容疑者が特定された後、被害者がその告訴に協力することを拒否した場合、または、容疑者が別の司法権に属する犯罪に加担しており、その罪によって起訴されているため、引き渡しを拒否された場合も含まれる。UCRプログラムでは、財産の回収だけをもってその犯罪を処理することはない（以下を参照。*FBI*, "2107: Crime in the United States," https://ucr.fbi.gov/crime-in-the-u.s/2017/crime-in-the-u.s.-2017/topic-pages/clearances）。

（26） なお、被害者が最初に名乗り出たものの、その後捜査に協力しなくなったレイプ事件の場合でも、被害者が協力を拒むことは警察が事件をさらに追及し、最終的に起訴するにあたってその決定的な障害にはならない――ならないはずである。トム・マクデヴィットがリポーターに語ったように、例えば容疑者のコンピューターや電話を捜査することができるし、容疑者を聴取することもできる（そうした状況下で自白することは珍しくないため）。また、被害者――どのような事件でも、被害者が起訴に協力することは必須ではない――からの信頼や協力を得ようと腐心することは言うまでもない。被害者が告訴を拒むような犯罪――例えば、『ひれふせ、女たち』の序章で取り上げた、死には至らない首絞めなど――の加害者に対して、エビデンス・ベースと呼ばれるような事件（裁判で被害者の証言には頼らないような事件）を組み立てることと比較してみるといい。

（27）この数字を裏づけるふたつの代表的な調査については、以下を参照。Marc Riedel and John G. Boulahanis, "Homicides Exceptionally Cleared and Cleared by Arrest: An Exploratory Study of Police/ Prosecutor Outcomes," *Homicide Studies* 11, no. 2 (2007): 151-64. John P. Jarvis and Wendy C. Regoeczi, "Homicides Clear-ances: An Analysis of Arrest Versus Exceptional Outcomes," *Homicide Studies* 13, no. 2 (2009): 174-88.

その後、『ワシントン・ポスト』が集めたデータでも、二〇〇七年から二〇一七年の間に五五の主要都市で発生した殺人事件では、平均しておよそ一〇％の例外処理があったことが明らかになった。要約は以下を参照。Dan Bier, "Why Are Unsolved Murders on the Rise?" *Freethink*, October 18, 2018, October 18, 2018, https://www.freethink.com/articles/why-don-t-we-solve-murder-anymore.

（28）この事件で警察が被害者のレイプキットから証拠となるDNAを採取し損ねたと言ったことは特筆すべきだろう。しかし、被害者によって訴えられた男性が警察に特定されていて、彼がその夜に彼女とセックスしたことを（彼の主張では、それは同意のもとだったが）認めていたとしたら、それは最終的な起訴を妨げる決定的な要因からはほど遠い――とくに、レイプキットを用いて最初にDNA採取を行ったときに、そのセックスが暴力的だったという証拠が得られていたのだとすれば。以下を参照。"Case Cleared: Part 1," *Reveal*.

（29）Nancy Kaffer, "Kaffer: 8 Years into Tests of Abandoned Rape Kits, Worthy Works for Justice," *Detroit Free Press*, December 17, 2017, https://www.freep.com/story/opinion/columnists/nancy-kaffer/2017/12/17/rape-kit-detroit/953083001/.

（30）Ibid.

（31）警察官が性的暴行事件を起こす――ときにその現場から逃げることもある――現象についても考えてみてほしい。以下を参照。Jonathan Blanks, "The Police Who Prey on Victims," *Democracy Journal*, November 1, 2017, https://democracyjournal.org/arguments/the-police-who-prey-on-victims/.『ひれふせ、女たち』の第六章「ミソジノワールの現場――ダニエル・ホルツクロー事件」では、さらなる議論を展開している。

（32）Eliza Relman, "The 24 Women Who Have Accused Trump of Sexual Misconduct," *Business Insider*, June 21, 2019, https://www.businessinsider.com/women-accused-trump-sexual-misconduct-list-2017-12.

（33）この時点まで、エプスタインがこれらの犯罪のために服役したのは、たったの一年一か月だけだった。彼が服役していたのはパームビーチ郡にある刑務所の私有棟で、労働釈放も認められており、週に六日、一日一二時間は快適なオフィスに行くことができた。この司法管轄のもとでは性犯罪者の釈放が認められていないにもかかわらずである。こうした例外は、二〇〇八年にアレクサンダー・アコスタとともにエプスタインが交わした司法取引によって、エプスタインのために作られた。アコスタは当時フロリダ州弁護士で、現在はトランプ政権の労働長官である。不起訴に合意するということは、「潜在的な共犯者」を免罪することでもあり、被害者たち――最近まで、彼女たちの多くはエプスタインの刑が驚くほど寛大なものであることを知らなかった――のうちの三〇名との司法取引を隠匿することでもある。アコスタが行った司法取引の際に選ばれた、特別な被害者たち――被害者のなかでも最も若く、性的虐待が行われたときはまだ一六歳だった。他の被害者たちの多くもまたかなり若かった――のおかげで、エプスタインはフロリダを含め、彼が住んだことのあるいずれの州においても、性犯罪者としての登録を避けることさえできたのだ。

　ジュリー・K・ブラウンというひとりのジャーナリストの激しい追及がなければ、エプスタインはこのような最小限の刑にしか処せられない罪を犯しながら逃げ続けただろう。彼は二〇一九年六月に性的人身売買の容疑で逮捕され、その後、八月に刑務所で自殺した。以下を参照。Tiffany Hsu, "The Jeffrey Epstein Case Was Cold, Until a *Miami Herald* Reporter Got Accusers to Talk," *The New York Times*, July 9, 2019, https://www.nytimes.com/2019/07/09/business/media/miami-herald-epstein.html.

（34）Jennifer Peltz, "Over 1,000 Arrests Nationwide After Authorities Test Backlogged Rape Kits," *HuffPost*, March 13, 2019, https://www.huffpost.com/entry/new-york-feds-join-to-get-100k-rape-kits-tested-around-us_n_5c88f54fe4b0fbd7661f8840?ncid=engmodushpmg00000006.

(35) 実際のところ、私は刑務所廃止論を強く支持しているわけではないが、賛同はしている。しかし、これは別の問題であるためここでは議論しない。

(36) Andrew Van Dam, "Less Than 1% of Rapes Lead to Felony Convictions. At Least 89% of Victims Face Emotional and Physical Consequences," *The Washington Post*, October 6, 2018, https://www.washingtonpost.com/business/2018/10/06/less-than-percent-rapes-lead-felony-convictions-least-percent-victims-face-emotional-physical-consequences/. レイプとその後遺症に関する当事者の切実な話は、以下の哲学者の書籍を参照。Susan J. Brison, *Aftermath: Violence and Remaking of a Self* (Princeton: Princeton University Press, 2002).

(37) 以下を参照。*RAINN*, "The Criminal Justice System: Statistics," https://www.rainn.org/statistics/criminal-justice-system.

(38) このパートでは、ジャスティン・ワインバーグが運営しており、私も寄稿している『デイリー・ヌース The Daily Nous』のグループ・ブログの投稿を引用する。"Philosophers on the Art of Morally Troubling Artists," November 21, 2017, http://dailynous.com/2017/11/21/philosophers-art-morally-troubling-artists/.

(39) Roxane Gay, *Hunger: A Memoir of* (*My*) *Body*, New York: HarperCollins, 2017, p. 44.〔=2019、野中モモ訳、『飢える私——ままならない心と体』亜紀書房、四三—四頁〕

(40) Tara Culp-Ressler, "Five Important Takeaways from a New National Study on U.S. Teens and Sexual Violence," *Think Progress*, 2013, https://thinkprogress.org/five-important-takeaways-from-a-new-national-study-on-u-s-teens-and-sexual-violence-9d454f54cea1/amp/.

(41) 例として以下を参照。David Finkelhor, Richard Ormrod, and Mark Chaffin, "Juveniles Who Commit Sex Offenses Against Minors," *OJJDP Bulletin*, December, 2009, https://www.ncjrs.gov/pdffiles1/ojjdp/227763.pdf.

(42) 証言的不正義、沈黙、窒息に関する議論は、本書の第五章および第八章を参照。

(43) T. Christian Miller and Ken Armstrong, "An Unbelievable Story of Rape," *ProPublica*, December 16, 2015, https://www.propublica.org/article/false-rape-accusations-an-unbelievable-story. この事件はその後、『Unbelievable』〔邦題『アンビリーバブル：たった1つの真実』〕というタイトルで、連続テレビドラマ化されている。

(44) イブラヒムの母、サンドラ・アレンは次のようにコメントしている。

性的暴行があったとイブラヒムが通報してから数日のうちに、警察は「彼女を」捜査し始めていたことがわかりました……。警察は、被害者のことは信じるだろう、というような言葉を口にしていましたが、レイラが最初から訴えていたことを彼らがわざわざ捜査したとは、私には思えません。私は、娘の無実のために死ぬまで闘います。娘の身に起きたことは、恐ろしさをはるかに超えています。娘はあの夜に苦しめられ、獄中で苦しめられ、今も苦しめられています。

イブラヒムの弁護士、ナイジェル・リチャードソンは、次のようにつけ加えた。

こうした事件は、警察と英国検察庁（CPS：Crown Prosecution Service）がとくに激しく追及しているようです。まるで、女性が警察に嘘をついているとみなしているかのように、本当に厳しい対応を要求しています。女性が警察の目から見て、犠牲者から容疑者になる瞬間が訪れる。彼女は何が起こったのか知ることすらできないでしょう。

Sandra Laville, “109 Women Prosecuted for False Rape Claims in Five Years, Say Campaigners,” *The Guardian*, December 1, 2014, https://www.theguardian.com/law/2014/dec/01/109-women-prosecuted-false-rape-allegations.

（45）リチャード・アクランドは、『ガーディアン』に次のように書いている。

あらゆる場面において、裁判官は被告側の証拠を好んだ。（ラッシュの証人である）アームフィールドは、何の不適切な行為も見ていなかったし、ブデイも同じだった。ウィンター［マーク・ウィンター：ノービルの証拠を支持した唯一の証人］には提示されなかった、いくつかの疑惑もある。証言のなかでノービルが述べたことは、彼女がもともと用意していた声明にはなかった。そして彼女は、ラッシュが彼女に対して「不適切な」行為をしたとされる後も、友好的な挨拶やテキストメッセージを彼に送っていた。

なぜ彼女がそんなことをしていたのか、裁判官は十分に検討しない。劇場でラッシュの証人となった主な人びとの関係性が近しいことを、裁判官は明確に認識していなかった。このことは考慮され、慎重に検討されるべき側面である。「リア王」の上演期間中、ノービルが悲惨な時間を過ごしていたにもかかわらず、それでもなおラッシュのような重鎮と良好な関係性を保ちたいと考えることは、十分にありえることである。しかし、裁判ではそうした可能性も十分に検討されなかった……。

ノービルは証拠を提出した……。彼女は、ラッシュにハラスメントされたことを、ネヴィンに話していた。その際、ネヴィンは「ジェフリーがまだそんなことをしているとは思わなかった」と答えたと、ノービルは法廷で語った。（裁判官は）ノービルがネヴィンに自分の悩み事を打ち明けたことを認めなかった。

彼は、ラッシュがノービルの胸を意識的に触ったという告発を退けた。「ラッシュ氏が、ノービルさんの胸を意図的に触るという卑しく粗野な行為をしながら、この難しいシーンを的確に演じるための集中力や精神状態を維持することができるでしょうか？」

喘ぐ絵文字と一緒に送られてきた「社会的に不適切な考え」に関しては、それ以上進展しなかった。多くの人はこれを、年配の男性が若い女性によだれを垂らしていることの暗示と考えるだろうが、ウィグニー裁判官はまったく別の結論にたどり着いた――これは些細な言葉、ジョークであり、ただその俳優がノービルの演じていた芝居の公演初日を逃して残念だったという意味だと。

ラッシュが「考えなしに送った」とは信じがたい。

Richard Ackland, "The Geoffrey Rush Trial Shows Defamation Can Make Victims Become Victims All Over Again," *The Guardian*, April 17, 2019, https://www.theguardian.com/commentisfree/2019/apr/18/the-geoffrey-rush-trial-shows-defamation-can-make-victims-become-victims-all-over-again.

（46） ラッシュは、ノービルの告発を詳細に報道した『デイリー・テレグラフ』から、慰謝料として当初八五万オーストラリアドルを受け取った。名誉毀損に対する最終的な支払いがはるかに高額になったことの詳細については、以下を参照。Clarissa Sebag-Montefiore, "Geoffrey Rush Awarded $2 Million in Defamation Case, a Record for Australia," *The New York Times*, May 23, 2019, https://www.nytimes.com/2019/05/23/world/australia/geoffrey-rush-defamation.html.

（47） Nicole Pasulka, "How 4 Gay Black Women Fought Back Against Sexual Harassment — and Landed in Jail," *Code Switch*, *NPR*, June 30, 2015, https://www.npr.org/sections/codeswitch/2015/06/30/418634390/how-4-gay-black-women-fought-back-against-a-sexual-harasser-and-landed-in-jail.

（48） 本書で取り上げるテーマの多くと同じように、私はノンバイナリーの人びとについても同じ状況、もしくはさらに悪い状況にあることを強く懸念している。

（49） 「同意のないポルノグラフィ」と言った方がはるかに正しい。なぜなら、加害者の多くはリベンジ（報復）を動機としていないためだ――そして、どの事件においてもこの問題で根本的に重要なのは彼らの動機ではない。この現象のジェンダー化された性質と法的帰結をともに論じている説得力のある論考として、以下を参照。Danielle Keats Citron, *Hate Crimes in Cyberspace*, Cambridge, Mass.: Harvard University Press, 2014［＝ 2020、明戸隆浩・唐澤貴洋・原田學植・大川紀男訳、『サイバーハラスメント――現実へと溢れ出すヘイトクライム』明石書店］.

第四章　必要ない――同意する資格

「売春婦。」ある男性が発したこの言葉は、二〇一七年の後半に話題になった、クリステン・ルーペニアンの「キャット・パーソン」という小説に出てくる最後の言葉だ。[1] 小説では、三五歳のロバートと二〇歳のマーゴットという男女の、性的な出会いが鮮やかに描かれている。その夜、彼女たちの間で生じたことはすべて、かなり明確に同意にもとづいていた。しかし、倫理的な問題がなかったわけではない。力づくの、あるいは、人間関係における強制といったものではなく、より微妙な要因のためだ。

確かに、物語をとおしてロバートに対する批判は数多い。少なくとも私が見た限りでは、彼はマーゴットと付き合うには歳をとりすぎている。そして、彼女の気を引くために彼は些細な嘘もついているようだ。表向き、彼は二匹の猫をいつも抱きしめているかのようにみせている［ロバートとマーゴットはテキストメッセージのやり取りをとおして親密になっていく。そのやり取りのなかで、ロバートは二匹の猫を飼っているとしていたが、マーゴットが彼の家を訪れた際、猫の姿はなかった］。マーゴットと別れた後の彼は、教科書どおりにミソジニーを爆発させる。しかし、セックスそのものはどうだろうか？　マーゴットにとって彼のセックスは酷く、下手で、不快なものだった。そうした出来事は起きてはならなかったが、マーゴットがそのことを隠すために費やした多大な労力に気づかなかったという理由で、ロバートを責めることは難しい。マーゴットは当初の情熱が徐々に消えていくと、もうそこにはいたくなかった。彼女はロバートに失礼にならないようにセックスだけして、あるいは、一応はセックスをしてその場を切り抜けた。

小説の読者としては、マーゴットが丁寧に理由をつけて断ったら、ロバートがどのように反応したのかはわからない（ただし、彼がマーゴットに向けて放った最後の言葉からは、彼女が物事を率直に言ったり、または何も言わずに去ったりしていたら、何が起きたかは容易に推測できる）。彼は酷い反応を示しただろうと私たちが疑う限りにおいて、その反事実 counterfactual は、ロバートの性格に関する重要なことを示唆している。しかし、彼の行為をどのように評価できるのかについては、多くを教えてはくれない。『ニューヨーク・タイムズ』のコラムニストであるバリ・ワイズが、類似してはいるが異なるケースを解説したために、ロバートの罪は心を読めなかったことではなかったと考える人もいるかもしれない[2]。

ワイズは、「キャット・パーソン」がインターネット現象になった数週間後に起きた実際の事件について、とある男性に罪はないという見解を表明した。その事件とは、次のようなものだ。当時、二二歳だったグレース（仮名）という女性が、俳優・コメディアンで当時三四歳だったアジズ・アンサリによって、震え上がるほど酷い夜を過ごしたことを、ベイブ・ネットの記者であるケイティ・ウェイに証言したのだった[3]。しかし、この事件が「キャット・パーソン」での架空の出会いとは異なっていた重要な違いのひとつに、グレースが何度もなだめようとし、そのときに起きていたことを止めようとしたということがある。彼女は逃げようとしていたが、アンサリは彼女の願いにはひどく鈍感だった。彼女たちの間で起こっていたことを想像するには、強制による性的暴行から、倫理的ではないが合法なセックスまで、さまざまな方向性がある。しかし、グレースの言葉を受け取るならば（私はそのための準備ができている）、アンサリは少なくとも、グレースはデートはしたいがセックスをしたかったわけではないということを示すより多くの事実に、もっと気づけたはずだ――もし彼が気づいていなかったのだとしても、少なくとも暗黙のうちには、その兆候は十分にあったはずである[4]。このことによって、アンサリ事件に対するワイズの意見は、露骨なほど不誠実ではないにしても、不適切で、不愉快なほどにヒムパシーに満ちたものになった。性行為に関する明らかな倫理的義務のひとつは、パートナーが本心からその行為をしたいと思っているのかどうかを積極的に探ることである。もし実際にそれが不確実であるならば、慎重すぎるくらいに慎重になり、その行為をすぐにやめた方がいい。

しかし、これらの事例にはすべて、他の事例では得られるかもしれないある可能性が残されている。つまり、明白で情熱的な同意が見られたとして（その同意が正確にはどの程度であれ）、それが単なるパフォーマンスである場合だ。「キャット・パーソン」の小説が私たちに想像するよう強いているものでもある。マーゴットは、ロバートの身体、不器用な動作、酷いキス、そして、彼の性的な自己欺瞞（ロバートは自分のことを「とてもイケてる」と断言したが、実際にはそれほどでもなかった）に対して、強い嫌悪感を覚えた。しかし、彼女は性行為を最後までやり遂げることにし、ロバートが彼女の若くてしなやかな身体に大きな喜びを感じている、という感覚からなんとか自分の性的喜びを引き出すことさえできた。その効果を高めるために、マーゴットは快楽の断片を感じることなく、うわべだけの情熱で自分の役割を演じるのだった。

このことは、政治的にも見た目的にも快適ではなく、すべてが生々しい。そして、特定の人物によるものではないが、望まれない、あるいは強制されるようなセックスという不安を生じさせる。どちらかといえば、そうした圧力は家父長制社会のなかで用いられている脚本と、マーゴットがロバートの元から去ることは失礼であり、さらには間違っているとさえ感じさせる男性の性的資格という広く行きわたった感覚に由来している。私たちは、性的自律という訓練を完璧に受け、気まずい余韻を繊細さと優雅さとで処理するような、ロバートの異なるあり方を想像できる。それでも、私たちはいまだに、深く根づいた社会的プログラミングによって同じようにふるまっているマーゴット——こうしたことを知らないか、または、「甘やかされて気まぐれな」ように見られることを望んでいない女性——を思い描くことができる。

　したがって、次のような問いが生じる。なぜ、どのように、私たちは多くの男性の潜在的に傷ついた感情を、そんなにも重要で神聖なものとみなしているのだろうか？　それに関連して、私たちはなぜ、女性には彼らを保護し、奉仕する責任があると考えているのだろうか？


「バカなヤツCunt」

「キャット・パーソン」と多くの点において同じように終わった、実際に起きた事件がある。ある男性が、この形容詞ひとことだけを、コメディアンのサラ・シルバーマンに向けてツイートしたのだった。理由はわからず、詳細な情報もこれ以上はない。シルバーマンはこの男性のアカウントのフィードを詳細に読み込み、彼が苦しんでいることを知ったと答えている。彼女は彼を理解し、共感し、信じた。シルバーマンは彼を許し、処方鎮痛薬の依存症だった彼に、リハビリプログラムの費用を支払うと申し出た。この事件は概して、心温まる話として報じられた——実際、多くの類似したニュースのひとつでは、「最上級の共感」という見出しがつけられている[5]。

　私の知る限りでは、メディアはどこもはっきりとしたことは報じなかった。シルバーマンは疑う余地のないくらい善意の人であり、一般的な（そしておそらくジェンダー化された）社会規範にもとづいて行為しているが、それでも、この男性の非礼を甘やかしている。だが、彼女はこの行動によって批判されなかっただけでなく、積極的に称賛されたのだった。

　そういうことなのだ。女性は、男性の傷ついた感情を世話するときに報われるのである。そして、女性たちがそうしなかったときは、罰が与えられるのだ。

「アジズ・アンサリの屈辱」。これは、ケイトリン・フラナガンが発表した記事の見出しである。『アトランティック』に掲載された彼女の記事は、グレースのような「怒れる若い女性」の「一時的に過ぎない力」を嘆いていた。「怒れる女性たち」と名指された女性たちは、ある日突然、「非常に、とても危険」になったのだという。[6] この記事は、グレースの話に対する困惑から始まる（「語彙と構文はわかるが、すべての出来事はまるで宇宙で生じたことのように理解できない。私たちは歳をとりすぎたのだ」）。その後、時事的な話題に関する息を呑むような認識が展開される（「最近『ニューヨーカー』に掲載された「キャット・パーソン」という小説のように――テキストメッセージのやり取りをとおして急に親しくなったふたりが、魂のない失望的な関係を持つ、という話だ――、彼女の弁明は非常に多くの若い女性たちが深く共鳴しており、意味のあるものだということが示されている」）。何が起きたのかについてのフラナガン自身の描写は、最終的には彼女が何に対して同情しているのかをはっきりさせた。彼女はアンサリに対してひたすら真っすぐに同情しているのであり、フラナガン自身が「尊敬には値しない」と告白しているように、アンサリのふるまいの被害者には向けられていなかった。[7]

（ディナーから）戻って数分のうちに（グレースは）キッチンカウンターの上に座り、（アンサリは）明らかに同意のもとで――彼女にオーラル・セックスをした（これは、往年の「一夜限りの関係」では最初にする行為ではないので、年配の読者はびっくりするだろう）。しかしその後、グレースの説明によれば、アンサリはとても人には言えないような方法でセックスするよう彼女に圧力をかけたという。結局、夜が更ける途中で彼女は（嫌だが嫌だとは言えないという）自分の感情に打ち勝ち、彼に伝えた。「あなたたち男はみんな同じように犯してくる。」そして泣き続けた。私は、ここが物語のなかで最も重要な一文だと思った。グレースは同じようなことを過去に何度も経験しているのだ。それにもかかわらず、今回は違うなどと彼女はどうして信じられたのだろうか？

フラナガンはありふれた被害者非難をしているだけでなく、グレースの言葉を都合よく捉えている。フラナガンの憶測のように、彼女が「過去に何度も」こうしたことに直面していたと示唆するものはグレースの語りにはなく、無数の種類がある資格化された男性の性的ふるまいに対して、一般的な失望を表現しているだけである。

フラナガンは続けて、先の世代の女性たちがこうした状況で実践してきたと思われることを、現代の女性たちも実践するように勧める。つまり、デートとは「初々しい」もので、彼に平手打ちをして、その場から早足で逃げ去るのだと。しかし、理由は間違っているが——女性の性的な自律性ではなく純血を守るという名目で——、正しいこと——女性が性的に不快な遭遇から「逃げる」ことを社会が受容すること——がもはや推奨されない文化では、グレースはおそらく小説のマーゴットとほとんど同じことを恐れていた。すなわち、男性の性的エゴを挫き、無礼だったり「ビッチ」とみなされたりすることである。グレースが「凍りつき、ひどく怯え、動けなかった」という真の証拠がないと言うフラナガンは正しい（もし彼女がそのように感じたのなら、確かに理解できるだろうが）。しかし、グレースには社会的に失礼ではないとされる逃げ道がなかった。フラナガンが激怒しているようなことを、別の手段とはいえ最終的にしてしまう危険性があったことは、彼女も知っていたに違いない。アンサリを「辱め」、彼に苦痛を与え、「いいヤツ」という彼の公的なイメージに疑問を付すということだ。グレースはアンサリの部屋を出て、男性がデートで本当に無謀で無責任なふるまいをしたことに注目を集めようとしたために、女性が無謀で無責任だとみなされてしまう世界へと歩み出したのだろう。彼女だけが非難され、彼はすぐに許される。フラナガンは次のようにグレースを非難している。

彼女と、彼女の話を書いた記者が作ったのは、三〇〇〇字のリベンジ・ポルノだった。客観的で詳細な事柄が書かれているが、その目的はアンサリを傷つけ、屈辱感を与えることであって、彼女の説明を検証することではない。同時に、このふたりの女性たちによってアンサリのキャリアは破壊されるかもしれず、今や、グロステクなものから失望的なものまで、あらゆる種類の男性の性的不品行に罰を与えている。

「私たちはアジズとともに、マスター・オブ・ゼロの新シーズンを製作できて本当に嬉しいです。」Netflix のオリジナル・コンテンツの責任者であるシンディ・ホランドは、フラナガンが恐ろしい憶測を発表してからわずか六か月後に、アンサリのテレビシリーズについて言及した。(8) さらに、このストリーミング・サービスはアンサリのスタンダップ・コメディの特別番組も製作した。もちろん、白人男性はアンサリの弁明にヒムパシーを寄せ、世論における救済への道をより確かなものにしたのではないかと疑問に思う人もいた。あるいは、前述したエド・ウェストウィックに対するレイプの申し立てと同じように、グレースの話はアンサリの評判を損なうものではなかったのかもしれない――将来性のある青年、という彼の評判は今でもほとんど色褪せていない。

無礼だとみなされる、という話に戻るが、なぜ女性は一見すると些細な社会的影響を避けるためだけに、そうした思い切った方法――原則的な意味において自分の意志に反する行為――をとるのだろうか? だが私たちは、社会的・道徳的心理から人びとはしばしばそのように行動するし、実際のところ、彼女たちは自分たちのふるまいが文化的にスクリプト化されている社会的状況を混乱させないように――とくに、それらが何らかの権威者によって規定されたり提示されたりしているようなときは――最大限に努力することを知っている。

こうしたことは、一九六〇年代初頭に実施された有名なミルグラム実験において、最も劇的に明らかにされている。この実験で被験者たちは、一見すると無実の男性に電気ショックを与えるよう研究者から指示された[9]（実際にはその男性は実験協力者で、訓練を受けた俳優だった）。何も知らない被験者たちは、まずその男性に会って握手をした。ほとんどの人は彼に対して好意的だったと報告されている。被験者たちは次に、サンプルとして四五ボルトの電気ショックを実際に試した。被験者たちにはこの実験は人間の記憶における罰の効果についての研究だと伝えられており、事前に用意されていた質問に対して男性が間違った回答をしたら、その人がどのような目に遭うのか被験者たちはある程度理解していた。しかし、実験協力者である「学習者」に対して、自分たちが何をしているのかを認識しながらも、三分の二の被験者たちは研究者の指示に従って（回答を間違い続ける）不幸な犠牲者に電気ショックを与えることをやめなかった。被験者たちは、「注意：重大な危険性」といったような注意書きがつけられたボタンを押し、最大四五〇ボルトまで電圧をあげた。四五〇ボルトのボタンには、「XXX」という注意書きがあった。被験者たちは、男性のうめき声、泣き声、苦悶の叫び、止めてほしいと懇願する音声や、壁を叩く音、最終的には不気味な沈黙を聞きながらも、実行したのだった。さらに悪いことに、実験協力者の男性は心臓に疾患があると訴えてもいた。

現在では、この実験結果は広く知られている。しかし、被験者の大多数が、やるように言われたタスクによって目に見えて、直感的に、ストレスを受けていたということはあまり知られておらず、この文脈において注意深く熟考しなければならない問題を提起している。ミルグラムによれば、被験者たちはたとえ電気ショックを与えていたとしても「自分の行動に不服だった」という[10]。自分が与えている痛みに無関心だったり、または「ただ命令に従っている」という機械的でロボットのような考えにもとづいてボタンを操作していたのではなく、ほとんどの被験者は抗議し、その状況から抜け出そうとしていた。一一七名の被験者の音声映像を分析した最近の研究では、九八％の被験者が実験プロセスのある時点で、「やりたくない」「できない」というようなことを言っていた[11]。しかし、ほとんどの人はそれにもかかわらず、継続するようにという研究者からの催促に説き伏せられていた。タスクを終えた被験者は、汗をかいたり、立て続けにタバコを吸ったり、泣いたり、ときには同じ言葉を繰り返しつぶやいたりして、さまざまな方法でストレスを発散させようとしていた。

ある男性がつぶやいていた言葉は示唆的である。「続けなきゃ、続けなきゃ。」[12] こうしたことは、被験者たちは研究者の命令に従うために、間違っているが強い道徳的義務感のもとで苦しんでいたという、『服従の心理』においてミルグラムが長々と主張したことを裏づけている[13]。人びとが道徳的良心を失った瞬間は、それほど多くはなかった。研究者というかたちで表された即席の権威——この実験では、イェール大学の科学者であると紹介された、白衣を着た男性だった——に従わなければならないという、偽りの、しかし何よりも優先される矛盾した義務感を植えつけることは、容易だったのだ[14]。被験者たちはこの実験協力者の男性にそれまで出会ったことはなく、また、彼はその後の被験者たちの生活においても、予測可能な役割を果たすこともなかっただろう。被験者たちの労に対して支払われたのは、たった四ドル（と五〇セントの交通費）だけだった。それにもかかわらず、ほとんどの被験者たちは研究者の希望に沿うことは、研究者にそうした資格が与えられているからだと考えていた。被験者が異議を唱えて実験を中止しようとしたとき、研究者は遂行させるためのうながしの台詞を以下の順番で伝えた。

「続けてください」あるいは「そのまま進めてください」

「続けてもらわないと実験が成り立ちません」

「とにかく続けてもらわないと本当に困るんです」

そして、最後の手段として、「ほかに選択の余地はないんです。絶対に続けてください」[15]

興味深いことに、一番最後の、そして最も明白に強要しているうながしは最も効果が低かったようだ。そのうながしを聞いた被験者はいずれも、最終的には退出した。[16]

これらの実験は、とくに権威者——逃げ出すためには無礼になるほど抵抗しなければならない人物——の姿が見えるときの社会的スクリプトの力を明らかにしている。[17] そうした状況は、まったく普通の人びとを、強い抗議の意識を持っているにもかかわらず無実の被害者を拷問することへと追いやってしまう。ミルグラム実験から得られる教訓とは、そうした条件下において、他者に対して何をする心構えができているかということだけではない。そうした手順を与えられたら、自分の意識にかかわらず何をする準備があるのか、についてのことである。

「頼む（プリーズ）。」ハーヴェイ・ワインスタインは、二四歳のモデルであるアンブラ・グティエレスに対して二分間で一一回もこの言葉を使った。それは秘密裏に録音され、二〇一七年の終わりに公表されてワインスタインを失墜させる機会の一助となった。[18] その前日、六五歳のワインスタインはグティエレスの胸を無理やり触った——それゆえに彼女は警察へ行き、次のミーティングでは盗聴器を身に着けようと決意したのだった。ワインスタインは彼女をホテルに連れて行き、明らかに強圧的な口調で話し始めた（ワインスタイン：「こっちに来いと言ってるんだ」。そのすぐ後、「今すぐに来い」。音声は聞き取りづらいが、グティエレスは「嫌です」とすぐさま、断固として答えている）。それからワインスタインは突然に、そしてずる賢く、ミルグラム実験の最初のうながしのようなものにギアをチェンジした（「頼む（プリーズ）」。彼が次に発した言葉である）。この「頼む（プリーズ）」という言葉が（「こっちに来い」のように）何度も繰り返されるにつれて、グティエレスは躊躇し続けることが次第に困難になっていった——なぜなら、そうすることは社会的にも期待されるものではなかったからだ。ワインスタインからの圧力は、一見すると軽いものの執拗に加えられていった。彼は明らかに、グティエレスの苦痛が増していくことに無関心だっただけではない。そうなることを目的としており、彼女を同意させようとしていた。グティエレスの「ノー」が、ワインスタインにとって「イエス」を意味したわけではない。明らかに、それは何の意味もなかった——尋ね、促し、要求し続けるための、ただの合図だった。ワインスタインは繰り返し、自分が何者であるか（「俺は有名人だ」）、彼女がスクリプトから逸脱していること（「今、君は私を困らせている」）を思い出させたのだった。グティエレスは指示に従うことを拒否していた。彼女が彼とともに働くことは不可能だった。

ワインスタインの強力な人格は——彼が自分の力の及ぶ範囲で何をしていたかとは関係なく、この文脈において彼が何者であるかということは——確かに、彼によって標的にされた女性たちを、彼の略奪に対して脆弱にするには十分だった。そうした男性は、（典型的には正当化された）恐怖に加えて、偽りの義務感を社会的に従属的な女性に対して作り出したことに責任がある。そうした恐怖や義務感がなければ、彼女たちは彼の提案を拒否しただろう。彼女たちは、彼の性的乗っ取り（sexual hijacking）に対して積極的な参加者となるよう説き伏せられる可能性さえある。彼女はこれまでのようにセックスすることを嫌がっているが、それ以上に彼にノーと言い続けることを嫌がっていた。そのため彼女は、自分は望んでいないか、または——ほんの少しどころではなく——それ自体を望んでいないセックスを最終的にはすることになるかもしれない。彼女は、女性が回避するよう社会化されている副産物を回避するために、そうするのだ。

ワインスタインは、もうひとりの標的だったエマ・ドゥ・コーヌをホテルの部屋に誘い込み、文字どおり同じ手口を使った。彼がシャワーから出てきて一緒にベッドに横になるよう頼んだとき、コーヌは単刀直入に拒否した。ワインスタインはぞっとした。「俺たちは何もしていない！」と彼が大声で叫んだことを、彼女は覚えている。ワインスタインは、ロマンチックなシナリオだったと説得しようとした。「ウォルト・ディスズニーの映画のようなもんだ！」と彼は提案した。（他の被害者たちは、彼の段取りは「酷いおとぎ話」だったと述べている）。ドゥ・コーヌは勢いを増した。「彼を見て言いました——持てる限りの勇気が必要でしたが、私は言ったんです。「私はいつだって、ウォルト・ディズニーの映画は大嫌いだった。」そして立ち去り、ドアを乱暴に閉めました。」それにもかかわらず、彼女は取り乱し、動揺し、呆然としたのだった。[19]

この種の力を行使できるのは、強力な特権を付与された（hyperprivileged）男性だけではない。こうしたことは日々生じており、婚姻関係においてでさえ例外ではない。最近の『ヴォックス』に掲載された記事では、ある女性が「最も深くて暗い真実」と表現したことが書かれている。それは、彼女がカップルカウンセリングでようやく打ち明けることができたのだった。彼女は八年にわたる結婚生活において、夫から性的暴行を受けているとずっと感じていたのだった。[20]「折に触れてなされた望んでいないセックスで、私は病んだ」と彼女は語る。「トイレで吐くために、ベッドからバスルームまで一直線に走ったこともある。」一五年にもわたってカウンセリングを受けたものの、恐ろしい現実を彼女が受け入れることはほぼ困難だった。彼女は、夫に対してセックスをしたくないと伝えることに躊躇していた。夫を拒むことを恐れ、自分の身に何が起きているのかを認めることさえ怖がっていた。その代わりに、彼女は次のように書いている。「私はできるだけ頻繁に、セックスから抜け出すための交渉をした。拒否する権利を持つに十分なほどの病気であることが、誇らしく思えた。」たとえどんなときも、「自分にはセックスを拒否する資格があるのだと頭ではわかっていた」にもかかわらず。その状態から抜け出せなかったときは、彼女は本を読んで気を紛らわしながら、夫にセックスをさせたのだった。夫のキスに、彼女はノーと言った。「それがルールだった。あなたは私を犯せても、キスはできない。キスが好きだと偽る必要は私にはない。彼はこのことに満足していた。」彼女は続けて、次のように述べている。

私が望んでいないこと、感情的なつながりが欠如しているために私が深く苦しんでいること、暴力だと私が感じていることを知っている――かつてはっきりと伝えたことがある――男とのセックスに屈することは、私のなかの何かを壊した。そうした望まないセックスによって彼は楽しみ、感情的に満たされた気持ちになっているのだと知って、私たちは結婚しているのだという考えは粉々に打ち砕かれた。私は自分がセックス・ドールのように感じた。自分自身がないみたいだった。
それでも、私は自分を責めた。

著者は、夫のもとを離れてからずっと後に生じたMeToo運動の間、このことを再び考え始めた。

非常に多くの、さまざまな文脈において、セックスのために恥をかかされ、強要され、脅されてきた女性たちのための、非常に多くの怒りを目にするにつれて……私は不思議に思った。どうして夫は、（彼に性的暴力を振るわれているように感じていると）私が言ったことを――たとえ一度だけでも、たとえ恐る恐るであっても――聞き、その夜、私と一緒に寝るのだと言い続けることなくゆっくりと寝てくれないのだろうか？

もちろん、その答えは男性が女性に対して持つ資格意識である。しかし、この物語は、女性が男性の代わりに内面化している、男性の性的資格という感覚に抵抗することがどれほど難しいかをまさに示している。「他者の苦痛が代償になるとき、どのようにして自分の主体性を強く訴えることができるだろうか」と著者は問う。この原稿を書いている時点では、私にはこの問いに対する真の答えが思い浮かばない。
意外な結末だろうか？　匿名のままだったこの記事の著者は、フェミニズム理論を教えている人文科学の教授だった。だが、彼女は告白している。「私が読んできたすべてのフェミニズムのテキストは、私が社会やポピュラー・カルチャーから吸収してきたこと、自分の気持ちに関係なく、夫を満足させることが私の義務だということを消し去ることはできなかった。」

悲惨な社会的帰結——職業上の報復から、夫婦間の疎外まで——を恐れることに加えて、女性たちはセックスだけでなく、女性から熱心な同意と参加を得る資格があると思っている男性に対してノーと言うことに、強い罪の意識や恥を感じるかもしれない。

この観点からすると、アジズ・アンサリを辱めることへのケイトリン・フラナガンの憂慮は、奇妙なことに（たとえ特徴的だったとしても）偏っていることがわかる。この点について、男性の意思を阻止する女性とは、その影響によって恥と屈辱を感じる者でもある。そして、これらの苦痛に満ちた感情は、彼女たちを確実に沈黙させるうえで役立つのかもしれない。[21]

このことは、俳優のサルマ・ハエックがハーヴェイ・ワインスタインについて『ニューヨーク・タイムズ』に寄稿したパワフルな記事の本質を成している。その記事で彼女は、ワインスタインから受けた虐待についての、長年にわたる沈黙を破ったのだった。[22] ワインスタインはいつか何者かになれるかもしれないという感覚を与え、ハエックの創造的な夢を実現可能だと思わせた。一方で、彼は残酷に、執念深く、彼女がワインスタインを満足させられなかったとき激しく非難した。とくに、彼女がセックスすることを拒否し、ノーと言ったときは概して、彼女のことを取るに足らない者のように扱った。彼女を貶し、殺すと脅した。性的強要は、彼の武器庫にある多くの手立てのひとつに過ぎなかった。[23]

ハエックによれば、彼女がワインスタインのためにフリーダ・カーロ［メキシコの女性画家。ハエックは二〇〇二年に公開された映画『フリーダ』で、主演としてフリーダを演じた］を十分にセクシーに演じることができなかったとき、その著名なプロデューサーは激怒した。妨害され、彼は爆発した。彼女が身体的にも嫌がっていたトップレスのセックスシーンを演じさせる前に、ワインスタインはハエックを孤立させ、屈辱を与えた。彼女は、彼の目に映った自分の裸の身体のことを考えるとパニックになり、嘔吐したと語っている――そうした男性がしばしば女性に対する武器にする、恥という直感的な示威行為である。

しかし再び、こうしたことをしているのはワインスタインのような権力のある男性だけではない（権力のある男性がより大きな力を持っていることを否定するわけではない）。資格は付与されているものの、普段の生活や女性の反応、あるいはそのどちらによっても苦しみ、意気消沈し、失望している人もいる。クリステン・ルーペニアンが描いたロバートはそうした例のひとつであり、疲れ気味で、簡単に傷つく人として描かれている。もうひとつの例は、HBOで放送されている『ガールズ』に登場する、チャック・パーマーというキャラクターである。[24]二〇一七年はじめに放送された「アメリカン・ビッチ」というエピソードで、ハンナ・ホルヴァートは高く評価されている中年作家、チャック・パーマーのアパートを訪れる。パーマーはインテリ界のスターという地位を悪用して、全国の大学キャンパスを訪れて講義や特別講座を行いながら学生と寝ている、として非難されていた。セックスが同意にもとづいているのかどうかは定かではなく、実際、それがこのエピソードでのひとつの論点になっている。そうした男性には同意される資格があるとみなされている文化では、倫理的に述べれば、彼らが答えなければならない問いは、必ずしも同意の問題だけではない。[25]確かに、同意があるかないかの区別は、故意ではないにせよ、合法的な性行為と犯罪的な性行為の境界線を示す基準になっている。しかし、倫理的なセックスには、単に犯罪的ではないということ以上のものがある。同じことは、人間の生活と道徳的行動のほぼすべての領域にも当てはまる。例えば、詐欺、強盗、重窃盗といった罪を犯さないことよりも、正直であることの方がより重要だというように。

ドラマのなかで、ハンナ（『ガールズ』のクリエーターでもあるレナ・ダナムが演じている）自身もライターであり――二七歳で、パーマーよりかなり若いがまだ有名ではない――、ハンナはパーマーの無分別さについて――彼がそれらについて考えているように――無名なフェミニズム系ウェブサイトの記事を書いてきた。年齢とキャリアで優位な立場にあるにもかかわらず、パーマーは自分のことをハンナの被害者だとみなしており、若い女性の力に対して自分は無力でとても脆弱だと思っている。彼女たちは現在、パーマーの性的搾取をまさに搾取であるとして暴露することで、彼を破滅させることもできる。そのために、パーマーはハンナを豪華で上品なマンハッタンの部屋に招いたのだった。不安に満ちたパーリア［カースト制度の最下層に位置する者］として、彼女に彼の側からみた物語を伝えるために。

「レイプではない、そこまでの事ではないが、それでも不本意、あくまで不本意な事だ」——J・M・クッツェーの小説『恥辱』において、デビッド・ルリーという登場人物——五二歳の大学教授——は、二〇歳の大学生であるメラニーとのセックスをこのように説明した。「彼女はされるままになり、事のあいだ自分を殺すことにする。首にキツネの牙がせまっているウサギのように。[26]」メラニーは同意のうえで自ら動く——たとえデビッドが彼女の服を脱がせやすくするように腰を持ち上げることでさえ——が、それですら彼女の意志ではない。デビッドがその日の午後に彼女の部屋のドアをノックし、スリッパを使って彼女を驚かせたとき、男性の性的欲求が並外れて大きな倫理的重要性をもつ文化的スクリプトへと、彼女は投げ込まれたのだった。

メラニーは、デビッドを拒絶するためには意志を鋼のように堅くしなければならなかった——彼は性的不品行で良心の呵責も欠如しているために、彼女はすぐさま体面を失い、彼が勤めている大学を辞めざるをえなくなるだろう。その代わりに、メラニーは身体の力を抜いた。不意を突かれ、凍りついた。

そのセックスがレイプだったとは言いがたい。しかし、デビッド自身にとってさえ道徳的に好ましくない行為のように思うのは——メラニーのアパートを出た後、彼は車のハンドルにもたれ掛かり落胆と恥の感覚と格闘していた——、彼女が反撃するための備えができていたのなら、セックスがレイプになっていたかもしれないということを知っていたためだ。より正確にいえば、もしメラニーが主体性を発揮できる方法と、彼を拒否する資格があるのだという感覚をもっと持っていたら、彼女はおそらくノーと言っていただろう。そして、それを知っていたデビッドは、明らかに利用したのだ（古風な表現だが、ここではそれなりに役に立つ）。

ところが実際は、彼が到着すると「なにを言われても彼は止まらない」、彼女は止めようとさえしなかった。「彼女は抗わない。逸らすことが精々だ。唇を逸らし、目を逸らす。」彼女は背を向けて、自分自身から身を引く――「そうすれば、すべては、いうなれば、遠いところで済まされるだろう」[27]。そして、彼は彼女を思いどおりにするのだ。彼は眠りに落ち、復活する。

後日、メラニーは突然デビッドの玄関を訪れ、一緒にいられるかと尋ねる。彼女は、彼女のアパートで起きたはじめてのときの醜さと暴力を上書きするかのように、しばらくの間、表面的な情熱をもってして彼の人生における彼女の役割を果たす。しかし、「ふたりの関係において（ふたりに関係があるとして）、リードしてきたのは自分であり、彼女はついてきたにすぎない。それを肝に銘じておけ」と、デビッドは自分に言い聞かせる[28]。その言葉はむなしく響く。

根底での情熱の欠如、性のミルグラム実験、文化的に指定されている権威への服従は、関連する領域においても現れる――それはセックスに限られたものではないのだ。最も明白なのは、性的であるか否かにかかわらず、独占的で厚かましい他の形態の虐待にまで及ぶということだ。ハンナ・ホルヴァートが一一歳だったときのこと。英語教師のラスキー氏が過度に親しげにべたべたと触ってきた（handsy）とき（古風だが示唆に富む言い回しをここでは再度使っている）、彼女はメラニーと同じように受け身の反応を示した。ハンナは、気にしていないし、むしろ好きだとも言った。さまざまに間違った理由、間違った時、間違った方法から、アリストテレスの有名な定式を逆転させて。彼女は再び、チャック・パーマーを思い返している。

彼は私のことが好きだった。私に惚れていた。私は特別に創作的な文章を書いた。内容は、次のようなものだった。私はちょっとした小説のようなものを書いた。ときどき、彼が教室で話していると、彼は私の後ろに立って、私の首筋をさすった。私の頭をなで、髪にさらさらと触れた。私は気にしなかった。それは私を特別な気持ちにさせた。誰かが私を見ているような、私が成長したら本当に、本当に特別な存在になるということを、彼らが知っているような気になった……とにかく、去年、私はブッシュウィックの倉庫パーティーに参加すると、ある男の子が私に近づいてきた。彼はこんな感じだった。「(ハンナ)ホルヴァート、ぼくたちと一緒にイースト・ランシングの中学校に行こう!」そして、わたしはこう。「なんてこと! ラスキー先生のクラスがどんなに狂ってたか覚えてる? 彼は実は私に痴漢しようとしてたんだよ。」その子がなんて言ったかわかるだろうか? 彼はこのクソみたいなパーティーの最中、裁判官のような目で私を見ながら続けて言った。「それはとても深刻な告発だね、ハンナ。」そして彼は去っていった。

メラニーの最終的な告発に対する、デビッドの同じように重々しくて手厳しい反応もみてほしい。彼は防衛的であるだけでなく、ひどく侮蔑的で、横柄でもあった。

虐待。その言葉を待っていた。義憤にふるえた声がそう言うのを。こうも怒りの目盛りが上がりっぱなしになるとは、この女、おれの中になにが見えているのだろう? 無力な小魚の群れのなかを泳ぐ鮫か? それとも、またべつな図か? 筋骨たくましい男が、幼い少女に襲いかかり、悲鳴をあげる口を大きな手でふさぐ図か。なんと馬鹿らしい! だが、そうか、思いだした。このメンバーはきのうもこの部屋に集まったのだ。彼女、メラニーもこの査問委員会[29]に臨んだ。わたしの肩にも背のとどかない彼女が。荷の重さが違う。それをどうして否定できよう?

彼らの間にある権力の不均衡をデビッドはどうして否定することができよう？　しかし、彼が最終的にそのことを断言する根拠——身長——は、途方もないくらい無関係である。それに付随する不平等は、家父長制的な文化の産物であり、それに続いて生じる脅威と罰は、男性権威者の意志に抵抗し、異議を唱える少女や女性に向けられている。それゆえに、これは特定の形式をとった内面化されたミソジニーである。私たちを虐待する男性を守らないために、女性たちがしばしば感じる恥や罪悪感である。私たちは彼を傷つけたくはないし、がっかりさせたくない。私たちは、いい子でいたいのだ。

・・・

先述した『ガールズ』のエピソードにおいて、チャック・パーマーはハンナを魅了し、やがて彼女のガードをすり減らしていった。彼らがスワッピングを題材にした小説本の近くでボサッと立っているとき、彼女は本棚からその本を引っぱり出した。フィリップ・ロスの『彼女が善良だったとき When She Was Good』。ロスはミソジニー的であるにもかかわらず、ハンナはその小説とロスの大ファンだという。その本には『アメリカン・ビッチ』という別のタイトルがつけられているとハンナはパーマーに言った。彼はその場で、サインをして彼女に渡す。彼女がビッチではないことのちょっとした報酬のようなものとして。

次のシーンでは、パーマーはベッドに横たわり、ハンナに隣に寝るよう頼む。彼はただ、誰かを近くに感じたいのだ。彼はうまく眠れず、孤独だ。彼は彼女に背を向けて横になっている。ふたりとも服を着ている。突然、勝手に、そして何の警告もなく、彼は振り返ってジーンズのジッパーを下げ、半直立したペニスを彼女の太ももにこすりつけた。彼は期待している——そしてハンナは、彼に自慰をさせるために手を差し伸べる。本能的に。彼女は急に立ち上がって、大声で何度も叫んだ。「あなたのペニスに触ってしまった！」彼女は完全に侮辱されたのだ。

チャック・パーマーはハンナが立ち上がって叫んでいる間、ニヤリと笑っていた。皮肉的であり、嗜虐的でさえあった。彼は勝利したことを知る。彼女は彼の性的捕食に立ち向かうために、彼のアパートへとやって来たのだ。どうやって性的捕食をしたかを彼女に見せることで、そして同時に、彼女の努力を台なしにすることで、彼は彼が望んでいたものを得たのだ。その間、彼女は弱り、病み、じたばたし続けている。

注

（1）Kristen Roupenian, "Cat Person," *The New Yorker*, December 4, 2017, https://www.newyorker.com/magazine/2017/12/11/cat-person.

（2）Bari Weiss, "Aziz Ansari Is Guilty. Of Not Being a Mind Reader," *The New York Times*, January 15, 2018, https://www.nytimes.com/2018/01/15/opinion/aziz-ansari-babe-sexual-harassment.html.

（3）Katie Way, "I Went on a Date with Aziz Ansari. It Turned into the Worst Night of My Life," *Babe*, January 13, 2018, https://babe.net/2018/01/13/aziz-ansari-28355.

（4）『フィラデルフィアは今日も晴れ』［二〇〇五年から放送されているアメリカのホームコメディドラマ］の悪名高いシーン（エピソード：ボートを買った男たち The Guys Buy a Boat）と比較してみてほしい。ある男性が友人に対して、女性にセックスするよう迫ることはボートの上なら簡単だという考えを話している。もし彼女が拒否するなら、彼女に危害が生じる可能性があり、便利なことに彼女の身体を海に捨てることができる、ということを暗に示している。この男性は女性に対して個人的に危害を加えるつもりはなく、単に「そう暗示すること」によって恩恵を受けようとしているだけである。

（5）Jennifer Van Evra, "Sarah Silverman's Response to a Twitter Troll Is a Master Class in Compassion," *CBC*, January 3, 2018, https://www.cbc.ca/radio/q/blog/sarah-silverman-s-response-to-a-twitter-troll-is-a-master-class-in-compassion-1.4471337.

(6) Caitlin Flanagan, "The Humiliation of Aziz Ansari," *The Atlantic*, January 14, 2018, https://www.theatlantic.com/entertainment/archive/2018/01/the-humiliation-of-aziz-ansari/550541/.

(7) アンサリは、「現代版ロマンス」についてウォークネスである［wokeness：性差別や人種差別などの社会問題について関心が高いこと］という評判を土台としてキャリアを築いてきたことを考えると、偽善的であることは言うまでもない。この「現代版ロマンス Modern Romance」というフレーズは、二〇一五年に出版された彼の著書のタイトルであり、Netflix で人気を博しているテレビ番組「マスター・オブ・ゼロ」の主要なテーマのひとつにもなっている。

(8) Daniel Holloway, "Netflix Wants Aziz Ansari's *Master of None* to Return for Season 3, Originals Chief Says," *Variety*, July 29, 2018, https://variety.com/2018/tv/news/netflix-aziz-ansari-master-of-none-1202889434/.

(9) Stanley Milgram, 1974, *Obedience to Authority: An Experimental View*, New York: Harper & Row.［＝2012、山形浩生訳、『服従の心理』河出書房新社］

(10) Ibid., p. 6.［同上、二二頁］

(11) Matthew Hollander, "The Repertoire of Resistance: Non-Compliance with Directives in Milgram's 'Obedience' Experiments," *British Journal of Social Psychology* 54, no. 3 (2015): 425–44.

(12) Stanley Milgram, 1974, *Obedience to Authority: An Experimental View*, New York: Harper & Row, p. 9.［『服従の心理』、二五頁］

(13) Ibid., p. 6.［同上、二二頁］

(14) このスコアでは元の条件を変えると、服従率がやや低下する（それでも有意だったが）ことが明らかにされている。例えば、その科学者を表向きは有名大学に所属していることにはせず、コネチカットの薄暗い地下室の外から指示を出すなどである。ミルグラムはこの他にも多くの条件のもとで実験を行い、そのうちのいくつかは実験結果にも大きな影響を与えた。例えば、科学者に電話で指示を出させる（服従率は著しく低下した）、ふたりの科学者が被験者の目の前で口論をする（服従率は大幅に低下した）などである（前掲書第六章および八章）。もうひとつ興味深い条件は、科学者の性別を変えて、女性が権威者を装って実験に指示を出すことだ。しかし、私が知る限りではこの条件下での実験が試みられたことはない。

(15) Ibid., p. 21.［『服従の心理』、四二頁］

(16) 最後の台詞を聞いたすべての被験者たちは、その時点ですでに辞めようとしていたという可能性もあるだろう。しかしながら、本文で論じた解釈は、社会心理学の他の知見とも一致している。例えば、バス停で見知らぬ人からバスの運賃を要求されたとき、人びとはその人から「承諾するのも断るのもあなたの自由です」とはっきり言われると、平均して二倍の金額を支払うという研究がある。以下を参照。Christopher Carpenter, "A Meta-Analysis of the Effectiveness of the 'But You Are Free' Compliance-Gaining Technique," *Communication Studies* 64, no.1 (2013): 6-17.

(17) ミルグラム実験だけで論じつくされているわけではない、その他の社会心理学のより一般的な議論において、ジョン・サビニとモーリー・シルバーは次のように記している。

我々は、社会心理学が発見してきた人びとの驚くべき行動や意気消沈させるような行動には、ある一本の筋が通っていることを提示する。人びとの世界の理解——服従実験の例では道徳的な世界——は、そうした世界について他の人びとによって認識されていると思うものによって強く影響される。私たちは、誰も異議を唱えないときには自分の意見を通すと思い込んでいるが、他人の明白な意見に（味方もなく）直面しなければならないときには、思った以上に難しいことに気づく。

そして、この主題を敷衍すると、人が他者の観点だと思っているものとは反対に、自分自身の観点で行為しなければならないような状況に直面するとき、人が払う感情的な代償とは恥ずかしさである。そうした環境において行為しなければならない人は、恥をかくことを予想して混乱し、抑制される。それこそが、我々が主張する社会心理学的研究から導かれる教訓である。人はまた、恥ずかしさへの恐れが、ふるまいの動機としてどれほど強力かを知らないということも示唆される。

John Sabini and Maury Silver, 2005, "Lack of Character? Situationism Critiqued," *Ethics* 115(3): 559.

(18) 以下を参照。"Harvey Weinstein: Full Transcript of the 'Horrifying' Exchange with Ambra Gutierrez," *ABC News*, October 10, 2017, https://www.abc.net.au/news/2017-10-11/harvey-weinstein-full-transcript-of-audio-with-ambra-gutierrez/9037268.

(19) Ronan Farrow, "From Aggressive Overtures to Sexual Assault: Harvey Weinstein's Accusers Tell Their Stories," *The New Yorker*, October 10, 2017, https://www.newyorker.com/news/news-desk/from-aggressive-overtures-to-sexual-assault-harvey-weinsteins-accusers-tell-their-stories. もちろん、本章の文脈におけるワインスタインをめぐる議論は、男性の資格の感覚はセックスだけでなく同意にも関係しているという、性的強要の「ソフトな」側面に焦点を当てているが、複数の被害者に対するワインスタインの明白な性的暴行に、非常に信頼できる証拠があることから目をそらすべきではない——それ

らが考慮されて、ワインスタインは二〇二〇年二月にレイプと犯罪的な性行為について有罪判決を受けている。

（20）Anonymous, "We Need to Talk About Sexual Assault in Marriage," *Vox*, March 8, 2018, https://www.vox.com/first-person/2018/3/8/17087628/sexual-assault-marriage-metoo.

（21）注20で引用した『ヴォックス』の著者は、自分の経験を夫に話すことがいかに難しいかだけでなく、どのようにして「このテーマで取り上げたほぼすべての女性たちが、結婚生活で望まないセックスに苦しんでいることについて――自分自身や友人、またはその両者の――話を共有している」かについても言及している。それでも、彼女が正しく指摘しているように、こうした話を聞くことは困難である（彼女の記事でさえ、当然匿名で公表されていた）。

（22）Salma Hayek, "Harvey Weinstein Is My Monster Too," *The New York Times*, December 12, 2017, https://www.nytimes.com/interactive/2017/12/13/opinion/contributors/salma-hayek-harvey-weinstein.html.

（23）私は次の記事も書いている。"Salma Hayek Was Destroyed by the Same Shame That Protected Harvey Weinstein," *Newsweek*, December 14, 2017, https://www.newsweek.com/salma-hayek-shame-harvey-weinstein-748377.

（24）これらはすべてフィクションの事例だが、現実において彼らが例示化される頻度にかかわらず、ここで問題としている社会的‐性的力学の明瞭度を示すという今回の目的のために必要なことは達成できているのではないかと思われる（実際のところ、多くの人びとがこれらの描写に自分自身の経験を重ねているのではないかと私は疑っている。だが、推論的であることは確かである）。

（25）私は次のような記事も書いている。"Good Girls: How Powerful Men Get Away with Sexual Predation," *HuffPost*, March 24, 2017, https://www.huffpost.com/entry/good-girls-or-why-powerful-men-get-to-keep-on-behaving_b_58d5b420e4b0f633072b37c3.

（26）J.M. Coetzee, *Disgrace* (New York: Penguin, 1999), p. 23.［2007『恥辱』鴻巣友季子訳、早川書房、四〇頁］

（27）Ibid.

（28）Ibid., p. 28.［同上、四五頁］

（29）Ibid., p. 53.［同上、八三頁］

第五章　能力がない——医療への資格

社会学者で作家のトレッシー・マクミラン＝コットムは、妊娠四か月だった頃に出血があった。彼女は職場にいて、執筆の締め切りについてのミーティングが終わった後のことだった。迎えにきてもらうよう夫に電話した。彼女が冷ややかに綴っているように、「黒人女性の場合、身体を持つことは職場の社内政治においてそもそも複雑である。出血していて、膨張した身体はとくに酷い[1]」。

マクミラン＝コットムは、かかりつけの産科クリニックへ行った。彼女の説明によれば、そのクリニックは「良い学校を選ぶ、またはどのTJマックス［米国の大手オフプライスストア］に行くか、といった大雑把な文化地理学にもとづいて」選んだのだという。「白人が多く、町のなかでも裕福な区画に産科クリニックがあるなら、それは良い病院に違いない[2]。」しかし、そうではなかった。少なくとも黒人女性である彼女にとっては。

クリニックのスタッフに、自身の状態を伝えるため事前に電話をかけていたにもかかわらず、マクミラン＝コットムは待合室の椅子で長いこと待たされ、出血し始めてしまった。彼女の夫が、もっとプライバシーが確保される場所で待つことはできないかと尋ねると、看護師は「心配そうに、彼女が座っている椅子を見た[3]」。最終的に診察した医師は、「彼女はおそらく太りすぎで、不正出血は正常であると説明した」。彼女は家に帰された。

その夜、マクミラン＝コットムは、「お尻の筋肉のすぐうしろから、そして脇に移っていくようにして」痛みが深刻になってしまった。歩き、ストレッチをし、母親に電話した後、彼女は最後に看護師に電話した。看護師は、その痛みは便秘だとして退けた。[4]

痛みは三日間続いた。彼女はほぼ七〇時間にわたって、一度に一五分以上眠ることができなかった。彼女が病院に行くと、スタッフらはおそらく何か「悪い」ものを食べたのだろうと彼女を諭し、超音波検査をすることだけはしぶしぶ同意した。検査の結果、明らかになったのは、マクミラン＝コットムがずっと陣痛を起こしていたということだった――しかし、その痛みが「間違った」場所で起きていたために、無視され続けたのだった。マクミラン＝コットムは次のように記している。

（超音波検査の）画像には三人の赤ちゃんが映っていた。私が妊娠していたのはひとりだけだった。他のふたつは腫瘍で、赤ちゃんよりも大きく、絶対に私が食べたものではなかった。医師は私の方を振り返って言った。「もし早産せずに一晩乗り越えられたら驚きだよ。」そう言って去って行き、私は産科病棟に入院した。結局、ある晩に、私は三日間にわたって分娩している状態だったと看護師から伝えられた。「あなたは何か言うべきだったのに。」彼女は私を叱った。[5]

マクミラン＝コットムの試練はそれだけではなかった。彼女が訴えていた痛みは、麻酔をするほど酷いとはみなされなかったため、鎮痛剤の処方を拒否されたのだった。分娩室に運ばれたとき、彼女の意識は朦朧としていた。実際に痛みは酷く、目が覚めたとき彼女は「ふざけるな！」と叫んだ。勤務中の看護師は、そんな汚い言葉を使ってはいけないと彼女に言った。求めていた硬膜外麻酔を施すために麻酔科医がようやく来たとき、その医師には思いやりのかけらもなく、専門家としての冷静ささえもなかった。むしろ、マクミラン＝コットムは次のように詳しく記している。「彼は私を睨みつけて言った。私

が静かにしていないなら帰ると。その場合、痛みが和らぐことはないと。」それから、

陣痛が最も強くなったときのように、針が私の背骨に突き刺された。私はじっとしているよう必死にしていたので、麻酔科医が私の元を去ることはなかった。注射してから三〇秒後、頭が枕に当たるより先に、私は意識を失った。[6]

マクミラン＝コットムは娘を出産した。かろうじて息をしていたが、病院が医療的措置をとるためには四日早すぎたと彼女は言われた。赤ちゃんはまもなくして亡くなった。マクミラン＝コットムは娘を抱き、遺骨の取り扱いについて看護師に相談した。看護師は彼女の方を見て言った。「ご存知だと思いますけど、私たちにできることは何もありませんでした。お産（labor）が始まっているとあなたは言わなかったから。」[7]

最近の推計によれば、合衆国で黒人女性は白人女性よりも妊娠や出産の結果として死亡する可能性が約三～四倍高い。[8] 黒人女性の妊産婦死亡率の憂慮すべき割合――相対的貧困だけでは説明できない[9]――は、ようやく白人のリベラル界隈でも議論されるようになった。それは主に、マクミラン＝コットムやリンダ・ヴィッラローサのような著者たちの知的な労働（labor）のおかげだ。[10] テニス界のスーパースター、セリーナ・ウィリアムズの痛ましい経験も、ひとつの契機となった――彼女は、血栓の病歴があると言っていたのにそのことが無視され、または、少なくとも医療スタッフによって軽視されたために、出産後に生命の危機に陥ったのだった。[11] こうした関心の高まりはもちろん、有益であるしずっと前から議論されるべきだった。しかし、周産期医療という範囲を超えて考える必要もある。マクミラン＝コットムのエッセイ「能力があるとみなされたい Dying to Be Competent」――先述した経験について彼女

自身が語り、分析している——では、黒人女性への医療ミスがどれほど広く深刻であるかについて光が当てられている。マクミラン＝コットムは次のように書いている。

医療を受けようとする構造についてのすべてが、私が無能力であるという前提にもとづいて私をフィルターにかけていた……医療器具は私に能力があると想像することはできないため、私が無能力だとされ続けている限り、私は放棄され、無視される。痛みは、合理的思考をショートさせてしまう。現実の認知をすべて変えてしまうのである……医療の専門家が、黒人女性には痛みがあるのだということをシステマティックに認めないとき、私たちの痛みを過小評価するとき、私たちの痛みに対処したり緩和したりすることを拒否するとき、医療は私たちを無能力で、お役所仕事的に対処してもよい主体として印づける。(12)

もちろん、その逆もまた成り立つ。もし誰かが能力のない者として印づけられたら、その人の痛みは深刻なものとしてはほとんど受け止められない。女性は概して、黒人女性の場合はとくに、女性をヒステリックだとみなして彼女たちの痛みに懐疑的な対応をする医療専門家に遭遇する。

画期的で広く引用されている「痛みを訴えた少女 The Girl Who Cried Pain」という論文において、医療研究者であるダイアン・E・ホフマンとアニタ・J・タルジアンは、痛みの経験と治療におけるジェンダーの差異をテーマにした先行研究を調査した。痛みをともなういくつかの医療行為において——開腹手術、冠状動脈バイパス移植、虫垂切除などが含まれる——、女性よりも男性の方がより多くの鎮痛薬を処方されていることが明らかになった（分析では必要に応じて体重をコントロールしている）。これらの医療行為の終盤では、女性は鎮痛剤の代わりに鎮静剤を投与されることが多かった。ある研究では、ペインクリニックに通院している女性は、「マイナーな精神安定剤、抗うつ薬、および非オピオイド鎮痛薬が男性よりも多く処方されていた。男性は女性よりも多くのオピオイド［麻薬性鎮痛薬］を処方されていた」[13]。こうした傾向は成人患者だけに限定されるものでもない。手術を受けた後に痛みを訴えた男の子と女の子の場合、男の子はコデイン［鎮咳薬。鎮痛・鎮静作用もある］を処方される傾向が非常に強く、女の子に処方されやすかったのはアセトアミノフェン（効き目が穏やかな市販の鎮痛薬で、合衆国ではタイレノールという名前で販売されている）だった[14]。

ホフマンとタルジアンが詳細に論じているように、同じ侵害刺激［痛みをもたらす刺激］にもとづくと——非常に冷たい水に手を沈めるというのが標準的な実験方法である——、女性は男性よりもわずかだが多くの痛みを感じている可能性があり、それゆえにおそらくより積極的な痛みの管理が必要とされるという事実にもかかわらず、男の子および男性の方が鎮痛剤を処方されやすいのである。非常に多くの痛みをともなう自己免疫系および婦人科系疾患もあり、いずれも患者の多数を、あるいは大多数を構成しているのは女の子と女性である（婦人科系疾患の場合は、一部のトランスジェンダーの患者やノンバイナリーの患者もいる）。そのため、ホフマンとタルジアンは次のように述べている。

女性はより頻繁に痛みを経験し、（そして）痛みに対してより敏感であることを考えると……少なくとも男性と同じくらい十分に治療され、彼女たちの痛みの訴えは真剣に捉えられることが適切だと思われる。しかし、データはこれが事実だとは示していない。助けを求めている女性は、痛みを訴えているときに男性よりも深刻には受け止められておらず、彼女たちの痛みは適切に治療されない傾向がある[15]。

さらに、女性は医学論文では「ヒステリックで感情的」に描かれている傾向があり、研究者たちによれば心因性疾患の診断の多さや、女性は情緒的に不安定であるという認識をもたらしている。したがって、女性の慢性疼痛患者は、男性の患者よりも「演技性パーソナリティ障害」(「過度に」感情的で注目を集めようとするふるまいによって定義される疾患)という診断を受ける可能性が高かった。[16]

ホフマンとタルジアンはこの重要な論文を二〇〇一年に発表した。この間、そうした状況は改善されているのだろうと期待するかもしれない。しかし、その希望は(二〇〇一年から二〇一五年の間に発表された)より直近の論文を対象にして二〇一八年に実施された調査によって、打ち砕かれている。調査をとおして、アンケ・サムロウィッツと共著者たちは、次のことを発見したのだった。

男性と比較して女性は、効果的な疼痛緩和を受けることと、オピオイドを含んだ鎮痛薬を処方されることが少なくなっており、そして、抗うつ薬の処方とメンタルヘルスへの紹介が増えている……先行研究をレビューして得られた主な知見は、女性の痛みは心理学化されていたということだ……女性は痛みを訴えても深刻に受け止められず、その痛みは心理的なもの、または、存在しないものとして軽視されており、そして、彼女たちが受けている投薬治療は、男性が受けているものよりも適切ではない。[17]

以上のことから、筆者たちは全体をとおして次のように結論づけている。「レビューを行った論文からは、処方箋のジェンダー・バイアスとともに、適切な医療に出会えるかどうかにもジェンダー・バイアスがあることが示された。これらの論文における男性または女性に対する治療の差異は、単に医療ニーズの違いからは説明できない。[18]」

サムロウィッツと共同研究者たちは、医療専門家たちには線維筋痛症(圧倒的に女性が罹患することが多い疾患)などの、明らかに生理学的指標のない状態の痛みを訴える女性を、疑うような姿勢があることを発見した。[19] 全体的に、そうした状況になると、「臨床医との経験に関する女性たちの語りは……医療的接触で彼女たちが真剣に受け止められ、信じられ、理解されるためにどれほど懸命に働きかけなければならないのかを示していた[20]」。そして、一般的に「痛みを訴える女性は、ヒステリックで、感情的で、不満を言い、良くなりたいとは思っておらず、仮病を使い、痛みを偽装していると認識されてしまう可能性がある。まるでその痛みがすべて彼女の想像であるかのように。慢性疼痛を抱える女性たちの痛みは……身体的原因ではなく、（むしろ）心理的原因があると考えられていることを示す研究もある」。その一方で、「男性はストイックで、痛みへの耐性があり、（そして）痛みを否定するものだとされていた……さらに、男性は自律的で、自分を制御できており、医療を受けることを避け、（そして）痛みについて話さないものとして描写されていた[21]」。

　これまでみてきたように、実際、女性は男性よりも平均して、同じ侵害刺激から多くの痛みの感覚を経験する可能性があるという証拠がある。しかし、それは男性は女性よりもストイックなのかどうか、つまり、彼らは単に、同じ程度の痛みをより簡単に「やり過ごす」ことができるのかどうか、という問いに対しては何も答えていない。もし、この問いについて適した証拠があるならば、医療従事者は、男性が痛みを訴えるとき彼は本当に痛いのだ――または、実際に酷い痛みがあり、その程度はその人が訴えるものをはるかに超えている――と合理的に信じるだろう。

　男の子や男性は比較的ストイックで、痛みをあまり表現しないという考えは広く浸透しているにもかかわらず、確固たる実証的根拠があるように思われない。実際、とくに生殖可能期間のピーク時には、平均すると女性の方が男性よりも頻繁に開業医に相談していることを示す研究もある。しかし、この追加の情報が示しているように、女性の場合は相談するに至るより多くの理由があるのかもしれない――例えば、妊娠などのように。したがって、ケイト・ハントと共同研究者たちが指摘しているように、まったく同じ痛みが生じている状態では、果たして女性は男性よりも相談しようとする可能性が高いのだろうかという疑問が生じる。ハントらはその論文において、頭痛と腰痛に関する男性と女性の相談率を比較することで、この問いに答えようとしている。彼女たちは、女性が男性よりも腰痛について相談したという証拠は「弱く、一貫性がない」ことを発見した。女性が男性よりも頭痛について相談していたという証拠については「やや強い……しかし、決して完全に一貫しているわけではなかった[22]」。

ハントたちが明らかにしているように、質的研究のなかには、男性は一般的に、開業医に支援を求めることへの抵抗感があると明らかにしていることを強く示している研究がある。しかしながら、研究者たちも指摘しているように、こうした研究のほとんどは比較をしているわけではなく、男性が女性よりも助けを求めることに消極的なことが示されているのではない[23]。このようにデータが欠如しているにもかかわらず、「もし男性が男性性を明示するための重要な方法のひとつとして、助けを求めることを公的に嫌がっているならば、女性の場合は助けを求めることを嫌がらないということを示唆しているのだという、危険な（しばしば暗黙の）傾向がいまだに存在する[24]」。しかし、実際には女性は医療的援助を求めることを嫌がる可能性もあり、おそらくその理由も異なっている（例えば、弱さを認めたくないという理由ではなく、真剣に聞いてもらえないことを知っているため、など）。そのため、ハントたちは次のように論じている。不公正を永続化させるリスクを低減するためには、「男性の方が女性よりもすぐに相談するという広く浸透した想定は、実証的に問われ、検証され、反証されるか精緻化され（る）必要がある」。彼女たちはまた、次のようにも述べている。

> 男性は医療システムを「使わなすぎる」ということが社会問題として構築されているために、女性は医療を「使いすぎている」、ときには自己抑制や自己管理の方が適しているような些細な症状でもすぐに、より頻繁に相談しているという対照的な思い込みが強化される危険性がある[25]。

さらに、

女性はすべての症状や状態をより簡単に相談し、男性は相談することに消極的か、相談を遅らせるという、疑問に付されていないが広く行きわたった思い込みは、医療提供者が診察することを決める前に、女性たちの症状の重さは低いレベルだと想定してしまう可能性がある。[26]

言い換えれば、別の角度からみると、男性はストイックであるという認識は、女性は比較的小さなことでも不満を言いやすいという認識の裏返しなのかもしれない。この場合、こうした思い込みは単に、広く浸透しているジェンダー・バイアスの別の顔なのだろう。

この仮説は、男の子は痛みがあるときちんと表現することを躊躇するように社会化されている可能性がある、ということに先立って、女性よりも男性が痛みを訴えた方が、深刻に受け止められていることを示す証拠によって、強化されている。最近のふたつの研究では、泣いている乳児（ジェンダー・ニュートラルな服を着せられている）の映像を見せられたとき、人びとは乳児が女の子ではなく男の子だと伝えられると、その乳児にはより強い痛みがあると評価する傾向が明らかにされている。[27]その研究の調査者たちが言及しているように、この発見は「男の子はストイックである」、そして、「女の子はより感情的である」という被験者たちの暗黙の信念によって、うまく説明できるだろう。[28]しかし、この場合、こうしたジェンダーの差異は育ち（nurture）よりも自然（nature）に起因しなければならないため――それだけでなく、男の子は幼児期から女の子よりも痛みをあまり強くは訴えないような習得回路が備わっている必要もあるため――、この信念自体は実際には非常に怪しいということに注意が必要である。[29]そして、この信念がたとえ真実だったということが判明しても、それが事実だとする説得力のある証拠はまだない。男の子が痛みを訴えた方が、より深刻な痛みなのだと認識されるというデータにも現れているこの傾向は、単にジェンダー・バイアスを反映したものに過ぎないことが示唆される。

結局のところ、男の子と男性が、女の子と女性よりもストイックであるという証拠は、そうした効果への対応について想定されているものよりも著しく弱いようだ。ある意味では、このことは驚くべきことではない。こうした根拠のない思い込みは、男性の経験が一般的に女性の経験よりも重視されている傾向にある社会で、強力な社会的機能を果たしている。この事例ではとくに、私たちは次のように問うべきである。私たちは、男性はあまり感情を外に出さないからという理由で、男性が訴える痛みを深刻に受け止めるべきだと考えているのだろうか？　または、私たちは少なくとも多くの条件において、男性の痛みをより深刻に受け止める傾向があるために、男性は感情を外に出さないと考えているのだろうか？　後者の仮説は、女性が痛みで苦しんでいるとき、彼女たちは男性よりも家事や家庭責任を遂行し続ける傾向があるという証拠によっても裏づけられている。「家族、仕事、家庭、家族が訴える痛みと、家族の幸福に対する過度な責任は、痛みを抱えている女性にとって回復の障害になっているようだ」と、研究者たちは最近述べている[30]。

非常にストイックな男性がいるということを否定するわけではない。しかし、非常にストイックな女性もまた存在する。さらに、男性のストイックさは主として特定の状況で発揮されるのかもしれない――例えば、他の同性の仲間の前で、あるいは、特定の超男性的で競争的な環境において。男性をケアする女性や他者がそばにいる場合は、また別の話かもしれないが。

真実かどうかにかかわらず、男の子と男性がストイックであるという人びとが共通して抱いている推定は、彼らの痛みの訴えは一般的に、深刻で――多くの場合において適度に深刻なものとして捉えられていることを意味する。特権のある少年や男性が痛みを訴えたとき、彼には本当に痛みが生じているのだと信じる標準的な傾向がある[31]。そのおかげで、男性は同情とケア、必要に応じて医療と治療を受けるに値するとみなされているのである。それはあるべき姿ではある。しかし、多くの人はそこまで幸運ではない。少女や女性が痛みを訴えるとき、先述した研究が示しているように彼女たちの訴えは退けられがちだ。同じことは、ノンバイナリーの人びとの他にも、無数にある他の社会的要因のなかでもとくに人種・障害・セクシュアリティ・階層などにおいて特権を付与されて**いない**男性にも該当する。そしてもちろん、そうした根拠にもとづいて、複数の複合的な形式の抑圧にさらされている女性にとっては、状況はそれらの軸に沿って特権を付与されている女性よりもはるかに悪い。

したがって、痛みとは証言的黙殺（testimonial quieting）が強力に現れる場なのである。この概念は、哲学者のクリスティ・ドットソンが提唱したもので、「聞き手は話し手のことを、知っている人（knower：例えば、自分の痛みについて知っている人）とはみなさなくなってしまう」[32]。聞き手は話し手の能力（competence）を疑い、話し手に異議を唱えるために、その結果として話し手は効率よく沈黙させられるのである。彼女は痛みを訴えているのかもしれないが、彼女の苦痛の叫びは聞かれないのである。ドットソンが示すように、アメリカでは黒人女性がこのようにして沈黙させられることが多い。

ある社会集団に属する人びとに対する偏見がまん延しているために、ある人の言葉が本来あるべきよりもあまり信用できないとみなされるとき、同じような種類の沈黙が生じる。哲学者のミランダ・フリッカーは、これを「証言的不正義」と呼んでいる。彼女の研究で最もよく知られた事例のひとつは、映画『リプリー』に登場するマージ・シャーウッドである。マージの婚約者であるディッキー・グリーンリーフはある日、危害を加えられた。犯人は友人であるトム・リプリーである可能性が高く、マージはそのことを示す正当な疑いを公表しようとする。しかし、彼女はディッキーの父親であるグリーンリーフ・シニアによってすぐに解雇されてしまう。「マージ、女性の直感がまずあって、事実は別にあるんだ」と彼は言う――彼女の訴えの根拠を、前者の陰気なカテゴリー［すなわち女性の直感］に追いやっている。グリーンリーフ氏は、マージのことをよくいるヒステリックな女性として扱っている。そうした女性の言葉は信用されない。他の例では、女性（その他のマイノリティも同様だが）は、ヒステリックや無能力としてだけでなく、偽善者あるいは嘘つきとしても退けられる可能性がある。フリッカーは、証言的不正義のルーツは、特定の階層の人びとに対して持たれている、能力と誠実さについての社会的ステレオタイプにあるとしている[33]。

上記の研究からは、女性が自分の痛みについて証言しようとするとき、これら両方の根拠にもとづいて——一方では、ヒステリックで無能だとして、他方では、仮病を装うような不誠実な人だとして——医療機関から日常的に退けられていることが示唆される。そして、こうした不正義はしばしば——ときには単なる程度問題だけではなく本質的でもある——、黒人・クィア・トランスでありかつ／または障害者であるという理由で、複合的に周縁化されている女性にとっては非常に悪いものになっている。トレッシー・マクミラン＝コットムのエッセイ「能力があるとみなされたい」と、産科クリニックにおける黒人女性としての自身の経験と白人女性の経験との対比は、不正義が積み重なった不正義の複合体へと大きく注意を向けている。黒人のクィア・フェミニストであるモイア・ベイリーが、アメリカにおけるミソジニーと反黒人の人種差別との交差を捉えるために作った言葉を用いると、これはミソジノワールである[34]。

関連して、黒人でありかつ障害者でもある、女性作家のジャスミン・ジョイナーの証言についても考えてみたい。中学一年生のとき、ジョイナーは陸上競技の練習中に左下腹部に鋭くズキズキとした痛みを感じるようになった。「まるで燃やされながら刺されているように感じた——息ができなかった」と、彼女は「黒人女性は痛みを訴えても誰も信じてくれない、私たちは殺される」と題した記事において回想している[35]。「その痛みは、走り始めるとすぐに現れることが多かった。私は枯れ草の上でうずくまり、息を切らして脇腹を抱えた。」ジョイナーのコーチは、彼女の痛みを月経困難症として退けた。ジョイナーは痛みが強く、ずっと続いているにもかかわらず、その言葉を受け入れようとした。ジョイナーが医者に診てもらい、痛みが継続していること——生理のときだけでなく——の不安を口にすると、彼女は再び退けられてしまった。（女性の）医師は、彼女は「過剰に反応しすぎで、正常である」と彼女に言った。

ジョイナーは痛みがより深刻になったとき――後になって彼女は気づくのだが、少なくともその痛みは陣痛の最後の段階と同じくらい悪かった――、真夜中に母親の部屋に足を踏み入れた。母親（二〇年以上も看護師として働いている）は、娘をひと目見るなり病院へと連れて行った。しかし、ジョイナーはまたしても生理痛が酷いだけだとされた。娘に超音波検査を受けさせるよう母親がスタッフを説得するのに、一時間以上かかった。検査をすると――スタッフはしぶしぶだったが――、左の卵巣にソフトボールほどの大きさにまで成長している嚢胞が見つかった。嚢胞のせいで彼女の卵管はねじれ、コルクの栓抜きのような形になっていた。あまりの苦痛をもたらした嚢胞はいつ破裂してもおかしくなく、そうなっていたならばジョイナーの心臓へと血栓を送り、彼女を殺していた可能性があった。幸運なことに、この時点で緊急救命手術が行われた。しかし、ジョイナーは左卵巣と卵管を失った――もし彼女の訴えが最初から深刻に受け止められていたならば、その喪失は予防できたはずだった[36]。さらにジョイナーは、この経験は単に合衆国の医療システムにおいて黒人で障害のある女性に起きたことを鮮明にプレビューしたものに過ぎない、とも語っている。

何年にもわたって、私はいくつかの病名を診断され、慢性的な病気と障害の双方を抱えて生きてきた。いずれの病名も、診断を得るのに何年もかかった。私はずっと、医学界から煙たがられてきた。私の痛みと自分の身体についての知識は、歴史的に黒人に対して敵対的であることが染み付いている教育を受けてきた、白人の医師によって毎回疑われてきたのだ。

フリッカーの証言的不正義という考え方は、こうした問題の一部を診断するために役立つが、インターセクショナリティに関連する考察を完全に正当化するのに適しているのかどうかについては、疑問が残るだろう。マクミラン＝コットムの経験も、ジョイナーの経験も、女性についての大規模なステレオタイプを含むものとして理解することはできない。彼女たちが直面した証言的不正義は、特定の社会的文脈において黒人女性として位置づけられているために際立っており、とくに酷いものだった。ジョイナーは次のように記している。

そう、歴史的に女性はクソみたいな対応をされてきた……女性は、うつ病や不安神経症などの身体的・精神的な病気ではなく、日常的にヒステリーだと診断されてきたのだ……しかし、黒人女性とフェム［femme：服装やふるまいなどが女性的なレズビアン］が合衆国の医療制度の内外で経験する特定のミソジノワールを無視することは、痛みの歴史を消し去り、黒人女性の日常的な身体経験を軽視することである。(37)

たとえ特定の女性の集団についてであっても、証言的不正義（おそらくさまざまな証言的不正義と言った方がいいだろう）という現象はステレオタイプによって最もうまく説明されるのだろうか、という問いもある。結局のところ、多くの女性たちにとって彼女たちの証言は、医療現場により深く関わっている場合では退けられてしまうような可能性はかなり低い。彼女たちがケアしている子どもの健康について証言している場合などが、その例である。確かに、女性たちは他の方法によって証明されるまでは、彼女たちに課された責任においてきわめて有能で信頼できるケア提供者だとみなされることがよくある（その場合、「良い女性」でいることに失敗すると厳しく、迅速で不適切に罰せられる(38)）。

ある状況では女性を信頼し、別の状況では信頼しないという基準があるのはなぜだろうか（両者は密接に関連している可能性はあるが）？　この例におけるもっともらしい説明は、女性は単にケアを提供する資格がある（実際には義務を負わされている）以上のものとしてみなされているが、ケアを求めたり受け取ったりする資格はないと考えられている、というものだ。ある女性が看護師、母親、または「マミー」（パトリシア・ヒル・コリンズが提唱する、「白人女性の子どもと家族」を自身のものよりも良いとする傾向がある「愛し、育て、ケアする」黒人女性という「操作されたイメージ」の鮮やかな分析を想起してほしい）として位置づけられていると仮定してみよう。[39] 彼女が責任を負っている子どもの幸福ということになると、彼女は同じ立場の男性よりは少なくとも信頼できるとみなされるだろう。しかし、彼女が痛みを訴える患者である場合――そして、看病するのではなく、看病してもらうことを求めた場合――、彼女はより一層疑われ、ときにはひどく驚かれる。それゆえに、彼女は否定的で、懐疑的で、軽蔑的でさえある反応に直面するだろう。[40]

その場合、特定の女性集団の信頼性に関するステレオタイプが、問題の本質ではない可能性もある――これまで論じてきたように、それらはその場しのぎ的に展開され、ある状況で彼女たちの訴えを退けることを正当化しているが、そうした状況になるのは限られている。ここでのより深刻な問題は、女性は自分自身のために、またはそれ自体のために――単純に、彼女には痛みがあり、その痛みが問題だからという理由で――ケアを求める資格はないという感覚なのかもしれない。

この分析に照らすと、女性たちが明らかに他者のために、正当で有益だと思われる理由で――例えば、より重要だとみなされている人びとの、より良いケア提供者となるために――ケアを必要としているとき、例外が発生する傾向がある。このことは、女性のヘルスケアに関して、（表面的には）明るいが（本当は）暗い、いくつかの点を説明するにあたって有意義である。白人で特権のある多くの女性にとって、合衆国で受けられる産前ケアは比較的良い――母親のニーズというよりは胎児のニーズが尊重されているとはいえ。しかし、産後ケアになると、『母のように Like a Mother』の著者であるアンジェラ・ガーブスが記しているように、とくに白人ではない女性たちにとっては著しく根本的な欠陥がある。ガーブスのような白人ではない女性たちにとっては、産前ケアでさえ適切なものからはほど遠い傾向にある。

同じことは多くのレズビアン、クィア、ノンバイナリーの人びとにも当てはまり、これらの人びとはガーブスが書いているように、「本のなかで取り上げられている「通常の」または「平均的な妊娠」をしている人に、自分たちは含まれていないことを知っている」[41]。

このレンズを通して見ると、こうした特権を付与されていない女性に物質的ケアと道徳的考慮が不足していることは、偶然ではない。白人至上主義の環境では、(おそらく、そして多くの場合は実際に)白人の赤ちゃんを身ごもっている妊娠中の白人女性は、自分の子宮のなかに王国への鍵を有しているのである[42]。対照的に、白人ではない妊娠中の女性は不要な存在であり、使い捨てができ、白人至上主義への脅威とさえみなされる可能性がある。それゆえに、マクミラン＝コットムやヴィラローサは耐えがたい医療格差の帰結を描いたのであった――そうした悲劇的な帰結はかなり頻繁に生じている。

先に言及したさまざまな不正義には、まだ他にも構造的起源がある。キャロライン・クリアド＝ペレスは近著『存在しない女たち』において、男性の身体を基準――男性中心性、または「男性規範」の例である――とみなす傾向と、それが女性の健康と幸福に与える悪影響について記している。彼女は次のように述べる。

医学界が女性たちを蔑ろにしているという証拠は、枚挙にいとまがない。世界人口の半数に影響を及ぼす体の問題や症状や疾病は、看過され、疑われ、無視されている[43]。

クリアド＝ペレスによれば、こうした格差の大部分は、「科学的証拠を突き付けられてもなお、しつこくはびこっている思い込み――男性が人間のデフォルトであるという考え方のせいだ。もちろん、そうではない。言うまでもないが、男性は男性にすぎない[44]」。しかし、昔から、男性と女性の体には、体格と生殖機能以外には根本的に異なる点はないと考えられてきた。そのため、医学教育では男性が「基準」とされ、そこから外れるものはすべて「非定型」ないし「異常」とされた。「典型的な体重七〇キロの人」という表現は、まるで男女両方を指すかのように多用されている（だがある医師が指摘したとおり、七〇キロは男性の標準体重とも言えないのではないか）。めずらしく女性に言及する場合は、標準的な人間に対する変種のごとき扱いだ。医学生たちは生理学を学び、ついでに女性の生理学を学ぶ[45]。

ここで重要なのは、男性と女性は互いに異なっているだけでなく、男性と女性それぞれのなかにおいても――ときには根本的・原理的な方法で――人には差異があるということだ（例として、トランス女性について考えてみてほしい。彼女は人間を体現する基準という概念があることで、まったく対応されていない）。したがって、単一の「標準的な」［＝シスジェンダーで、白人で、障害者ではない男性］身体が範例として扱われていることは、それだけに一層懸念される。

医学訓練に関するこの問題に加えて、多くの疾病は主にそうした「標準的な」身体を対象にして研究され、理解されてもいる[46]。この格差は、生理のある人は毎月ホルモンが変動するという特徴があるため調査対象にするのは困難である、として正当化されることがある。しかし、それは単なる男性規範に対する弁明にはなっていないため、身体が結局は研究されていない人口の約半数にとっては、まったく慰めにはならない。特定の薬の安全性および有効性に関しては、月経周期の変動が作用をもたらすか、そうでないかのどちらかしかない。そのことを知るのは重要ではないのだろうか？　もし重要ではないと思われているのであれば、繰り返しになるが生理のある身体はそうした研究の対象とされるべきである――トランスやノンバイナリー、インターセックスの人びとなど、歴史的に医学研究から排除されてきた多様でさまざまな身体も、対象にされるべきであるように。

そうした怠慢によって、診断と治療には破壊的な結果が生じる可能性がある。両心室ページング機能付埋込み型除細動器（CRT－D）の場合を考えてみたい。これは、心臓の両方の下部チャンバーに電気インパルスを送り、それらが同期して拍動を助けるというペースメーカーの新たな代替法である。クリアド＝ペレスが指摘しているように、FDA［アメリカ食品医薬品局］の治験データベースの二〇一四年のレビューによると、この機器の試験の参加者で、女性が占めている割合は約二〇％しかなかった。女性の数字は非常にわずかだったため男性と女性の結果は組み合わされており、性別で区別されるまではそれぞれのグループのニーズの差異について統計的に有意な差があることは気づかれなかった――また、異なる治療の基礎として使用されることもなかった。そのため、男性にも女性にも同じことが推奨された。彼女たち／彼らは、心臓が完全な電気サイクルを完了するのに一五〇ミリ秒以上かかった場合だけ、その装置を移植する必要があるとされた。しかし、より精緻なデータ分析が最終的に実施されると、この基準は女性にとっては二〇ミリ秒長すぎることが明らかになった。女性の場合は一三〇～一四九ミリ秒の電波であっても、CRT－Dを移植すると心不全および死亡するケースが七五％強減少した。つまり、現在のガイドラインが則っているように、心臓に問題を抱えている多くの女性たちは、これらの機器から恩恵を受けていなかったのである。[47]

心臓に欠陥がある女性も、例外ではなかった。心血管疾患は、過去三〇年において合衆国の女性の最も一般的な死因である。それに次ぐのが心臓発作で、女性は男性よりも亡くなる可能性が高い――その理由の一部は、女性の心臓発作の症状（腹痛、息切れ、吐き気、倦怠感）はしばしば見過ごされるという事実による。なぜなら、こうした兆候は女性にとって典型的なものである一方で、心臓発作の症状としては「非定型」だとみなされているからだ。スウェーデンでは、心臓発作が起きた女性は救急車が割り当てられる優先順位が低く、治療を受けるまでに病院で平均して二〇分長く待たなければならない。[48] イギリスでは、心臓発作が起きた後に女性が誤診される可能性は五〇％も高い。そして、心臓発作が起きた若年層の女性は、男性と比べると入院中に亡くなる可能性が約二倍高くなっている。しかし、イギリスでは、男性の冠状動脈疾患に関する研究資金は、女性を対象とした研究よりもはるかに上回っている[49]。男性ではない身体についての研究が不足していることで、よりありふれた医療問題にも悪影響が及んでいる。抗うつ薬や抗ヒスタミン剤を含むいくつかの一般的な薬品には、月経周期の影響が出る。つまり、月経周期のさまざまな段階で、生理のある人たちに異なる影響を及ぼすのである。その結果、私たちの多くは間違った量の薬を日々服用しているかもしれないのだ[50]。

こうした格差を考慮して、医学研究者たちは「イエントル症候群」という用語を作り出した。女性は適切な治療を受ける前に、典型的な男性の症状を示していなければならない、ということを捉えるためである。病気や体調不良というモデルで理解されるべきではないが、診断や支援、管理が必要とされる障害や差異に関してでさえ、少女と女性は著しく不利な立場に置かれている。自閉症は男の子の方が女の子よりも約四倍よくみられ、女の子が自閉症の場合はより深刻な影響を受ける（つまり、より神経学的非定型で異なっている）という通説がある。しかし、最近の研究では、女の子の社会化は識別されて適切に対処されるべき神経学的非定型の兆候を覆い隠してしまう可能性があることが示唆されている[51]。

そして、消費者の安全性に関しては、特権のある男性の身体を基準にする傾向は、広範囲にわたる有害な結果をもたらす可能性がある。シートベルトを着用した女性が自動車事故に巻き込まれたとき、亡くなったり重傷を負ったりする可能性は男性よりも七三％高い。これはほんの最近まで、すべての自動車衝突テストのダミー人形がシスジェンダーの男性をモデルにしていたという事実によって明らかにされた――典型的な体脂肪分布や骨格構造などの、シス男性と女性との潜在的で重要な違いは無視されていたのだ。衝突テストに「女性の」ダミー人形が最終的に追加されても、それらは実際の女性よりも典型的に軽く、背が低く作られていた[52]。

最後に、妊娠中の人びとに対して影響を与えている典型的な医学的問題は、慢性的に研究が不十分で資金も不足していることである。例えば、世界中で八〇〇人以上の人びとが、妊娠の合併症で毎日命を落としている。これらの死亡の約半分は、弱い収縮をもたらす子宮不全によって占められている。現在、この状況で利用できる治療法はただひとつ、オキシトシンというホルモンだけである。オキシトシンが作用し、陣痛を起こしている人が普通分娩できるようになるのは通常約半数のケースのみである。オキシトシンが効かない人は、緊急帝王切開が必要になる。現在、患者がオキシトシンに反応しやすいかどうかを判断するための臨床試験はない。予想されるように、これはコイントスであり、効果があるかどうかは運命に任せるしかないのだ。

次に、子宮収縮が弱すぎるために出産できない患者は、子宮筋層（子宮のなかでも収縮が始まる部分にある）の血液の酸性度が高いことを示した研究が、いかに刺激的なものだったかを想像してみてほしい。このことを発見したのは、細胞および分子生理学の教授であり、イギリスの安産センター（the Centre for Better Births）の所長でもあるスーザン・レイだった。レイと共同研究者のエヴァ・ヴァイベルグ＝イッツェルが、食糧棚にある重炭酸ナトリウムや重曹から子宮不全の治療法のランダム化比較試験を実施したとき、その結果を改善する可能性が非常に高いことがわかった。この治療を受けなかった人は、すべてのケースのうち普通分娩することができたのは六七％だった。そして、この方法で血液の酸性度を下げた患者の場合、その割合は八四％にまで増加した[53]。研究者たちが指摘しているように、この治療法は患者の体重と血中にすでに含まれている酸の量に合わせて調整し、繰り返し投与することでさらなる効果を得られる可能性さえある。そのため、クリアド＝ペレスが書いているように、この研究の重要性は決して誇張されたものではない。毎年、潜在的には回避できるはずの大手術を受けている、数万人の妊婦に対する医療成果を変えることができるのだ。また、低所得国のように、帝王切開が利用できないか、もしくはそのリスクが高い状況では、命も救えるかもしれない（「帝王切開を受けるのが危険なのは、低所得国だけの話ではない」とクリアド＝ペレスは言及している。「アメリカで暮らす黒人女性にとっても、危険なことなのだ」)[54]。

だが、もし楽観的になっているなら落ち着いてほしい。低・中所得国で研究を継続するためのレイの助成金申請は却下されているのだ。英国医学研究会議によると、その研究は「優先順位がさほど高いとはいえない」のだという[55]。会議のメンバーがやって来て、こう言ったのかもしれない。女性、とくに白人ではない貧しい女性の健康は——そんなに重要ではないのだ。

注

(1) Tressie McMillan Cottom, 2019, *Thick: And Other Essays*, New York: New Press, 82.
(2) Ibid., p. 82.
(3) Ibid., p. 83.
(4) Ibid., p. 83.
(5) Ibid., pp. 83-4.
(6) Ibid., pp. 84-5.
(7) Ibid., p. 85.
(8) *Centers for Disease Control and Prevention*, Pregnancy Mortality Surveillance System, https://www.cdc.gov/reproductivehealth/maternalinfanthealth/pregnancy-mortality-surveillance-system.htm.
(9) ニューヨーク市における出生に関する最近の分析では、次のことが明らかにされた。「地方病院で出産した黒人で大卒の母親は、高校を卒業していない白人女性よりも、妊娠や出産にともなう深刻な合併症を患う可能性が高い」——最も高い教育達成レベルは、収入に代わる信用度のかなり高い指標であることに注意してほしい。以下を参照。New York City Department of Health and Mental Hygiene, *Severe Maternal Morbidity in New York City, 2008–2012* (New York, 2016), https://www1.nyc.gov/assets/doh/downloads/pdf/data/maternal-morbidity-report-08-12.pdf.
(10) 以下を参照。Linda Villarosa, "Why America's Black Mothers and Babies Are in a Life-or-Death Crisis," *The New York*

Times, April 11, 2018, https://www.nytimes.com/2018/04/11/magazine/black-mothers-babies-death-maternal-mortality.html.

(11) Maya Salam, "For Serena Williams, Childbirth Was a Harrowing Ordeal. She's Not Alone," *The New York Times*, January 11, 2018, https://www.nytimes.com/2018/01/11/sports/tennis/serena-williams-baby-vogue.html.

(12) Tressie McMillan Cottom, 2019, *Thick: And Other Essays*, New York: New Press, pp. 85-86.

(13) 女性は疼痛専門のペインクリニックを紹介されるまでに男性よりも長い間痛みを経験しており、男性よりも年齢が高かった。ペインクリニックについての他の研究では、女性は専門家によってこの種のクリニックを紹介してもらう傾向があった。そうした専門家はたいてい男性であり、開業医だった。ホフマンとタルジアンが指摘しているように、「この結果は、女性が医療提供者との最初の出会いで、不信やその他の障害を経験していることを示唆している」。Diane E. Hoffmann and Anita J. Tarzian, "The Girl Who Cried Pain: A Bias Against Women in the Treatment of Pain," *Journal of Law, Medicine and Ethics* 29 (2001), p. 17.

(14) もちろん、合衆国におけるオピオイド・クライシス［オピオイド鎮痛薬の過剰摂取によって命を落とすなど、不適切な使用が社会問題になっている］を考えれば、場合によっては痛みを緩和するために鎮静剤を処方することは良いことばかりとは限らない。しかし、ここでのポイントは、男の子と男性には店頭などで広く入手可能な非麻薬性鎮痛薬ではなく、オピオイドが処方されているということ自体が、男性の痛みが女性の痛みよりも深刻に受け止められていることを示している、ということである――依存症のリスクがあることを考慮したうえで、何が最良の医療実践を構成するのかということに関係なく。

(15) Hoffmann and Tarzian, "The Girl Who Cried Pain," p. 19.

(16) Ibid., p. 20.

(17) Anke Samulowitz, Ida Gremyr, Erik Eriksson, and Gunnel Hensing, "'Brave Men' and 'Emotional Women': A Theory-Guided Literature Review on Gender Bias in Health Care and Gendered Norms Towards Patients with Chronic Pain," *Pain Research and Management 2018* (2018), p. 10.

同じように、集中治療室での治療について、キャロライン・クリアド＝ペレスは次のように述べている。「二〇一一年の全米医学アカデミーによる慢性の痛みに関する学術誌では、そうした状況があまり変わっていないことを示唆し、痛みを訴える女性たちは「正しい診断がなかなか下されず、不適切な治療や、効果が証明されていない治療を受け」ており、「医療制度のなかで無視され、見捨てられ、差別されている」と報告している。」Caroline Criado Perez, *Invisible Women: Data Bias in a World Designed for Men* (New York: Abrams, 2019), p. 228.［＝2020、神崎朗子訳、『存在しない女たち——男性優位の世界にひそむ見せかけのファクトを暴く』河出書房新社、二五九頁］

（18） Samulowitz et al., p. 8.

（19） 線維筋痛症の患者についてのインタビュー調査を受けた多くの医療提供者たちが、患者は時間がかかり、仮病をも使う苛立たしい人だと考えていたことを示す研究もある。患者のなかには、臨床医から自分の痛みの責任を追及されたことがある人もいた。Ibid., p. 5.

（20） Ibid., p. 7.

（21） Ibid., p. 5.

（22） Kate Hunt, Joy Adamson, Catherine Hewitt, and Irwin Nazareth, "Do Women Consult More Than Men? A Review of Gender and Consultation for Back Pain and Headache," *Journal of Health Services Research and Policy* 16, no. 2 (2011): 108-13.

（23） Ibid., p. 109.

（24） Ibid., p. 116.

（25） Ibid., p. 109.

（26） Ibid., p. 116.

（27） 以下を参照。Lindsey L. Cohen, Jean Cobb, and Sarah R. Martin, "Gender Biases in Adult Ratings of Pediatric Pain," *Children's Health Care* 43, no. 2 (2014): 87-95, and

Brian D. Earp, Joshua T. Monrad, Marianne LaFrance, John A. Bargh, Lindsey L. Cohen, and Jennifer A. Richeson, "Gender Bias in Pediatric Pain Assessment," *Journal of Pediatric Psychology* 44, no. 4 (2019): 403-14.

（28） 興味深いことに、前掲したアープらによって最近実施された、この研究の再現実験では、映像を見た男性ではなく女性参加者の方に有意な効果があったという。それがなぜかははっきりしないが、ジェンダー・バイアスが男性と同じくらい女性にも持たれているという事実と一致する——おそらく、この場合もそうなのだろう。こうしたバイアスに関する議論については、本書の第九章を参照。

(29) このことは、後から現れる差異——例えば、思春期に作用するホルモンのような——によって特性が遺伝する（と思われている）のとは対照的である。

(30) Samulowitz et al., "'Brave Men' and 'Emotional Women,'" p. 10.

(31) 私がここで「特権」という言葉を使うのは、ひとつにはミソジニーと同様にレイシズムもまた——ミソジニーとレイシズムの有害な交差、簡潔に言うならミソジノワール——、痛みの治療が不十分だったときに間違いなく重要な役割を担っているためである。二〇一六年、ある画期的な研究が、ある問いに光を当てた。その研究者いわく、その問いとはなぜ「黒人のアメリカ人は白人のアメリカ人と比べて、システマティックに痛みを十分に治療されないのか」というものだ。彼女たちは、黒人と白人には生物学的な差異がある（例えば「黒人の肌は白人の肌よりも厚い」など）といった間違った信念がまん延していることを調査し、白人の医学生および研修医の調査協力者のうち半数が、そうした間違った信念を持っていることを明らかにした。重要なことに、これらの協力者たちは、黒人の患者は白人よりも痛みをあまり感じないと信じており、痛みの管理についてもあまり正確ではない助言をする傾向があった。以下を参照。Kelly M. Hoffman, Sophie Trawalter, Jordan R. Axt, and M. Norman Oliver, "Racial Bias in Pain Assessment," *Proceedings of the National Academy of Sciences* 113, no. 16 (2016): 4296-4301.

(32) Kristie Dotson, "Tracking Epistemic Violence, Tracking Practices of Silencing," *Hypatia* 26, no. 2 (2011): 242. 強制的な自己沈黙の一種である、証言的窒息というドットソンによる概念の議論は、第八章「想定されない」で取り上げる。

(33) Miranda Fricker, *Epistemic Injustice: Power and the Ethics of Knowing* (Oxford: Oxford University Press, 2007), chapters 1-2.

(34) この言葉は、ベイリーによって二〇〇八年に作られ、ベイリーとトルーディ（a.k.a@thetrudz）の共著によって二〇一〇年以降、オンラインで用いられるようになった。彼女たちの共著記事を参照。Moya Bailey and Trudy, "On Misogynoir: Citation, Erasure, and Plagiarism," *Feminist Media Studies* 18, no. 4 (2018): 762-68.

(35) Jazmine Joyner, "Nobody Believes That Black Women Are in Pain, and It's Killing Us," *Wear Your Voice Magazine*, May 25, 2018, https://wearyourvoicemag.com/race/black-women-are-in-pain.

(36) レイチェルの経験と比較してほしい。彼女は卵管のねじれによって苦しみ、その経験は夫によって記事が書かれている。

Joe Fassler, "How Doctors Take Women's Pain Less Seriously," *The Atlantic*, October 15, 2015, https://www.theatlantic.com/health/archive/2015/10/emergency-room-wait-times-sexism/410515/. しかし、レイチェルが経験した酷い苦痛と不正義を低く見積もられずに、ジョイナーの話とは対照的に、彼女の物語がはるかに多くの人びとに受け入れられた（そして、この種の話のなかでは最も重要な話だとされている）のは印象的である。というのも、白人女性であるレイチェルとは対照的に、ミソジノワールは黒人女性の苦しみや彼女たちが直面する不正義には敵対的で、無関心である場合が多いからだ。また、レイチェルの物語は彼女の夫によって語られたため、彼（男性）による証言の重みをもっともらしく享受できたという事実もある。

（37）Jazmine Joyner, "Nobody Believes That Black Women Are in Pain," *Wear Your Voice Magazine*.

（38）精神障害のある子どもの母親たちが、合衆国の医療システムにおいてどれほど不適切に罰せられている――「悪い」女性としてスティグマ化され、子どもが闘病していることについて非難される――のかを認識するうえで、タミー・ナイデンとの対話は有意義だった。

（39）Patricia Hill Collins, *Black Feminist Thought: Knowledge, Consciousness, and the Politics of Empowerment*, 2nd ed.（New York: Routledge, 2000）, p. 72.

（40）同様に、女性が権力のある男性について、例えば彼らの性的またはその他の種類の虐待について証言する場合、彼女たちの言葉は、そうした男性に有利な証言をするときとは対照的に、軽視される傾向がある。その結果、証言的不正義はあまり問題にされない。したがって、繰り返しにはなるが、そうした証言を却下することは、特定の社会的カテゴリーに属する話し手にとって無作為でも普遍的なものでもない。そうではなく、しばしば既存の社会階層を守り、保持するために作用するのである。『ひれふせ、女たち』のイントロダクションと第六章の議論を参照。この論点は本書の第八章「想定されない」でも取り上げている。

（41）Angela Garbes, *Like a Mother: A Feminist Journey Through the Science and Culture of Pregnancy*（New York: HarperCollins, 2018）, p. 28.

（42）私が「実際に」と言うのは、ピュー・リサーチ・センターによる最近の統計が示しているように、白人女性は他のどの人種的集団よりも異人種間結婚の割合が低いためである。以下を参照。"Intermarriage in the U.S. 50 Years After *Loving v. Virginia*," May 18, 2017, https://www.pewsocialtrends.org/2017/05/18/1-trends-and-patterns-in-intermarriage/.

（43）Criado Perez, *Invisible Women*, p. 234.〔『存在しない女たち』、二六五―六頁〕
（44）Ibid.〔同上〕
（45）Ibid., p. 196.〔同上、二二五―六頁〕
（46）人ではない動物を対象にした研究でさえ、この広く行きわたったバイアスは見られる。二〇一四年のある調査では、性別を明記した研究の約八〇%において、メスのラットよりもオスのラットの方が多いなどの多少の大きなばらつきがあるにもかかわらず、オスの動物のみを使用していたことを明らかにしている。Ibid., p. 205.〔同上、二三五頁〕
（47）Ibid., p. 209.〔同上、二三九頁〕
（48）Ibid., p. 228.〔同上、二五九頁〕
（49）Ibid., pp. 212-18.〔同上、二四三―九頁〕
（50）Ibid., pp. 204-5.〔同上、二三四頁〕
（51）Ibid., p. 222.〔同上、二五二―三頁〕
（52）Cory Doctorow, "Women Are Much More Likely to Be Injured in Car Crashes, Probably Because Crash-Test Dummies Are Mostly Male-Shaped," *Boing Boing*, July 23, 2019, https://boingboing.net/2019/07/23/in-every-dreamhome-a-heartache.html.
（53）Criado Perez, *Invisible Women*, p. 233.〔『存在しない女たち』、二六四頁〕
（54）Ibid., p. 223.〔同上、二六四頁〕
（55）Ibid., p. 234.〔同上、二六五頁〕

第六章　手に負えない――身体を管理する資格

二〇一九年五月一四日、二五名の白人の共和党員たち――すべて男性だった――は、アラバマ州において、過去数十年の間に合衆国が経験したことがないくらい厳しい制限のある妊娠中絶法案を可決するために投票した[1]。その翌日、白人女性であるアラバマ州知事、ケイ・アイヴィーはこの法案に署名した。最終的には連邦裁判所で阻止されたが、もしこの法律がその年の一一月に予定どおり施行されていたら、州内での中絶は犯罪となっていただろう――この法律は、レイプや近親姦などによるほぼすべてのケースの中絶手術を禁止するものだった[2]。唯一例外とされたのは、胎児を妊娠出産することによって、妊娠を余儀なくされた人の身体的または精神的健康が損なわれる場合だった。とりわけ、この法案はすべての発達段階における中絶を禁止しており、胎児が生存可能な時期（通常は妊娠二四週め頃）に達するまでならば中絶できるという、憲法で保障されている権利を侵害していることになる[3]。

アラバマ州での中絶を禁止する試みは極端なものではあったが、最近相次いで可決されている中絶を制限するための法律のひとつに過ぎない。こうした法案の多くは共和党の白人男性が支持しているのだが、保守的な白人女性もそうした規制の作成や推進において重要な役割を果たしている。胎芽の心音が検出された時点で中絶を禁止しようとする、いわゆる心音（ハートビート）法案は、そうした保守的な白人女性のひとりであるジャネット・ポーターによって考案された。反中絶運動へのポーターの主な貢献は、中絶を選択した人びとを残酷で、冷酷で、感情がない存在として描き出し、中絶をさらに道徳の問題であるとしたことだ。「その指標、つまり心音（ハートビート）を無視することは、心が無い（ハートレスネス）ということだ。」ポーターはそう宣言し、中絶可能な基準を妊娠二四週から六〜八週（州によって異なる）に変更しようとした。[4] その段階では、多くの人は自分が妊娠しているとはわからない——そのことを知っている人は、そもそも計画的に妊娠している。そのため、心音法案はほぼすべての中絶を禁止しようとするものだった。[5]

胎児の心音というアイデアは、明らかに人びとの琴線に触れるよう、よくデザインされている。しかし、妊娠六週めや八週め（最後の月経の初日から起算）で心音と呼ぶのは、誤解を招く恐れが非常に高い。この段階では心音はない。なぜなら、心臓が（脳や顔も）まだないからだ。[6] 胎児でさえ存在していない。胎芽は九週めか一〇週め頃に胎児へと移行する。妊娠六週めの胎芽の大きさは、グリーンピース一粒分くらいだ。[7] 超音波検査では、心臓に特化した細胞の脈動が検出できる場合とできない場合がある。人によっては、胎芽のそうした活動が検出できるのは、かなり後になってからということもある。

一方で、心が無い（ハートレスネス）ということに関していえば、その言葉が向けられるべきであるのは中絶した女性たちではない。アラバマ州で法律が成立した同じ日、オハイオ州では一一歳の少女が誘拐され、何度もレイプされて妊娠させられたという事件が報道された。[8] その一か月前、オハイオ州では心音法案が可決され、九〇日後に施行される予定だったが、これも連邦裁判所によって阻止された。[9] この法律のもとでは、その少女は妊娠し続けなければならなかっただろう——このようにして、あるひとつの性的暴行によるトラウマは、確実に別のトラウマへとつながるのだ。フェミニスト作家のラウリー・ペニーは、この事件について次のように述べている。「どんなにまともな道徳的尺度をもってしても、子どもを妊娠させ続け、出産へと至らしめるレジームが、いかに醜悪で、心が無く（ハートレス）、不道徳であるかはたやすく理解できる。[10]」まったくそのとおりだ。しかし、中絶反対派の活動家たちは、どういうわけか依然として自分たちが道徳的に優位であるかのようにふるまっている。

妊娠する可能性のある人が個人的に中絶に反対する、ということはある――自分自身が中絶することに抵抗感があったり、誰もが共有しているとは限らない宗教的見解にもとづいて、そうした立場の人は、誰であっても中絶するのは間違っていると思っていたりする。しかし、妊娠した人は、妊娠したことや、妊娠し続けなければならなかった場合の結果が悲惨なものであったとしても、国家の強制力を用いて――とくに妊娠できないシスジェンダーの男性から――妊娠し続けるよう強要されるべきだと考えることは、まったく別の話である。前者は、個々人の違いを合理的に表現したものだが、後者は非常に強引で、また、非常に問題含みの態度である。覚えておいてほしいのは、多くの人が不道徳だと考える特定のふるまい――例えば、パートナーに嘘をついて浮気をする、あるいは、一部の人が殺人に等しいと考える行為、例として肉を食べるなど――を、国家は規制しないということだ。人びとに付与されている数々の自由を考えると、強制することの社会的コストは、他の人びとがすべきではないと信じていることが、一部の人びとはそれを選択するかもしれないという可能性のコストを根本的に上回っているように思われる。

だからぜひ、個人的に中絶に反対しているのであれば、中絶しないでほしい。しかし、妊娠している身体を国家が取り締まることは、ミソジニーにもとづいた社会的管理のひとつの形態であり、その影響は最も脆弱な立場にある少女や女性に対して、最も深刻に及ぶ。本書においては、これは絶対に許されることではない。

「赤ちゃんが生まれる。母親は医師に会う。赤ちゃんの世話をする。赤ちゃんをきれいに包んでもらう。そして、医師と母親は、赤ちゃんを処刑するかどうかを決める。」この言葉――真っ赤な嘘――は、ドナルド・トランプ大統領がウィスコンシン州の集会で発言したものだ[11]。中絶に関する最近の議論は、早期中絶に焦点を当てている。中絶を禁止しようとする機運が高まっていることを考えれば、そうした動向は当然のことだ。しかし、後期中絶に関しても、誤解を招かないようにしなければならない。

もちろん、いわゆる後期中絶に対する道徳的な監視の強まりは、妊娠二〇週(典型的な妊娠期間の約半分の期間)を過ぎて行われる中絶は、全体の一%強に過ぎないという事実と矛盾している。[12] こうしたケースの大半は、重度の胎児異常や、妊娠を継続すると患者に深刻な健康上のリスクがあることから実施されているのだ。

そうした事例をひとつ示してみよう。エリザベス(仮名)は、二度めの妊娠をとても喜んでいた(最初の妊娠は一〇週で終わり、流産となった)。最初は、すてが順調に進んでいるように思われた。しかし一六週のとき、深刻な問題の兆候があらわれた。臍帯が胎盤の中央ではなく端にあり、大量の出血があったのだ。血液検査では、胎児でほとんど分離されるはずのタンパク質の値が高く、スキャンしたところ胎児が内反足であることも判明した――それ自体は大きな問題ではなかったが、他の発達的問題の兆候である可能性があった。超音波検査では胎児の拳が常に閉じていることが発覚し、医師が筋肉の異常を疑うようになってからは、彼女の恐怖心はさらに高まった。

このような問題があって不安は募っていく一方だったが、エリザベスはその段階では中絶することを真剣には考えていなかった。彼女と夫は、この赤ちゃんを望んでいたのだ。彼女たちは息子にスパルタカスというニックネームをつけた。その子が直面している困難を考慮して、戦士の名前をつけるべきだと考えたのだ。彼女たちは、さまざまなマイルストーンを置きながら、妊娠を見守ろうとしていた――二八週め以降の胎児の生存率は七五%だと医師には告げられていた。その子はまだ成長していた。三〇週めを迎え、彼女たちはお祝いをした。

三一週めになると、三七パーセンタイルだった胎児の成長は、八パーセンタイルにまで劇的に低下した[「パーセンタイルとは子どもの成長の評価に用いられる指標で、全体を一〇〇とした場合に小さい方から数えて何番めになるかを示す値である」]。その子は羊水を飲んでいなかった。「赤ちゃんに何か深刻な問題があるということを示されたのは、はじめてでした」と、エリザベスは心を動かされるようなインタビューにおいて、ジア・トレンティーノに語っている。[13]

エリザベスと夫は、ついに衝撃的な出来事に直面することになった。医師によれば、彼女の赤ちゃんは「生命維持に支障をきたす」ような筋肉の状態であるため、呼吸ができていないのではないかということだった。もし彼女が出産予定日まで赤ちゃんを妊娠し続けた場合、帝王切開が必要になった。彼女は二年前に脳手術を受けており、経膣分娩は危険をともなうためだった。医師は、無理をすれば彼女に致命的な動脈瘤ができるかもしれないと危惧していた。その時点で、彼女たちは絶対に助からない赤ちゃんのために、腹部の大手術を受けることも検討した。また、早産になった場合は、神経系の合併症を引き起こす可能性もあった――これも致命的なものになると予想された。

この状況下では、中絶は彼女にとってよりよい選択肢のように思われた。エリザベスは三二週めに手術を受けるため、地元のニューヨークからコロラドへと飛行機で向かった。ニューヨークではその手術は違法とされていたためだ。費用は一万ドルだった。彼女はこう語っている。「はっきり言うと、医師が助かる可能性があると言ってくれたなら、私はその機会を逃さなかったでしょう。本当に何でもやろうと思いました。私は、この小さな男の子の母親にはなれないという事実を受け入れるようになりました――もし臨月を迎えられて、あの子がそこまで生きたとしても、窒息して亡くなるまで、とても短い時間しか生きられなかったでしょう。私にとっては仕方がないことでした。痛みをできるだけ少なくするという選択肢があるのに、あの子を苦しませることはできませんでした。」

この例に限らず、第三期に中絶する――胎児の心臓の鼓動を止める注射を打つことによって――という選択は、断じて心無いものではない。[14] しかし、妊娠した人が医療従事者と相談しながら、自分自身にも打撃を与える決断をすることは、ますます信頼されなくなってきている。それどころか、彼女たちは悪口を言われたり、取り締まりに遭ったり、さらには悪魔化されてさえいるのだ。

・・・

すでに論じてきたように、医学的に間違っている情報は、反中絶運動のいたるところで見られる。二〇一二年、当時ミズーリ州選出の共和党議員だったトッド・エイキンは、レイプによる妊娠はきわめて稀だという見解を述べた――「合法的なレイプの場合、女性の身体にはすべてを遮断する機能が備わっている」というのがその理由だった[15]。エイキンは、子宮の選別力という魔法のような考え方を示し、「合法的なレイプ」という議論の余地のあるカテゴリーを提示した。ここからは次のような疑問が生じる。どのようなレイプが違法なのだろうか？

妊娠している身体についてのこうした嘆かわしいほどの無知は、規制しようとする多くの人びとを思いとどまらせるには至っていない。二〇一五年二月、遠隔医療による中絶薬の処方を禁止するための法案を審議している公聴会で、グランド・オールド・パーティー（共和党）の議員は証言した医師に対して、妊娠の状態を調べるために患者にカメラを飲み込ませるのはどうかと提案した――大腸の内視鏡検査のような方法で。「これと同じ手順を妊娠中に行うことはできますか？　カメラを飲み込めば、医師が状況を判断するのに役立つのでは？」いいえ、と彼女は答えた。お腹は子宮にはつながっていません、と[16]。

グランド・オールド・パーティーの別の議員は、二〇一九年五月に、子宮外妊娠は中絶させるのではなく、（大多数の症例では）卵管から子宮内へと再移植させるべきだと提案した[17]。そういうものではないのだ。子宮外妊娠は一般的に、苦しいほどの痛みをともない、生存することはほとんどなく、緊急の医療措置が必要になる[18]。そして、通常は、現実的な唯一の治療法は中絶であり、メトトレキサートを使用して妊娠を中止し、胎児組織を再吸収させるか、または、外科手術を行うことがほとんどである。それらの治療をしなければ、九五%の確率で卵管は破裂してしまう。こうした命に関わる医療的緊急事態は、妊娠関連死のかなりの割合を占めている[19]。そして、たとえ患者が生存したとしても、将来的に妊娠したり、妊娠継続が困難になることが多い。したがって、たとえ出生地差別主義を強いるという観点からのものであっても、このスタンスにはほとんど意味がないのだ。

こうした状況にもかかわらず、保守系オンライン・マガジンの『ザ・フェデラリスト』は最近、「中絶は子宮外妊娠に本当に必要なのか?」という記事を掲載した[20]。評論家のゲオルギ・ブアマンはその記事のなかで、子宮外妊娠を含むすべての合法的な中絶を廃止するよう提言している。そうした政策は、命に関わるものであるという事実があるにもかかわらず、である。「中絶は決してその答えではない」と彼女は述べる。代わりに、少数の胎芽が何らかのかたちで「より安全な場所に」再移植されることを期待し、患部の卵管を破裂させたままにするよう提案している。確かに、ブアマンは「症状によってはごくわずかな確率で死に至るということを知るのは恐ろしい」と認めている。しかし、「そのごくわずかな確率のために、自分の子どもを故意に壊して苦しめられるのだろうか? 良心の呵責に耐えながら、必要ではなかったかもしれないと思いながら生き続けたいほどのものなのだろうか?」と述べる。こうしたエセ科学(死亡する確率がきわめて高いことを私たちは知っている)と、罪悪感を煽る組み合わせに対して、『ザ・ヴァギナ・バイブル』の著者であり世界的にも著名な婦人科医のジェン・ガンター博士は、Twitterで次のようにコメントしている。「「子宮外妊娠でも赤ちゃんであることに変わりはない」なんてことを流行らせようとするのはやめてほしい。子宮外妊娠で腹部に血が溜まった女性を治療したことがないなら、人を殺す前にただ黙って勉強しろ[21]。」まったくそのとおりだ[22]。

妊娠中の身体がどのように機能しているのかをまったく知らず、学ぼうともせず、身体を管理する資格が自分たちにはあるのだと感じている男性が数多くいることは明らかだ。また、妊娠を取り締まったり強制したりする試みに抵抗している人びとを、心が無い人だと決めつけている女性がいることも、明らかである。

中絶を極端に制限する法律は生命を守ることを目的にしているのだという考えは、さらに信じがたい。こうした禁止法を支持する共和党員の多くは、在任中に移民の子どもたち少なくとも七名が収容され、悲惨な死を迎えたことに責任を負っている政権の支持者でもある（一方で、他の何千人もの子どもたちを「失った」、より正確には奪ったのだ）[23]。中絶禁止法を支持する共和党員の多くは、死刑を支持してもいる。アラバマ州で、合衆国史上最も極端な中絶禁止法案に署名したその翌日、ケイ・アイヴィーは死刑囚の執行猶予を認めずに死刑を執行した。私がこの文章を書いている時点では、認知障害のある別の男性が致死注射によって同様に恐ろしい死を迎えようとしている[24]。生命は神聖なものなのだろうか、そうではないのだろうか？　疑問に思う。

中絶禁止法案を支持する人びとの大半は、合衆国における妊産婦死亡率の衝撃的な高さ（とくに黒人や先住民、アラスカ先住民の女性）に対しては何もしていない[25]。貧困のなかで生まれた子どもたちへの追加の児童扶養手当の確保にはほとんど関心がない。質の悪い食品や水（有名なミシガン州フリントを含めて）が、多くのアメリカ人に深刻な健康問題を引き起こしていることにも無頓着である。安価な医療の拡大には積極的に反対し、ブラック・ライブズ・マター運動が切実に焦点を当てている警察による暴力や、国家による死刑執行にはまったく関心を示さないという傾向がある[26]。

最後に、反中絶活動家は、中絶を合法化しても中絶率が上昇するという傾向はない、という指摘には動じない。むしろ、中絶を合法化すれば少女や女性たちはもはやこれ以上、違法な中絶を探し求める必要はなくなるのだ[27]。違法な中絶ははるかに悪い健康上の帰結へとつながる――ときには死に至る悲惨なものなのだ。

だから、反中絶運動は生命について論じているわけではない。宗教に関することでもない――少なくとも、現在、文化的に運動と結びついているキリスト教の宗教的教義に直接起因するものではないという意味では。確かに、反中絶というスタンスはキリスト教を信仰すること——ローカルな宗教文化に参加すること——の帰結であると主張する個々の人びとは、真摯で誠実なのかもしれない。しかし、多くの場合において、このローカルな宗教文化は、そうではない可能性も容易にあったということを認識するのは重要である。とくに、中絶に対する福音派の態度は、近時の記憶のなかでは明らかに政治的な目的のために、意図的に操作されていた。

その目的は、最初から反フェミニズムという感情を利用していた。ある重要な一連の論文において、法学者であるリンダ・グリーンハウスとリヴァ・B・シーゲルは、合衆国における現代の反中絶運動はロー対ウェイド判決［人工妊娠中絶を規制する州法を違憲とした一九七三年の連邦最高裁判所の判決］以前に展開された「AAA戦略」にそのルーツがあることを明らかにしている。この戦略は、伝統的に民主党に投票してきたアメリカ人を共和党へと勧誘することを目的とし、「薬物 acid」（LSD：幻覚剤）、「恩赦 amnesty」（ベトナム戦争でいわゆる兵役逃れをした人びとに対して）、そして最後に「中絶 abortion」——核家族への脅威——という道徳的脅威を強調するものだった。グリーンハウスとシーゲルは、以下のように述べる。

ニクソンの選挙戦が進むにつれ、共和党の戦略家たちは、伝統への敬意が失われることを苦慮している社会的保守主義者の文化的懸念の象徴として、妊娠中絶を次第に利用するようになっていった。一九七二年八月に『ニューヨーク・タイムズ』に掲載された、「ニクソンはどうしたら勝てるのか」というタイトルのエッセイにおいて、再編戦略家のケヴィン・フィリップスは一九六八年に（ジョージ・ウォレスを支持した南部の人びとを取り込むという戦略を用いた共和党の勝利が間近に迫っていることを自慢していた……。

フィリップスは、共和党が「社会道徳を積極的に攻撃するテーマにする」と約束し、秋の選挙戦で共和党は（民主党の有力候補であるジョージ）マクガヴァンに「トリプルAの候補者——薬物・恩赦・中絶」というレッテルを貼るだろうと警告した。そして、「このような戦術は、マクガヴァンを中間層のアメリカ人が受け入れがたいと思っている文化や道徳に結びつけるのに役立つだろう」と述べている。[28]

さらに、この筆者らが論じているように、「この使用法は、中絶への攻撃は中絶だけにとどまるものではなかった」。[29]その前の年に刊行された書籍で、グリーンハウスとシーゲルは次のように述べている。

マクガヴァンに対するトリプルA攻撃は、中絶の権利を伝統的な権威の形式を破壊する自由奔放な若者文化の一部であるとして非難した。中絶の権利に対してなされた反論は、中絶が殺人だからということではなく、中絶の権利は（恩赦を求めることと同様に）、男性には戦争で人を殺して死ぬ覚悟を、女性には結婚のために身を守り、母親業に専念することを求める伝統的役割が崩壊していると立証するためだった。[30]

この時代の反中絶運動は、もっと広い意味での反中絶運動だった。グリーンハウスとシーゲルは、反フェミニズムで悪名高いフィリス・シュラフリーについて、次のように指摘している。「（彼女が）中絶を攻撃するとき、決して殺人については言及しない。彼女は中絶を、男女平等憲法修正条項（ERA）や、育児と結びつけて非難したのである。[31]」

結局のところ、反中絶運動は草の根的な宗教運動に後押しされているというよりも、家族の価値を守るという目的のために宗教を利用しているのだ。そして、これらの（これも想定されることだが）家族の価値とは、性行為そのものを取り締まることではない。つまり、男性の性行動や生殖の自由をコントロールすることへの関心が、相対的に欠如していることが明白なのだ。ミシェル・オバーマンとW・デヴィッド・ボールが最近指摘しているように、望まない妊娠の一〇件中九件は異性関係のなかで生じており、中絶した患者のほとんどが、中絶という選択にパートナーも同意していると述べている事実があるにもかかわらず、反中絶派の怒りは男性にはほとんど向けられない。しかし、男性がそうした選択に関与することを――ましてや、考えなしに射精することも――犯罪化しようとする試みはほとんどない。オバーマンとボールは次のように述べている。

中絶を理由として男性を起訴することの斬新さは――そのような告発の法的根拠はしっかりとしているにもかかわらず――、これまで私たちが構築してきた議論の枠組みについて重要なことを教えてくれる。男の子は男の子になるが、妊娠した女性は無責任なふるまいをする。私たちは女性の性行動を規制することに抵抗はないが、男性の性行動を規制することには衝撃を受ける。男性と中絶について語るのは奇妙に思えるが、そうではない。男性がいなければ女性は望まない妊娠はしないからだ[32]。

反中絶派の偽善を詳述するのは簡単だが、その一方で、そうした理論的防御の薄さを示すこともできる（例えば、死刑制度を一貫して支持する一方で、それでも罪のない命の中絶には反対できると主張する人もいるかもしれない。理論的にはそうなのかもしれないが、実際には、とくに黒人のアメリカ人に冤罪が多発していることを考えると、そうした弁護は難しい）。だが、多くの場合その必要はない。反中絶活動家の言葉は、ますます彼ら／彼女たち自身をも裏切るようになっている。「研究室にある卵子は当てにならない。女性のなかにあるわけではないからだ。彼女は妊娠していない」と、アラバマ州のクライド・チャンブリス上院議員は、受精卵、胎芽、胎児の保護を謳った法案が、最も強い胎芽を選んで着床させ、残りは廃棄するという体外受精の合法性には影響を与えない理由を述べた[33]。生命を守るのではなく、少女や女性を支配し、女性が男性に子どもを「与える」という風潮を強めるといった反中絶運動の真の論理を明らかにした厚かましいコメントだった[34]。

このことは、女性が準人間的な生物、非人間的な動物、あるいは単なる器として認識されているということではない[35]。実際、女性の人間性は、すべての活動にとって概念的に重要である。女性が男性に与えるべきだと想定されているものは、あらゆる場合において明確なことだが、人間的なサービスである。女性は『侍女の物語』のように人間の繁殖のために子どもを産むだけではなく、その後の子どもの世話も（男性に課せられた期待をはるかに超えたかたちで）自己犠牲的に行うことになっている。しかし、彼女の人間性が疑われていなくても、こうしたことは女性が他者に対して負っているものだと認識されている。彼女は人間という存在ではなく、与える人間として位置づけられているのだ――生殖能力だけでなく、感情労働、物質的サポート、そして、パートナーの男性が求める限りでの性的満足も含めて。それに対して男性は、生まれながらの資格として、女性からこれらの財を受け取る資格があると思われている。男性はまた、これらの財を放棄する資格もあるとみなされている。共和党の多くの有力者にとって、中絶禁止法の最も重要な例外は、いわゆる愛人が彼にとって望ましくない子どもを妊娠した場合である[36]。

それゆえに、反中絶運動は女性にケアを提供するよう強いるために設計された、多くのミソジニー的な強制メカニズムのひとつとして概念化しうる。女性は「AAA戦略」が暗黙の了解としていた母親役割を放棄することはない。妊娠すれば、彼女の消費習慣は文化的に厳しく制限されることになる――たとえば、たまに飲むアルコール飲料が有害である可能性は低い、という証拠があるにもかかわらず[37]。出産について考えたとき、いわゆる「自然な」（つまり、医療的措置をとらずに膣からの）出産は女性にとっても赤ちゃんにとっても、その利点を示す証拠をはるかに超えてもてはやされるだろう[38]。ひとたび赤ちゃんを産んだら、彼女は無私となって献身的に子どものケアをするだけでなく、きわめて特定の方法でそうする義務があるとみなされるようになる。例えば、母乳育児のプレッシャーは、きれいな水があり粉ミルクが代用できる状況では、そのメリットの証拠や可能性の程度を大幅に上回っている[39]。母乳育児が乳児にとってどのような利点があるのかを、母乳育児をしようとする多くの人びとの苦痛や疲労、自由のなさと冷静に比較するのはとんでもないことだとされている[40]（もちろん、問題をさらに難しくしているのは、彼女は人前で授乳しないということだ。彼女がそうするのは、自分ではどうにもできない身体が冷淡さや恥辱にさらされないようにするためである）。

そして、一度母親になったならば、彼女は常に母親であり続ける——自分の子どものケアをする以上に、周りの人たちの感情的、物質的、道徳的なニーズに対して不釣り合いなほどの責任を負わされる。彼女は他者にとっても母親であるべきだとされる。つまり、助けと癒しを与え、育み、愛し、注意を払う存在なのである。前章でみたように、彼女が自分のためにそうした道徳的財を持てるよう要求するためにエンパワメントされることは、比較的まれである。そして、次章でみるように、もし男性のパートナーとの間に子どもがいる場合、彼が共同でケアをするという義務を公平に果たさなければならないというプレッシャーを受けることは比較的少ないだろう。

母親の責任が永続的に続くことを考えれば、妊娠の早い段階で、女性を母親として想定したいという衝動を説明するのは難しくはない。女性がこの役割を放棄しようとしたり、先取りしようとしたりした場合、何が起きるかを予測するのは簡単だ。彼女は悪い女として認識されるだろう。そして、彼女は脅しや罰、人格を貶めるなどのかたちで、ミソジニーの対象にされる。発達途中の人間の細胞の小さな集まりを、一人前の人間——実際に、最近よく使われるようになった法律用語でいえば「自然人」である——として再認識することで、想像できる限りの早い段階で彼女を母親として指定するのである。そして、この概念的には完全な人間が登場すれば、妊娠をやめることは殺すことになり、殺人になる——そして、妊娠していた人は殺人犯になる。『ナショナル・レビュー』の特派員、ケヴィン・ウィリアムソンのような、こうしたことを信じている人びとにとって、中絶した人は死刑にさえ値する。ウィリアムソンは最近のポッドキャストで次のように述べた。

> 私は（中絶を）他の犯罪と同じような扱いにして、絞首刑にすることを支持する。先ほど話したように、私は一般的な死刑制度には懐疑的だ。だが、死刑制度のひとつである絞首刑には好感を持っている。致死注射などは、少し防腐剤が多すぎるように思ったりしている。

これに対して、ブロガーのチャールズ・ジョンソンは、Twitterで適切な反応をした。「あんたはそうした女性たちをただ殺したいんじゃなくて、苦しめたいんだろ。[41]」

多くの女性たち——とくに白人女性——がこの道徳のコードを内面化し、中絶をすることで自分自身が悪い女であると考えるようになるのも、説明するのはたやすい。白人至上主義的家父長制の価値観と相対すると、良い女性としての規範を守れば得られるものが多いこれらの女性たちにとって、良い女性でいようとすることはとくに魅力的だろう。とくに、特権のある白人女性——ケイ・アイヴィー、ジャネット・ポーター、ゲオルギ・ブアマン、フィリス・シュラフリー——が、この話のなかで突出していることはすでにみてきた。調査によれば、これらの女性が決して異常なのではなく、いくつかの州では白人男性よりも白人女性の方が中絶に反対する傾向が強いことが示されている。[42]

もちろん、彼女たちの見解は想像できるからといって、反中絶運動に参加したことの道義的責任が免除されるわけではない。妊娠を取り締まるとき、その代償を支払うことになるのは主に貧困層や非‐白人の女性たちである——このことは、中絶へのアクセスという点に関するものだけではない。妊娠している人びととの身体的自由を法律や公共政策によって制限する「再生産の抑圧 reproductive oppression」

といわれるものを対象にしたある研究は、一九七三年から二〇〇五年までの間に生じた四〇〇件以上の事例を精査し、妊娠した人びとが逮捕されたり、監禁されたり、刑期が延長されたりしていることを明らかにしている。そして、それらを後押ししていたのは国家であった。彼女たちは病院や精神病院に収容され、治療プログラムを受けさせられていた。また、手術を含む強制的な医療介入――経膣分娩を希望していたにもかかわらず帝王切開手術をされるなど――もなされていた[43]。こうした措置の大半は、妊娠中の人びとが胎児にもたらしたと思われる脅威への対応だった。そして、他のミソジニーな社会的コントロールと同様に、女性のなかでも特定の女性はより大きな脅威になると考えられている。研究者であるリン・M・パルトロウとジーン・フラヴィンは、次のことを発見している。

今回の調査では、人種にかかわらず経済的に恵まれていない女性が圧倒的に多く、七一%が低所得者向けの支援を受ける資格を有していることが明らかになった。人種に関する情報が得られた三六八名の女性のうち、五九%が有色人種であり、アフリカ系アメリカ人、ヒスパニック系/ラテン系アメリカ人、ネイティブ・アメリカン、そして、アジア系/太平洋諸島出身者だった。五二%がアフリカ系アメリカ人だった。アフリカ系アメリカ人女性の割合が高くなっているが、このことはとくに南部において顕著である。アフリカ系アメリカ人に対して提起された訴訟の四分の三近くが南部で起きたものであるのに対し、白人女性に対して起こされた訴訟はその半分だけだった[44]。

そのひとつが、サウスカロライナ州のアフリカ系アメリカ人女性、レジーナ・マクナイトの事例である。マクナイトは二一歳のときに予期せず死産をしてしまった――後にその証拠が提示されたのだが、感染症のためだった。しかし、州はマクナイトがコカインを使用していたとして非難した。陪審員はわずか一五分間審議しただけで、彼女に殺人罪を宣告した。マクナイトは懲役一二年を言い渡された。彼女の有罪判決は最終的に、二〇〇八年に取り消された――しかしその間、マクナイトは約八年にもわたって投獄されていた[45]。

妊娠している身体を管理することは、少女や女性の身体が規制され、取り締まりを受け、さらには（過剰に）支配される数多くの方法のひとつに過ぎない。とくに興味深いのは――見過ごされがちではあるが――反トランス運動や、トランスの少女や女性の身体を法的手段を含めて取り締まろうと固執することとパラレルであることだ。例えば、「トイレ法案」は、出生時に割り当てられた性別を基準として、多目的トイレやロッカールームなど、歴史的に性別によって区分されてきた施設の利用を制限しようとするものである。この種の法案は、本書を執筆している時点で合衆国の一六の州で検討されており、二〇一七年にはノースカロライナ州で可決されていた――ただし、その後に連邦裁判所で取り消された[46]。こうした法案は、トランスの人びとに自分の性自認とは一致していないトイレを使用するよう強制し、社会的屈辱や、身体的攻撃を受けるリスクを増大させ、性別違和にさらされる可能性を高めてしまう。約二万八千人のトランスジェンダーの人びとを対象にした最近の調査では、当然のことではあるが、トイレの利用に関する法の領域を超えた日常的な取り締まりでさえ、非常にネガティブな影響を与えていることが明らかにされた。六〇％近くが、過去一年間に少なくとも一回は攻撃されたり、何かを言われたりすることを恐れて、公衆トイレの利用を避けていたのである[47]。

反中絶法案と同じように、トイレ法案は不道徳な――実際には非難されるべきだとされる――人物像を構築することで成り立っている。中絶の事例では、それは心の無いシスジェンダーの女性であり、彼女は「生まれていない子ども」を殺すことに必死である。トイレ法案の場合は、侵略的なトランス女性である――または、トイレに行くためだけにトランス女性のふりをしているシス男性であることもある。そして、反中絶法案のように、トイレ法案も概念的な被害者を構築することに依拠している。中絶の場合は、第二のアインシュタインのように成長するかもしれない、心が痛むほどに脆弱な胎児である。トイレ法案の場合は、餌食にされたシスジェンダーの少女や女性である。こうした概念的な被害者は、想定される道徳的違反者を取り締まるのだという既存の欲求を後から合理化するという役割を果たしている[48]。

実際には、トランス女性やトランス女性のふりをしたシス男性で、どのようなトイレ利用者であっても餌食にしたことがあるという人はほとんどいない。最近の調査によれば、二〇〇四年以降、合衆国ではおよそ一年に一回、そうした犯罪は報告されている。その一方で、トランス女性のふりをする必要のないシス男性は、女性をトイレでより頻繁に襲っており、同じ研究チームによれば同時期に一五〇件以上も発生していたという[49]。それでは、特定の情報源からはトランス女性（あるいは、トランス女性を装ったシス男性）の脅威についてよく耳にするのに、シス男性であることが明らかな人がすべての女性にもたらすきわめて現実的な脅威についてほとんど耳にしないのはなぜだろうか。その答えはきっと、トランスフォビアである――とくに、トランスの少女や女性が直面している、ミソジニーとトランスフォビアが危険で有害なかたちで交差したトランスミソジニーである[50]。

侵略的なトランス女性、あるいは、女性のふりをした侵略的な男性という考えに固執するのは偶然ではない。この分断は、ふたつの分断――「あるいは」という表記のふたつの側面である――が、しばしばトランスフォビアに染まっている人びとによって同じこととして捉えられている、という事実を覆い隠してしまう。そして、こうした状況ではトランス女性に対する暴力が生じる可能性が非常に高く、よくあることになってもいる。

重要な一連の論文において哲学者のタリア・マエ・ベッチャーは、ジェンダーの表象は生殖器の表象のためのコードであるという考えがあることと、トランスフォビアの偏見の根底には、自然や道徳の名のもとにそのふたつを「一致させる」ことへのこだわりがあると示している。彼女はシス－セクシズムな社会について次のように述べる。

ペニスとヴァギナ（は）……男性と女性がそれぞれ道徳的な権利を有する「正統な所有物」だとみなされている。事実上、セックスの形而上学が自然な態度として考えられているのは、それが道徳的秩序についての見解でもあるからだ。この考えは、道徳的でありかつ形而上学的な考察を徹底して盛り込んでいるある種のトランスフォビアを理解するうえで有益である。トランスの人が、「本当はあいう人で、こういう人に化けているのだ」と表現されることは珍しくはない。例えば、トランス女性は、ある種の「性的ごまかし」をしているのだと表現されることがある。[51]

とくに、トランス女性は彼女ではない何かに成りすましている「邪悪な欺瞞者」か、女性らしさの誤った模造品である単なる偽物かのどちらかとしてみなされている。[52] ベッチャーは次のように論じる。

トランス女性の身体は、深く男性として捉えられている。彼女の身体の道徳的構造の完成品ではないという理由から、彼女のヴァギナが非正統的だとみなされているように。この場合、トランス女性は自分の身体の構造を「ごまかした」だけでなく、その構造を道徳的に完成させるための権利でもある生殖器を「ごまかした」ということにもなるのである。[53]

ベッチャーによるダイナミックな指摘から導き出される重要な点は、ジェンダー表現が女性である人を受け入れるとき、疑いや曖昧さを抱かずに――たとえ彼女が服を着ていたとしても――性器の配置は疑いもなく一瞥で知ることができるという資格の感覚である。女性の再生産能力を一瞥で知るための資格は、この延長線上にあると考えられる――シスジェンダーの男性に、異性愛規範的に認められたセックスと、その男性との生物学的な子どもを「与える」ことができないならば、女性は自分自身を女性として表現してはいけない義務があるということを意味するのだ。言うまでもないが、幸いなことにこの義務は仮定の話であって、現実のものではない[54]。

これまで論じてきたように、反中絶運動は生命への関心が高いと思われているが、実際には妊娠する可能性のあるシスジェンダーの少女や女性、その他の人びとの健康や生命を損ねているという事実に矛盾している。同じように、反トランス運動は性的な安全性に関心があるように思われているが、それはとくに脆弱な立場にある人びとの安全と生活を損なわせているという事実と矛盾している。そうした人びととはつまり、トランスジェンダーの少女と女性のことであり、これらの人びとは攻撃や暴行、殺害といった被害に遭遇する危険性が非常に高い。最近、米国医師会はこうした事態がまん延していると宣言している[55]。

ある論文で、ベッチャーは有名なグウェイン・アラウージョの事例を考察している。アラウージョはカリフォルニア出身の一七歳のトランスの少女であり、二〇〇二年に激しく殴打され、殺された[56]。殺害される前、彼女はパーティーに参加していた。そこで彼女は性器に疑いを持たれ、露出することを強要され、公然と、そして暴力的に「暴露」された。それに続いた「あいつは本当は男だ」という宣言によって、四名の若いシス男性——ジェイソン・カザレス、マイケル・マギドソン、ジェロン・ナボーズ、ホセ・メレル——によるアラウージョへの悪質な攻撃が誘発された。彼らは最終的に、第一級殺人罪に問われた[57]。特筆すべきは、その男性たちのうちの二名（マギドソンとメレル）は、パーティーの数日前にアラウージョと性的接触をしていたことだ。彼らの暴力的な憤りは、資格という感覚に根ざしていたと考えられる——アラウージョの性器と出生時に割り当てられた性別は、彼らの期待、定められたジェンダー表現、そして彼女に対する彼らの性的欲求と合致していなければならないという感覚だ[58]。

多くの人びとは、アラウージョを殺害したこれらの若い男性たちの責任を追及するのではなく——その後、彼らはマクドナルドに立ち寄る前に、一五〇マイルほど離れたシエラの荒野に彼女の無惨な遺体を埋めてもいた――、彼らへの共感と支援を表明した。[59] ベッチャーが示しているように、人びとは被害者叩きのロジックを受け入れながら加害者たちを擁護した。「一緒にいるきれいな女性が実は男性だったとわかったら、どんな男性も頭がおかしくなるでしょう」と、加害者のうちのひとりの母親は言った。学生ジャーナリストのザック・カレフは、「彼が正直ではなかったのだ。もし彼が伝えていたら、このようなことは起こらなかっただろう」とコメントした――アラウージョの性別を誤認させることによって（「彼女」ではなく「彼」という言葉を使っている）、道徳的な問題にさらに大きな侮辱をも加えたのである。そして、この若い男性たちは殺害の数日前からアラウージョの性器についてすでに憶測していたにもかかわらず、弁護士のひとりによれば彼らは「極度のショック、驚き、困惑」から「激情にかられて」行動したのだとされる。実際、彼らは「原始的ともいえるほどの深い」殺人へと挑発されていた――それはアラウージョの「性的詐欺、欺瞞、裏切り」から生じていた。こうした主張は、これらの男性には服を着たアラウージョの外見から性器の状態を読み取る資格があるだけでなく、その性的資格に異議を唱えられた場合には、「狂ったように」彼女を殺す資格さえもあるという考えを反映している。

この例は突出したものかもしれないが、特権を付与された男性には、少女や女性――シスジェンダーかトランスかを問わず――の身体を規制し、管理し、支配する資格があるという感覚がまん延している。その直接的な結果として、ミソジニー的な取り締まりを受けた人びとは、酷い目に遭わされているにもかかわらず非道徳的な怪物であるとして非難されることが多いのである。

注

（1）二名の女性を含んだ六名の民主党員は法案に反対し、三名の州議会議員（女性民主党員一名、男性共和党員二名）は法案に賛成せず、一名の女性民主党員は投票を棄権した。

（2）「人命保護法 Human Life Protection Act」と呼ばれるこの法案は、医師が中絶手術を実施した場合、最高九九年の懲役となるAクラスの重罪にするという再分類をしていた。この法律がその後に凍結された経緯については、以下を参照。Alice Miranda, "Federal Judge Blocks Alabama's Near-Total Abortion Ban," *Politico*, October 29, 2019, https://www.politico.com/news/2019/10/29/federal-judge-blocks-alabamas-near-total-abortion-ban-061069.

（3）本書を執筆している時点では憲法上保護されている。ただし、ブレット・カバノーは反中絶の立場を取っていることはよく知られており、彼の最高裁での地位を考えるとこれが今後も続くとは限らない。

（4）Jessica Glenza, "The Anti-Gay Extremist Behind America's Fiercely Strict Abortion Bans," *The Guardian*, April 25, 2019, https://www.theguardian.com/world/2019/apr/25/the-anti-abortion-crusader-hopes-her-heartbeat-law-will-test-roe-v-wade.

本章執筆時点では、アイオワ、ケンタッキー、ミシシッピ、ノースダコタ、オハイオ、ジョージア、ミズーリの七州でこうした法案が成立している（ただし、その後取り消されている）。冒頭で紹介したアラバマ州の法律は、さらに縛りが厳しいものだった。

（5）反中絶運動によって、長年にわたってクリニックへのアクセスは制限されてきた。その結果、多くのクリニックが閉鎖されている。前著『ひれふせ、女たち』の第三章の議論を参照されたい。

（6）Katie Heaney, "Embryos Don't Have Hearts," *The Cut*, May 24, 2019, https://www.thecut.com/2019/05/embryos-dont-have-hearts.html.

（7）Lydia O'Connor, "The Lawmakers Behind 'Fetal Heartbeat' Abortion Bans Are Lying to You," *HuffPost*, May 22, 2019, https://www.huffpost.com/entry/six-week-fetal-heartbeat-abortion-ban-lies_n_5ce42ccae4b075a35a2e6fb0.

（8）Kate Smith, "A Pregnant 11-Year-Old Rape Victim in Ohio Would No Longer Be Allowed to Have an Abortion Under New State Law," *CBS News*, May 14, 2019, https://www.cbsnews.com/news/ohio-abortion-heartbeat-bill-pregnant-11-year-old-rape-victim-barred-abortion-after-new-ohio-abortion-bill-2019-05-13/.

（9）Jonathan Stempel, "U.S. Judge Blocks Ohio 'Heartbeat' Law to End Most Abortions," *Reuters*, July 3, 2019, https://www.reuters.com/article/us-usa-abortion-ohio/u-s-judge-blocks-ohio-heartbeat-law-to-end-most-abortions-idUSKCN1TY2PK.

（10） Laurie Penny, "The Criminalization of Women's Bodies Is All About Conservative Male Power," *The New Republic*, May 17, 2019, https://newrepublic.com/article/153942/criminalization-womens-bodies-conservative-male-power.

（11） Daniel Politi, "Trump: After Birth, Baby Is 'Wrapped' in a Blanket and Mother, Doctor Decide Whether to 'Execute the Baby,'" *Slate*, April 28, 2019, https://slate.com/news-and-politics/2019/04/trump-abortion-baby-wrapped-blanket-execute-baby.html.

　二〇一九年五月にタイムズスクエアで行われた反中絶のための抗議活動に関して、マイク・ペンス副大統領のツイートも参照してほしい。この抗議活動では巨大スクリーンに第三期の胎児の超音波のライブ映像が映し出されたのだが、それについて彼は次のように言及している。「ニューヨーク州とバージニア州の民主党知事が後期中絶や嬰児殺しをも擁護し（そして議会の民主党議員は「生きて生まれる法案 Born-Alive bill」の採決を拒否し）ているなかで、今日、タイムズスクエアに映し出された超音波映像を見た者はみな、生命の奇跡を理解するだろう。」（https://twitter.com/vp/status/1124742840184201216?lang=en）

（12） 反中絶派は、「後期」という表現を乗っ取ってしまった。もともとは妊娠四〇週を過ぎた妊娠を指す医学用語として使われていた。以下を参照。Pam Belluck, "What Is Late-Term Abortion? Trump Got It Wrong," *The New York Times*, February 6, 2019, https://www.nytimes.com/2019/02/06/health/late-term-abortion-trump.html.

（13） Jia Tolentino, "Interview with a Woman Who Recently Had an Abortion at 32 Weeks," *Jezebel*, June 15, 2016, https://jezebel.com/interview-with-a-woman-who-recently-had-an-abortion-at-1781972395.

（14） その後、ニューヨークに戻るまでの間、エリザベスは陣痛を防ぐための注射を打ち続けた。ニューヨークに着くと、彼女は出産した——経膣分娩で。しかし、押し出すのではなく、医師が鉗子と筋力を使って手動で胎児を取り出したのだった（胎児がまだ生きていたら倫理的に取ることができなかったであろう、途方もないくらいの痛みをともなう措置だった）。

　コロラド州のクリニックにおける中絶費用の全額は二万五千ドルである。また、スタッフを確保するために支払う危険手当のためもあって、クリニックの経営はかなり厳しい。実際に、トレンティーノによるインタビューが掲載されたとき、クリニックの屋根は雨漏りしているような状態だった。

（15） Lori Mooreaug, "Rep. Todd Akin: The Statement and the Reaction," *The New York Times*, August 20, 2012, https://www.nytimes.com/2012/08/21/us/politics/rep-todd-akin-legitimate-rape-statement-and-reaction.html.

（16） Susan Milligan, "Go Back to Health Class," *U.S. News & World Report*, February 24, 2015, https://www.usnews.com/opinion/blogs/susan-milligan/2015/02/24/idaho-lawmaker-asks-about-swallowing-cameras-to-get-pregnancy-pictures.

（17） ここで問題の議員は、存在しない処置に保険適用することを提唱していた。以下を参照。Kayla Epstein, "A Sponsor of an Ohio Abortion Bill Thinks You Can Reimplant Ectopic Pregnancies. You Can't," *The Washington Post*, May 10, 2019, https://www.washingtonpost.com/health/2019/05/10/sponsor-an-ohio-abortion-bill-thinks-you-can-reimplant-ectopic-pregnancies-you-cant/.

（18） 卵管以外の場所（例えば腹部など）に着床し、受精卵が生存している子宮外妊娠もある。しかし、これは非常に稀なケースである。

（19） 最近のデータによれば、子宮外妊娠による出血は妊娠関連死の四～一〇％を占めており、合衆国では妊娠初期の死亡原因の第一位になっている。以下を参照。Krissi Danielsson, "Ectopic Pregnancy Statistics," *Verywell Family*, published August 1, 2019, updated October 29, 2019, https://www.verywellfamily.com/what-do-statistics-look-like-for-ectopic-pregnancy-2371730.

（20） Georgi Boorman, "Is Abortion Really Necessary for Treating Ectopic Pregnancies?" *The Federalist*, September 9, 2019, https://thefederalist.com/2019/09/09/is-abortion-really-necessary-for-treating-ectopic-pregnancies/.

（21） https://twitter.com/DrJenGunter/status/1171167907834806272（閲覧日：二〇一九年九月一八日）.

（22） 医学界からの非難の声の広がりを受けて、最終的にブアマンは、この記事はもはや自分の意見を表明したものではないと謝罪した。以下を参照。"I Was Wrong: Sometimes It's Necessary to Remove Ectopic Babies to Save Their Mother's Life," *The Federalist*, September 19, 2019, https://thefederalist.com/2019/09/19/i-was-wrong-sometimes-its-necessary-to-remove-ectopic-babies-to-save-their-mothers-life/. しかし、ブアマンのその後の謝罪と撤回の記事にリンクが貼られているとはいえ、元の記事は本書執筆時（二〇一九年九月二三日）でも『ザ・フェデラリスト』で読むことができる。

特筆すべきことに、子宮外妊娠による死亡率は、白人女性よりも黒人女性の方が圧倒的に高い（七倍近い）――前章の主な論点であった、黒人女性をとりまく悲惨な医療事情のパターンの一部である。

（23） Jess Morales Rocketto, "Seven Children Have Died in Immigration Custody. Remember Their Names," *BuzzFeed News*, September 30, 2019, https://www.buzzfeednews.com/article/jessmoralesrocketto/remember-their-names.

(24) Jay Parini, "Alabama's 'Pro-Life' Governor Is a Hypocrite," *CNN*, May 17, 2019, https://www.cnn.com/2019/05/16/opinions/alabama-kay-ivey-hypocrisyparini/index.html.

(25) Roni Caryn Rabin, "Huge Racial Disparities Found in Deaths Linked to Pregnancy," *The New York Times*, May 7, 2019, https://www.nytimes.com/2019/05/07/health/pregnancy-deaths-.html.

(26) 合衆国だけでも毎年何十億人もの心音のある脆弱な存在たちが惨殺されているが、彼らはそのこともあまり気にしていない——工場で飼育されている人間ではない動物たちのことである。また、不必要で残酷な実験やテストを強いられている人間ではない動物についても考えてほしい。

(27) Maggie Fox, "Abortion Rates Go Down When Countries Make It Legal: Report," *NBC News*, May 20, 2018, https://www.nbcnews.com/health/health-care/abortion-rates-go-down-when-countries-make-it-legal-report-n858476.

(28) Reva B. Siegel and Linda Greenhouse, "Before (and After) *Roe v. Wade*: New Questions About Backlash," *Faculty Scholarship Series* 4135 (2011): 2056–2057. https://digitalcommons.law.yale.edu/cgi/viewcontent.cgi?article=5151&context=fss_papers.

(29) Ibid., p. 205.

(30) Linda Greenhouse and Reva B. Siegel, *Before Roe v. Wade: Voices that Shaped the Abortion Debate Before the Supreme Court's Ruling* (New York: Kaplan, 2010), p. 257.

　グリーンハウスとシーゲルが論文において示し続けているが、ニクソンの反中絶というスタンスは、最終的には限定的な効果しかなかった。

「ニクソン陣営は、社会的保守主義であることをアピールするにあたって妊娠中絶を持ち出すことに戦略的メリットを見出していたが、中絶そのものを主張してもメリットはほとんどないとも考えていた。一九七二年八月二八日、選挙参謀たちがジョン・アーリックマンに、「「ローマ・カトリック教徒を含むアメリカ人の大多数がリベラルな中絶法を支持している」というデータを送った」ところ、「大統領は「中絶改革」は「連邦政府が行動を起こす適切な根拠ではない」と内々に断言して、（この）問題を州に任せることにした」。そして、彼は「大統領として行動を起こすことはないだろう」と伝えている。そのわずか三日前、一九七二年中頃に全国紙に掲載されたギャラップ社の世論調査では、「中絶法の完全自由化を支持する人は六四％と過去最高となり」、前年一月と比べて急増したという結果が出ていた。最新の世論調査では、教会上層部が力強く説いている教義上のメッセージとは対照的に、実際にはかなりの数のカトリック教徒が中絶の自由化を支持していることが明らかになった。「カトリック教徒の五六%が、中絶は女性とその医師によって決められるべきであると考えている。」……一九七二年一一月、最高裁判所がロー対ウェイドの争いに判決を言い渡す二か月前に、ニクソンはカトリック系有権者の過半数の支持を得て再選を果たしたが、中絶は票を集めるうえでは重要な決定要因ではなかった。その後すぐ、最高裁判所がローに判決を下すと、ニクソンは「側近にこのケースには「関わらない」ように指示した。」(Greenhouse and Siegel, "Before (and After) *Roe v. Wade*," p. 2058.)

(31) Greenhouse and Siegel, *Before Roe v. Wade*, p. 257.

(32) Michelle Oberman and W. David Ball, "When We Talk About Abortion, Let's Talk About Men," *The New York Times*, June 2, 2019, https://www.nytimes.com/2019/06/02/opinion/abortion-laws-men.html.

(33) Jill Filipovic, "Alabama's Abortion Bill Is Immoral, Inhumane, and Wildly Inconsistent," *Vanity Fair*, May 15, 2019, https://www.vanityfair.com/style/2019/05/alabamas-abortion-bill-is-immoral-inhumane-and-wildly-inconsistent.

(34) しかし、多くのトランスの少年や男性、そして妊娠することができるノンバイナリーの人びとも、結果としては同じように政策の影響を受けている。

(35) ペイス・ローリー・ペニーは、本章で取り上げた中絶禁止法は「女性をモノとして扱っている」と記している。"The Criminalization of Women's Bodies," https://newrepublic.com/article/153942/criminalization-womens-bodies-conservative-male-power.

(36) 共和党の反中絶派の男性のなかには、スコット・ロイド、エリオット・ブロイディ、ティム・マーフィー、スコット・デジャレなど、女性の性的パートナーに中絶をさせようとし、積極的に圧力をかけたことが知られている人びとが多くいる。前者二名は、中絶費用を(全額または部分的に)支払ってさえいる。以下を参照。Arwa Mahdawi, "A Republican Theme on Abortions: 'It's OK for Me, Evil for Thee,'" *The Guardian*, August 25, 2018, https://www.theguardian.com/world/2018/aug/25/a-republican-theme-on-abortions-its-ok-for-me-evil-for-thee.

(37) Emily Oster, *Expecting Better: Why the Conventional Pregnancy Wisdom Is Wrong — and What You Really Need to Know* (New York: Penguin, 2018), pp. 40-52.

(38) もちろん、こうしたメリットがあることを否定しているわけではない——ただ、多くの患者にとって、経膣分娩のリスクや困難さ、不可能さと合理的に比較しなければならないということだ。いわゆる自然分娩以外のものが、産みの親にとっていかに不必要な罪悪感の原因となったかについての興味深い考察については、産婦人科医のエイミー・テューターの以下の書籍を参照。*Push Back: Guilt in the Age of Natural Parenting* (New York: Dey Street, 2016). また、より一般的な妊婦の取り締まりに関する説得力のある書籍には、カイル・R・カクラがレベッカ・カクラの名義で執筆した以下を参照。*Mass Hysteria: Medicine, Culture, and Mothers' Bodies* (Lanham, MD: Rowman & Littlefield, 2005).

(39) Emily Oster, *Cribsheet: A Data-Driven Guide to Better, More Relaxed Parenting, from Birth to Preschool* (New York: Penguin, 2019), chapter 4.

(40) トランス男性が生みの親である場合、授乳についての費用および便益に関して同じような考慮が欠如している場合がしばしばある——ただし、トランスフォビックで排他的な考え方が、そのことを身体のコントロールや罪悪感、恥辱感などのさらに厄介な場にするために作用する可能性がある。

(41) Kirsten Powers, "Kevin Williamson Is Wrong. Hanging Women Who Have an Abortion Is Not Pro-Life," *USA Today*, April 6, 2018, https://www.usatoday.com/story/opinion/2018/04/06/kevin-williamson-atlantic-fired-hanging-women-who-have-abortioncolumn/491590002/. こうした観点についてのさらなる議論については、『ひれふせ、女たち』pp. 96-98［一〇四—五頁］を参照。

(42) Ronald Brownstein, "White Women Are Helping States Pass Abortion Restrictions," *The Atlantic*, May 23, 2019, https://www.theatlantic.com/politics/archive/2019/05/white-women-and-support-restrictive-abortion-laws/590101/.

(43) さらに、

ほとんどの場合、妊娠は「〜がなければ but for」要因となる。つまり、妊娠がなければその女性に対する行動は起こらなかった、というものである。七つの事例では、女性の自由を奪うために、女性が出産した後、もはや妊娠していない女性がとった行動に関する申し立てもあった。

Lynne M. Paltrow and Jeanne Flavin. "Arrests of and Forced Interventions on Pregnant Women in the United States, 1973-2005: Implications for Women's Legal Status and Public Health," *Journal of Health Politics, Policy and Law* 38, no. 2 (2013): 301.

また、妊娠中の受刑者を拘束したまま出産を強いることも、残酷だがよくあることである。以下を参照。"Shackling

Pregnant Inmates Is Still a Practice in Many States," *CBS News*, March 13, 2019, https://www.cbsnews.com/news/shackling-pregnant-inmates-is-still-a-practice-in-many-states/.

他にも、強制不妊手術や強制中絶、親から子を「取り去る」(正確には「盗む」だが)など、再生産をめぐる正義に関した〝茶番劇〟は数多い。これらの犯罪は――貧困層、非‐白人、先住民、障害のある少女や女性たちを圧倒的に脆弱にするものである――、非常に重要なトピックではあるが、これ以上の議論は本章の範疇を超えてしまう。このテーマに関する有益な入門書や資料集は以下を参照。Amanda Manes, "Reproductive Justice and Violence Against Women: Understanding the Intersections," *VAWnet*, February 28, 2017, https://vawnet.org/sc/reproductive-justice-violence-against-women-understanding-intersections.

(44) Paltrow and Flavin, "Arrests of and Forced Interventions on Pregnant Women in the United States," p. 311.

(45) パルトロウとフラヴィンは次のように述べている。

二〇〇八年、判決後の救済手続きの結果、サウスカロライナ州最高裁判所は、彼女が弁護士から有益な支援を受けられていなかったと結論づけ、満場一致で有罪判決を覆した。裁判所は、州が根拠としていたのは「古い」研究であり、マクナイトの公判弁護人が「ニコチンの摂取、栄養不足、出産前のケアの欠如、あるいは都市部の貧困層によく見られるその他の条件と比べて、コカインは胎児にとって有害ではないことを示す最新の研究」について証言する専門家を召喚しなかったことを認めた。マクナイトは再審とさらなる長期刑を避けるために過失致死の罪を認め、釈放された。

Paltrow and Flavin, p. 306.

なお、マクナイトは依然として重犯罪者に分類されたままである。

(46) 以下を参照。"'Bathroom Bill' Legislative Tracking," http://www.ncsl.org/research/education/-bathroom-bill-legislative-tracking635951130.aspx.

(47) Brian Barnett, "Anti-Trans 'Bathroom Bills' Are Based on Lies. Here's the Research to Show It," *HuffPost*, September 11, 2019, https://www.huffpost.com/entry/opinion-transgender-bathroom-crime_n_5b96c5b0e4b0511db3e52825.

(48) また、反中絶運動と並行して、白人のシスジェンダーの女性たちはいわゆるラディカル・フェミニズムからの援護を受けて、こうした道徳的な取り締まりにおいてある一定の役割を果たしてきた。以下を参照。Katelyn Burns, "The Rise of Anti-Trans 'Radical' Feminists, Explained," *Vox*, September 5, 2019, https://www.vox.com/identities/2019/9/5/20840101/terfs-

radical-feminists-gender-critical.

(49) Barnett, "Anti-Trans 'Bathroom Bills' Are Based on Lies," *Huffpost*, https://www.huffpost.com/entry/opinion-transgender-bathroom-crime_n_5b96c5b0e4b0511db3e52825.

(50) トランスジェンダー・アイデンティティとトランスフォビアに関するフェミニストの議論については、後述するベッチャーの著作の他に、ロビン・デンブロフ、エミ・コヤマ、レイチェル・V・マッキノン、ジュリア・セラーノによる以下の文献も参照されたい。

Robin Dembroff, "Real Talk on the Metaphysics of Gender," in *Gendered Oppression and its Intersections*, a special issue of *Philosophical Topics*, edited by Bianka Takaoka and Kate Manne, forthcoming.

Robin Dembroff, "Trans Women Are Victims of Misogyny, Too—and All Feminists Must Recognize This," *The Guardian*, May 19, 2019, https://www.theguardian.com/commentisfree/2019/may/19/valerie-jackson-trans-women-misogyny-feminism.

Emi Koyama, "The Transfeminist Manifesto," in *Catching a Wave: Reclaiming Feminism for the 21st Century*, edited by Rory Dicker and Alison Piepmeier (Boston: Northeastern University Press, 2003), pp. 244-59.

Rachel V. McKinnon, "Stereotype Threat and Attributional Ambiguity for Trans Women," *Hypatia* 29, no. 4 (2014): 857-72.

Rachel V. McKinnon, "Trans＊formative Experiences," *Res Philosophica* 92, no. 2 (2015): 419-40.

Julia Serano, *Whipping Girl: A Transsexual Woman on Sexism and the Scapegoating of Femininity*, 2nd ed. (2007; repr., Berkeley, Calif.: Seal Press, 2016).

(51) Talia Mae Bettcher, "Full-Frontal Morality: The Naked Truth About Gender," *Hypatia* 27, no. 2 (2012): 320. Here she draws on the work of Harold Garfinkel.

(52) Talia Mae Bettcher, "Evil Deceivers and Make-Believers: On Transphobic Violence and the Politics of Illusion," *Hypatia* 22, no. 3 (2007): 43-65.

(53) Bettcher, "Full-Frontal Morality," p. 332.

(54) また、多くの州で法律が制定されているにもかかわらず、その周辺にある恐ろしく誤った偽の義務 (pseudo-obligation)

もある――レイピストに親権を認めるというものだ。以下を参照。Analyn Megison, "My Rapist Fought for Custody of My Daughter. States Can't Keep Survivors Tied to Rapists," *USA Today*, June 19, 2019, https://www.usatoday.com/story/opinion/voices/2019/06/19/abortion-laws-bans-rape-parental-rights-column/1432450001/.

(55) Julie Euber, "American Medical Association: Transgender Deaths Are an Epidemic," *Non-Profit Quarterly*, October 2, 2019, https://nonprofitquarterly.org/american-medical-association-transgender-deaths-are-an-epidemic/. 合衆国におけるシスジェンダー男性によるトランス女性の殺人率については、データ科学者のエミリー・ゴーセンスキが最近発表した有益な推定がある。"Transgender Murders: By the Numbers," January 13, 2019, https://emilygorcenski.com/post/transgender-murders-by-the-numbers/. このリスクはトランスジェンダーのなかでも少女や有色人種の女性にとってとくに高いことに注意が必要である。以下を参照。Rick Rojas and Vanessa Swales, "18 Transgender Killings This Year Raise Fears of an 'Epidemic,'" *The New York Times*, September 27, 2019, https://www.nytimes.com/2019/09/27/us/transgender-women-deaths.html.

(56) Bettcher, "Evil Deceivers and Make-Believers," pp. 43-5.

(57) 無効審理を経て、マギドソンとメレルは最終的に、ヘイトクライムによる厳罰化なしの第二級殺人罪の有罪判決を受けた。ナボースは一審で、故意の傷害致死の罪を認めた。カザレスは最後まで故意の傷害致死の罪を認めなかった。

(58) トランスフォビアとホモフォビアの関係については、以下のような繊細な議論がある。Bettcher, "Evil Deceivers and Make-Believers," p. 47.

(59) したがって、これはヒムパシーの枠組みに入る事例である。この概念については先の章で論じている。

第七章　サポートされない——家事労働をしてもらう資格

「男性は、単に私たちの労働を享受する資格があると感じている。」『オール・ザ・レイジ——母、父、平等なパートナーシップの神話』の著書であるダーシー・ロックマンは語る。「この資格はきわめて明るく輝いている。」[1]そして同時に、ヘテロセクシュアルな家庭に長い影を落としている。つまり、男性パートナーのいる母親たちは、平等な負担にはほど遠い量の育児と家事をこなしているのである。女性の「セカンドシフト」——これは一九八〇年代後半に社会学者のアーリー・ラッセル・ホックシールドが作った言葉で、女性が行っている「家庭内」労働を労働時間に含めると、年換算で約一か月さらに多く働いていることを示すもの——の状況は、この数十年でも変わっていない。

このような家庭内不平等の悲惨さには驚くかもしれない。最近のヘテロセクシュアルなカップルを描く場合、現代的で家事や育児に関与する父親像というのが一般的ではある。しかし残念なことに、そうした描写は誤解を招いている。確かに合衆国では、一九八〇年から二〇〇〇年にかけて、男性の育児参加は増え続けてきた（それと同時に、女性の労働市場への参加も劇的に増加した）が、その後は停滞している。こうした今日の国内状況に関する代表的な研究に、社会学者のジル・ヤヴォルスキー、クレア・カンプ・ダッシュ、サラ・ショッペ＝サリヴァンによるものがある。彼女たちは、ふたりとも（およそ週四〇時間程度の）フルタイムで働く男女のカップルの場合、第一子出産後、家庭内における男性の労働は週あたり約一〇時間増加したことを発見した。その一方で、女性の場合は約二〇時間増加していた。つまり、母親になるということは、労働に関していえば父親になることの二倍の犠牲を払うものなのだ。さらに、そうした状況下で父親が一応引き受けていた新たな労働の多くは、例えば赤ちゃんと遊ぶといった比較的「楽しく」子どもと接する労働だった。平均して、父親は週あたり四時間こうした楽しい育児をしていたが、同じ期間中の父親の家事時間は週あたり五時間減っていた。母親の家事時間は週に一時間だけ減ったが、育児に関する労働時間は週あたり約二一時間増えた。そのなかには、例えばおむつを替えたり、赤ちゃんをお風呂に入れたりするといった、身体に関する育児時間が一五時間含まれていた。そして母親は、平均で週六時間ほど、子どもに関する労働をさらにこなしていたのである[2]。

ピュー・リサーチと合衆国労働省労働統計局（BLS）が収集したタイムユーズ・ダイアリー［調査対象者に、一〇分から一五分単位で一日の行動を記入してもらう日記のような調査方法。人びとの生活行動内容を細かく把握することができる］の統計データからも同じような状況が浮かび上がった。働く女性たちは家庭における育児責任の約三分の二を担い、男性パートナーは残りの三分の一を負担しているということが、二〇〇〇年に明らかにされた。繰り返しになるが、女性は男性の二倍の労働をしている。そして困ったことに、二〇年以上経ってもこの数字は変化していない[3]。

二〇一八年のオックスファム・レポートでは、世界的にみると女性は男性の二倍の無償ケア労働や家事労働をこなしているが、それらの価値は低く見積もられていることが示されている。世界中で女性たちは、男性パートナーに比べて平均して二倍から一〇倍の無償ケア労働や家事労働を担っている。こうした労働の世界的な価値は、年間一〇兆ドルになると推計されている[4]。昨今の情勢にもとづくと、育児に関する男女平等を達成するためには、七五年から最悪二〇〇年かかると推計されている（前者はMenCareという父親たちのキャンペーンによる試算であり、後者はILOによる試算である）[5]。ある研究では、家事が男女平等に近づくかもしれない環境がひとつだけ存在するとされている。女性がフルタイムで働き、男性が無職であるという場合だ。しかし、その場合でも用いられている言葉は「(平等に) 近づく」である。女性はそれでも、より多くの家事をこなすだろう。平等は、平等主義的だと思われている合衆国の文脈においても、達成することが難しいのだ[6]。

タイムユーズ・ダイアリーを用いた研究は、男性の家事参加をむしろ楽観的に描きすぎているかもしれない。カンプ・ダッシュは、「タイムユーズ・ダイアリーから得られた知見には疑問を抱いています」とロックマンに語っている。「同じ日のカップルの行動をみると、結果のパターンが異なっています。男性がしている家事はもっと少ないことが示唆されているのです[7]。」このことに一致して、男性は家事分担への自身の関与を過剰に見積もっているように見受けられるという事実がある。欧米八か国の両親を対象にした最近の『エコノミスト』の調査では、四六％の父親が対等な親であると回答した一方で、そのことに同意した母親は三二％だけだった[8]。タイムユーズ・ダイアリーで男性が自分自身を過大評価しているのではなく、女性がパートナーの貢献を過小評価しているという可能性はもちろんある。しかし、社会科学者たちは、それはありえないと考えている。社会学者のスコット・コルトレーンは次のように述べる。

> 家のこと (family work) を共有することによる潜在的な利点、労働市場への女性の参加の急増、そして、平等な結婚を理想とする大衆の支持の高まりから、家事労働の分担はよりジェンダー中立になると予見されていた。それにもかかわらず、その予測は調査でほとんど確認されていないように思われる。そして、研究者たちにはあるひとつの大きな未解決の疑問が残された。「なぜ男性たちはもっと家事をしないのか?[9]」

男性たちがより多くの家事をしない理由のひとつは、自分の周りで何が起きているのか気づいていない――それは、故意かつ比較的幸福な無知の状態だ――のかもしれない。カンプ・ダッシュは、自身の研究に対するコメントのなかで、次のように述べている。

興味深いことに、新しく父親になる男性たちは、パートナーの労働量の増加に自分が追いつけていないと気づいていないようだ。私たちが質問したとき、男女ともに親になってから自分のトータルの労働量は週三〇時間以上増加したと認識していた。しかし、私たちが実施したより正確なタイム・ダイアリーでは、親になることで男性ではなく女性の方により多くの労働が追加されたという異なるストーリーが浮かび上がった。[10]

男性たちがより多くの家事をしない別の理由は、男性が家事をあまりしない状況では、彼らに自分の役割を果たすよう求めること自体が一種の労働であるということだ。

『オール・ザ・レイジ』の冒頭では、ダーシー・ロックマンがこの本を書くきっかけになったひとつの出来事が詳しく語られている。彼女は夫のジョージに、母の日に短い休みを求めたことがあった。夫にふたりの娘を連れて彼の母親のもとを訪ねてもらい、ロックマンは自分のための時間を少しだけ持てるという貴重な機会だった。暗黙の合意で、子どもたちの荷物をスーツケースに詰めるのはジョージのはずだった。長女が生まれてから六年半経ってはじめてのことだった。忘れものはないかなと彼に聞かれ、平静さを保ちながら答えようと苦心したときのフラストレーションをロックマンは思い出す。その直後、罪悪感という名の悪魔がやって来たときのことを、彼女は次のように述べている。

私の肩に乗っている悪魔――それは、女性としての責任、そして、女性の相対的な地位に関する絶え間ない雑音が数十年にわたって内在化されたものだ――が、私をそそのかす。彼にとってお前は平等な存在ではない、と。結局、娘たちを連れて行くのは彼なのだ。いくつかのものを同時に放り投げる。たかが一泊じゃないか。三〇秒で準備できるだろう。何をそんな大げさに？　私はiPadとおもちゃをいくつか集めてバッグに入れ、その悪魔に、そして私の夫に、私が他の誰よりも平等でありたいその人に、捧げた。[11]

この内なる対話は、感情労働が持ち合わせることが多い複雑な苦悩を捉えている。感情労働にはとりわけ、どこで何が起こっているかを追跡し続けることと、何かを予測する労働が含まれるが、それらはたいてい女性に降りかかる。つまり、何がどこにあるか、誰が何を必要としているか、食糧品の買いものリスト、家計、家族の予定等々を把握していることである――おむつからスーツケースまで、際限なく何かをパッキングすることは言うまでもない（ロックマンはそれ以上のサポートをしなくなり、夫は娘たちのパジャマを持っていくのを忘れた。子どもたちは水着で寝る羽目になった）。

感情労働という表題に、このような形態の労働をすべて含めるのは今ではかなり標準的になっている。男性のオーディエンスに向けた感情労働に関する最近のガイドでは、この概念は次のように定義されている。

生活上の細々としたことを追跡するために女性が行っている見えない無償労働は、総合すると生活のなかでもかなりの割合を占める。そうした労働は、家庭を支え、ひいては同時に社会も支える接着剤である。[12]

感情労働という言葉の創始者であるアーリー・ラッセル・ホックシールドが、このような拡大解釈に抵抗してきたのは確かである。彼女はもともと、ある特定の感情的なふるまいを維持するよう要求される有償の労働――例えば、客室乗務員に笑顔で接客することが求められることなど――について言及するために、この言葉を用いた。[13] しかし私には、この拡大解釈は感情労働という言葉が、その言葉を使用する人びとのニーズによって自然に進化した例であるように思われる。感情労働という考え方は本来、複数のものを包含していると解釈されている。『フェドアップ――感情労働と女性、その先の道』の著者であるジェンマ・ハートリーは次のように述べる。

面倒なのは家事だけではない。私はまた、何かの予約を取り、カレンダーにどんな予定が入っているかを常に把握しているスケジュール係でもある。夫が鍵をどこに置いたか、結婚式はいつか、どんな服装が必要か、オレンジジュースは残っているか、緑のセーターはどこにあるのか、誰それの誕生日はいつか、夕食に何を食べるか、といったすべての質問に対して答えられる人間でもある。私の頭のなかにはあらゆる事柄に関する完全なリストがある。そうしたいからではない。他に誰もやらないのを知っているからだ。[14]

感情労働は、こうした種類のタスクにまつわる感情を管理する仕事をも含む。例えば、男性パートナーが何かをうまくできていないのを指摘して彼の神経を逆なでしないとか、家庭内で彼に多くの「手助け」や「支援」を求めないようにするといったことだ。その結果、多くの女性たちは強力なダブルバインドに直面する。支援を求めずにいると、家庭内の、実質的で感情的な労働に関して、平等からはほど遠い負担を背負い続けることになるだろう。もし支援を求めてしまったら、平和を維持し、他者を育み、多くを要求しないよう女性に迫る社会の不文律に背くことになるだろう。ハートリーは次のように述べる。

求めること、正しい方法で求めることは、労働における付加的な側面である。委ねることは、多くの場合、同じことを何度も繰り返して頼む必要があり、口やかましいと受け取られることもある。場合によっては、何度も何度も頼んだり、柔らかい口調で頼み続けたりしても無駄だったりする（そして、柔らかい口調で頼んだとしても、口うるさいと言われる恐れはある）。だから私は自分でその仕事をやるのだ。[15]

ハートリーの著書も、ロックマンの著書の冒頭に書かれたエピソードに驚くほど似た出来事から始まる。彼女は、夫や子どもと共有しているアパートのバスルームと床のハウスクリーニングを、母の日のプレゼントにしてほしいと頼んだ。ハートリーは次のように書いている。

私にとってのギフトは、掃除そのものではなく、事務仕事のような家事の責任からいったん離れることだった。私はあちこちに電話をかけ、いくつものサービスから見積りを取り、それぞれのサービスについて調べ、どこに依頼するか吟味し、支払いをして、日取りを決めるという仕事をせずにすむ。私が望んでいた本当のギフトは、心の奥で苦しめられ続けてきたひとつのタスクにまつわる感情労働から解放されることだった。掃除された家は、単なるおまけだった。[16]

しかし残念なことに、それは実現しなかった。ハートリーの夫は、節約のために自分でバスルームを掃除することに決めたのである。その間、彼女はひとりで子どもの世話をしなければならず、バスルームの掃除以外の家のことが無秩序に降りかかってきた。彼女は、「家庭内でケアする人、という役割をたったひとりで何年も何年も徐々に引き受け続けてきたことの集大成」に対して生じた怒りを表明した。[17]

この話を第一世界の問題として退けるのは簡単だが、それは検討すべき問題の核心から注意をそらせてしまう。ここで比較すべきは、第一世界の女性たちと、多くの固有の問題――すでに論じたものもあるし、これから言及するものもある――に直面している特権があまりない女性たちではない。ここで比較すべきは、女性たちと、家庭内のケア提供役割を平等に負担しない男性パートナーたちである。そして、男性の負担が平等ではないことを正当化する理由はない。育児に対する好みや傾向が男性と女性とでは「生まれながらに」異なるというのは、あまりに都合のよい性差別的論理である。この論理は、男性が主たるケア提供者である場合、彼らの脳――脳には適応性というものがある――は主たるケア提供者である女性の脳に似てくることを示した研究によって、虚偽であることがある程度証明されつつある。[18]それにもかかわらず、家事労働や育児労働にきちんと参加しない男性は、あらゆる属性の女性に影響を与えているように思われる。[19]裕福な女性とそうではない女性が、まったく同じように影響を受けているということではない。もちろん、高収入の男性（その大部分は白人である）がケアをせず、彼らと同じくらい裕福な（繰り返しになるが主に白人の）女性パートナーが疲れ切って絶望したときは、彼女たちは「頭を抱え」、非‐白人でより貧しい女性たちの労働にすがる。そのために、特権のある白人男性が家事労働や育児労働の義務を放棄することは、彼らの妻たちだけでなく、さらに広範囲に、より弱い立場の女性たちにも有害な影響を与える。彼女たちは、比較的特権のある女性たちがひとりで対処しなくてもよい仕事をするために、搾取されることになるかもしれない。[20]

・・・

男性たちがケアをしない、あるいはケアすることを拒むのは、家庭内だけではない。有償であっても、ケア労働は男性のなかで驚くほど人気がない。経済学者によれば、男性は看護職（例えば看護助手として）や高齢者介護職に就いたり、在宅介護助手として働いたりするよりも、失業する方を好む場合が多い。伝統的な男性ブルーカラーの職は合衆国の経済から消えつつあるが、ケアに関する職業はますます人手を欲しており、必要とされる仕事になっている。この問題について、二〇一七年六月の『ニューヨーク・タイムズ』の記事は単刀直入に論じている。「解決するのは簡単だろう。男性による伝統的な工場労働は枯渇してきている。アメリカ経済において最も急速に発展している職業は、多くの場合は女性によって担われている。それを男性にもやらせればよいではないか。」[21]

有償のケアワークに男性が参加するときのひとつの障壁は、間違いなく、伝統的により男らしいとされる職業に対する男性の資格意識である。そうした職業とは、「工場か破産か」というスローガンに表れるような、とくに白人男性向けの職業のことである。しかし、ある種類の職業が男性パートナーを威厳たらしめるのにふさわしいかどうかという、女性パートナーの先入観もまた、障壁になっている可能性がある。社会学者のオフェル・シャローネは、中年の専門職男性が失業し、伝統的に女性が多い産業で低賃金の仕事に進んで就職しようとすると、妻は就職活動を継続するよう夫を促していることを発見した。[22]他方で、労働市場の外にいる男性（被雇用者ではない男性、または、雇用されておらず積極的に就職活動をしていない男性）の割合は、一九五〇年には一五％以下だったものの、二〇一八年にはその二倍三〇％以上になった。[23]

現代におけるアメリカ人の（主に白人の）男らしさの危機については、これまでに数多く言及されてきた。多くのコミュニティ、とくに田舎のコミュニティでは、白人男性はますます働かなくなりつつある。うつ病や薬物依存（とくにアヘン）、自殺のリスクも高まっている。今日のような状況において、アクセス可能な充実した仕事が男性には欠如しているという意味での危機であると読み取れるかもしれない。しかし、ケアワークというのはただそれをする必要があるというだけではない。ケアワークは意義のあるものであり、本質としては搾取的ではなく、一般的には身体的・環境的ダメージが少ない傾向があるために、伝統的には男性的なブルーカラーの労働形態よりも優れている多くの利点がある。男性がケアワークを拒むとき、男性の持つ資格の意識は、弱い立場に置かれた他の集団を傷つけているだけではない。男性自身をも傷つけており、なんとかして埋めなければならない仕事の需要と供給のギャップの解消を妨げてもいるのである。

男性が、ある特定の有償労働を得る資格があると感じているのであれば、彼らはまた、女性パートナーと比べてはるかに多くの自由時間を持つ資格があるとも感じている。ダーシー・ロックマンが述べているように、「長時間労働の父親には、より多く育児をしてくれる妻がいるが、長時間労働の母親には、より多くの睡眠時間をとり、テレビを視聴する夫がいる」ことが複数の研究から明らかにされている[24]。男性が有償労働をしていない時間をどのように過ごしているか、という問いに対する答えのひとつがこれである。しかしまだ、「鶏が先か卵が先か」の問いが残っている。つまり、男性は女性パートナーよりも多くの時間を余暇に費やすために、家事や育児をこんなにもしないのだろうか？　もしくは、家事や育児をほとんどしないようにするために、より多くの時間を余暇に費やしているのだろうか？

ジェンマ・ハートリーの夫・ロブが仕事を解雇されたとき、夫婦はロブが家族の朝支度を引き受け、ジェンマが本の執筆に集中できるようにしようと合意した。その合意から一か月ほど経ったある日の午後のことを、彼女は次のように述べている。

> 仕事部屋から出ると、二歳の子どもはまだお昼ごはんを食べていなかった。私は慌ててラーメンを作り、昼寝をさせた。その間、ロブはバイク用の服に着替えていた……。（食卓を）覆っていたブランケットのなかを恐る恐るのぞくと、塗り絵、クレヨン、マーカー、プリンター用紙……削りかす、本が散乱していた。二色のキネティック・サンド［色付きの粘土のような動く砂のおもちゃ］が、片づけ用のトレイの外に小さな塊になって床全体に散らばっていた。朝ごはんのお皿もそのまま、食べかけの

ものが残っていて、木製天板のテーブルの上ではミルクが固まっていた……。ちょっと散らかっていたというレベルではない。大惨事だった。[25]

ハートリーがそのカオスな状態を片づけた一方で、夫はマウンテン・バイクをするために出かけていった。『フェドアップ』では、こうした出来事が日常茶飯事だったと明かされている。ジャンシー・ダンの夫・トムもまた、自転車が趣味だった。娘のシルビーが乳幼児だったときも、彼は長距離のツーリングに出かけることを習慣にしていた。『子どもが生まれても夫を憎まずにすむ方法』という、少々不吉なタイトルがつけられたダンの著書は、ロックマンやハートリーの著書ほど学術的ではない。ダンの著書はまた、より特定の読者——非常に不快で不公平なふるまいをするかもしれない男性に対してではなく、どうにかして彼らを嫌いにならない方法を見つけなければいけない女性パートナー——を想定して書かれている。ダンとその夫の場合、ふたりともフリーランスのジャーナリストで、仕事のスケジュールはほぼ一緒である。にもかかわらず、夫がする家事はたったの一〇%である。ダンは次のように述べている。

彼の一〇パーセントの努力で十分だったらと思うけれど、そうではない。トムは、私が経営するホテルのお客さんみたいなのだ。私は口数少ないフェミニストの考え方に立っているし、彼が近寄ってきて手を貸してくれるかどうか観察している。彼に対する採点・チェックは終わることがない。私の怒りに追い打ちをかけるのは、週末になるとトムが、ハッピーな独身男性のような楽しみをどうにかして見つけてくることなのだ。彼の土曜日は毎週友だちとのサッカーでスタートしたり、五時間のサイクリングだったりする（私たちの赤ちゃんのへその緒が切られた直後から、彼は耐久スポーツに打ち込むようになった。まるでパチンとへその緒を切る音が、仕事から全速力で逃げ出す合図のピストルだったように)。
それが終わると彼は悠長に二〇分もシャワーを浴び、遅い朝食をとり、長い昼寝をし、そしてダラダラと、さまざまな雑誌を読みふける。その間、私はお誕生会やら、遊びの約束に娘を連れ回している。週末の夜、トムは友だちと飲みに出かける前に、私に何も確認してくれない。彼は、私が子どもを風呂に入れ、寝かしつけるだろうと高を括り、ドアから飛びだして行く。

ダンは、彼女自身が「このパターンを許してしまった」のならば、その結果として生じている状況に彼女が怒ることは公正なのだろうかとも考えている。彼女の夫が実際に酷い行動をとり続けてきた張本人であることを鑑みれば、私にはその答えは「イエス」だと思われる。この時期にダンと夫が通っていたマリッジ・カウンセラー——テリー・リアルというボストンを拠点とした有名なセラピストで、一時間のカウンセリング料は八〇〇ドルもする——も、彼女たちの状況についてはっきりと同じように判断している。リアルは、一般的な夫婦カウンセリングでの話し合いをとおして彼に問題点を気づかせようとした。しかし、トムは執筆中だった記事のためにイタリアの田舎を自転車で旅行して帰ってきたところで、時差ボケで二日間寝ていた。その間、ダンはひとりで親業をしていたのだ。ようやくトムが起きてきたとき、ダンは彼に対して怒鳴ってしまっていた。リアルは「いいですか」、とダンに言った。「僕は君の味方です[27]」。

そのセラピストは、夫の「身勝手さとご立派な態度」(とリアルが呼ぶもの)に対するダンの行動の一部も許さなかった。リアルはダンに対して、言葉による虐待という露骨なレッテルを貼ってさえもいるのだ(彼女が普段トムのことを「くそったれ」と呼んでいるため)。しかし、リアルは、怒りの表現方法は許容できないとしても、ダンの怒り自体は正当だとはっきり評価してもいる。「怒りっぽい女性は一般的に自分の話を聞いてもらえていないと考えるものです」と、リアルは言う[28]。

男性たちが家事や育児をほとんどせずに済んでいる理由のひとつは、最近の調査でも示されているように、異性愛カップルの場合は女性の方が男性よりも高い基準を求め、それに縛られているためかもしれない[29]。つまり、家が散らかっていること、子どもの服装がおかしいこと、学校に持って行かせるお弁当が完璧ではないことを恥じたり、それに対して責任を感じやすいのは女性の方である、ということだ[30]。別の理由として考えられるのは、男性たちがまったく家事や育児をしていなかったとしても、相対的にみると彼らはいい人(good guys)だからかもしれない。ロックマンは次のように論じている。

ふたり親家庭(two-parent families)で家事・育児に参加する父親はここ数十年で増加している一方で、父親がいる家庭(father-present families)は減少している。自分の子孫を愛し、世話することに固執する男性たちが、中傷されるだけではないことは明らかである[31]。

男性の基準は一般的に低く設定されているため、現在のパートナーであり父親である男性を彼らがいなかった場合と比較し、彼らに欠陥よりも道徳的な称賛に値するものを見出したいという誘惑がある。また、現代の父親たちは、彼らの父親よりもはるかに多く家事・育児に参加しているという事実を明らかにしている、不愉快な比較もある。現代の父親は、平均すると彼らの前任者よりもはるかに多くの家事や育児に関わっている。しかし再度、ここで道徳的に最も議論されなければならない比較について指摘したい。それは、男性と女性パートナーの比較である。このレンズを通して見れば、男性たちは平等な負担を怠っている場合が多い一方で、女性たちには非常に大きな負担がかけられたままである。今日の女性たちが、男性パートナーに匹敵する収入を得ており、男性パートナーと同じくらいの時間、有償労働をしているためだ[32]。他の状況はすべて同じなのに、なぜ家庭では女性は男性よりもはるかに多くの労働をしなければならないのだろうか。もちろん、私の答えは、する必要はない、である。

それにもかかわらず、ジャンシー・ダンのような女性にとってこのことを認めるのは難しい。五時間続いたセラピーで、ダンと夫が同じような専門職に従事しているのならば、家事を均等に分担しないのはなぜかとリアルは尋ねた。半々以外の分担は不公平だろうとも指摘した。興味深いことに、そのときダンは夫を擁護し始めたのだった。「でも男性ってフィフティーフィフティーって嫌がりますよね」と彼女は言い始めた。リアルは「僕たちは男性の話をしているんじゃない、トムの話をしているんです」と答えた。そして、

彼〔リアル〕はトムに、家事の半分を負担することに問題があるかどうか聞いた。
「そうですね、無秩序が勝ってしまうときもありますけどけれど、そして……」とトムは話しはじめた。「いいですか、君の言っていることはわかります」とリアルが口を挟んだ。「無気力、怠惰。でもそれも、思い上がりなんですよ。[33]」

このやりとりは、男性が家事分担の不均衡さから逃げる別の理由も示している。多くの女性たちは、彼女たちの労働に対して、そして彼女たちの自由時間に対して男性パートナーが抱いている不当な資格の意識に意図せず反響してしまったり、それを認めてしまったりしているのだ。フラストレーションを感じているにもかかわらず、結局女性たちは曖昧なメッセージを男性に与え、分担を公平なものにするよう主張することを躊躇している。この場合、女性たちは被害者であるにもかかわらず、被害者に対するミソジニーなふるまい——もしくは、資格を与えられたふるまいも私はつけ加えたい——をする男性に、不均衡で不適切な共感、つまりヒムパシーを示していることになるのである。ダンは次のように述べる。

ものすごく不快だったけれども、突然涙が頬を流れ落ちる。「私だってトムに優しくなりたい」と私は言い、鼻をすすった。「でも、彼にはもっと家のことをやってほしいし、私にすべて任せきりにしてほしくないんです。」私は目をこすった。「マスカラしてきちゃった。バカみたいでしょ?」

リアルがティッシュの箱を私の方にぐっと押した。[34]

同じくダンは、リアルが夫を叱りつけていたときの感情も思い出している。彼女は夫を庇おうとし、かわいそうだとすら感じたのだ。「話に割って入り、彼がどれだけ優しく、自分勝手なことをせず、注意深くシルヴィーの面倒をみてくれているか、説明した。」そのような美徳はもちろんすべて良いことだ。しかし、今議論されているのは、リアルが指摘しているようにトムがどのようにしてダンに接しているかということで、彼が娘にどう接しているかではない。このことについてのぞっとする現実を考えると、彼女の同情心は確かに間違っている。しかし、同時に理解も——共感も——できる。自分を犠牲にしてでも他者をケアしなければならないという、本当は正しくないかもしれないが一般的にそう思われている義務感を女性が内面化しているとき、行動だけでなく感情にも悪影響が生じる。おそらく女性は、男性パートナーに責任を負わせることに罪悪感をおぼえ、それを恥じるのだ。そして、ロックマンが指摘するように、公平からはほど遠い場合であっても、男性に対して過剰なほどに感謝の気持ちを感じるだろう。[35]

したがって、この問題の一端は、女性の側の資格についての意識——またはその欠如かもしれない。女性たちは、家庭のことを公平に取り決めたり、自分の自由時間を持ったりする資格が、自分の夫と等しくあるとは感じていないのかもしれない。もしくは、理屈ではそうした資格が自分にあるとわかっていても、女性にそれを主張しないように、そして永久に「家族のために責任や不快なことは引き受ける」ように強いるさまざまな社会的圧力を考えると、現実として主張できないのかもしれない。ジャンシー・ダンは、『子どもが生まれても夫を憎まずにすむ方法』のなかで、クラッカーの箱のなかから無傷で割れていないものを食べる資格が自分にはないと感じてさえいると述べている。割れたクラッカーを食べ、きれいなクラッカーは夫と娘のためにとっておくのだ。彼女は著書の結論において、ひとつの宿題を提示している。

あなたが常に割れたクラッカーを食べなくてもいい

私にとって最も難しかったのは、自分の権利をもっと確保すること。具体的には、自分には家事の手助けが必要なんだ、休息と休暇が必要なのだ、ということを深く納得することだった。そう考えれば考えたで、ついて回る罪悪感を振り落とすのはものすごく難しかった。……「**自分のための時間を確保すれば、元気を取り戻すことができ、こうありたいと思ってきた以上の母親になれる。**」自分を大事にすることで、私はより優秀な家庭の管理人になることができたのだ。(36)

彼女自身が休んだり、自由に過ごす時間を確保することで改善されるものはあるのかもしれないが、この枠組みには悲しい側面もいくつかある。女性たちには、単なる「手助け」や「支援」以上のものを、男性パートナーから得る資格がある。そして、女性たちにはもっと良いケアをするためにではなく、男性パートナーが持っているのと同じように、自分のために休んだり、好きなことをする時間を持つ資格があるのだ。(37)

ダンの場合、家事・育児への夫の関与は、彼女が本を執筆しながら結婚とも向き合った一四か月の終わりまで、情けないほど最小限のままだった。彼女は結論において、カップル・カウンセリングを受けることも含めて、同じような状況に置かれた女性たちに向けて対処法をリスト化している（「加えて」ダンは、「なにより夫に「偉そうな態度はやめて、さっさと手伝え！」と怒鳴ることができるカウンセラーは最高だ」とも述べている[38]）。しかし、ダンの著書全体では、彼女たちの結婚を明らかに悩ませている男性の資格意識とは異なる、そして、あまり差し迫ってはいない問題を扱っているようにみえるアイデアが展開されている。それはいわば、グレッチェン・ルービンによる幸せ計画［グレッチェン・ルービン『人生は「幸せ計画」でうまくいく！』］のパートナーシップ版であり、平等主義的にパートナーシップのあり方を一新するようなものではない。ダンとその夫は、さまざまなエクササイズ――「新しいセックスの実験(sexperiment)」（セックスすればするほどしたくなるという理論にもとづいて、一〇日間連続でセックスすること）から、自分たちのアパートを片づけたり、娘にも家事をしてもらったりすることまで、どんなことでも――に取り組んだ。ダンは、ＦＢＩ公式の「他者を論破する（talking someone down）」戦略を用いて、彼女の怒りを鎮めるようトムに勧めてさえいた。再度繰り返すが、怒りの表現方法が受容可能であろうとなかろうと、ダンの怒りは正当だと認められたように思われる。彼女が言うには、最終的にトムは週に一度夕食を作るようになり、たまに娘を四五分間公園に連れて行き、生まれてはじめて保護者面談に参加し、娘を病院に連れて行った。ダンは次のように述べる。

それが平等でないなんてことはどうでもいい。私は彼に支えられていると感じるし、そう意識していることは重要なのだ……

その大部分は象徴的なジェスチャーに過ぎないけれど、トムのジェスチャーが、私の中にどれだけ長いあいだ共感を残すものかを知って、驚くことがある（時には狼狽えるほど）。彼は私の真横で働く必要なんてないのだ[39]。

一方でダンは、「気は進まないものの、私は今でも自宅管理者をしているし、きっとこれからもそうだろう。それでも、私はこれだけは、静かに、でもはっきりと言い続ける。トムにも、家事を分担してもらわなければならない」[40]。彼女の報告によれば、夫はまだ家事を分担していない。にもかかわらず、ダンは自著を夫に対する深い感謝を表して締めくくっている。「そして、最も重要なのは、私は夫のトムに永遠に感謝し続けているということだ。あなたが私にとってどれほど大切な存在か、私は涙なくして考えることができない[41]。」

注

（1） Darcy Lockman, *All the Rage: Mothers, Fathers, and the Myth of Equal Partnership* (New York: HarperCollins, 2019), p. 205.

（2） Jill E. Yavorsky, Claire M. Kamp Dush, and Sarah J. Schoppe-Sullivan, "The Production of Inequality: The Gender Division of Labor Across the Transition to Parenthood," *Journal of Marriage and Family* 77, no. 3 (2015): 662-79.

（3） "Time Spent in Primary Activities by Married Mothers and Fathers by Employment Status of Self and Spouse ... 2011-15," Bureau of Labor Statistics, https://www.bls.gov/tus/tables/a7_1115.pdf.

（4） "Why the Majority of the World's Poor Are Women," *Oxfam International*, https://www.oxfam.org/en/even-it/why-majority-worlds-poor-are-women.

（5） 以下を参照。"Men Taking on 50 Percent of the World's Childcare and Domestic Work Requires Global Goal and Immediate Action, Reveals State of the World's Fathers Report," https://men-care.org/2017/06/09/men-taking-on-50-percent-of-the-worlds-childcare-and-domestic-work-requires-global-goal-and-immediate-action-reveals-state-of-the-worlds-fathers-report/.

International Labour Organization, *A Quantum Leap for Gender Equality: For a Better Future of Work for All* (Geneva, Switzerland: International Labour Office, 2019), https://www.ilo.org/wcmsp5/groups/public/---dgreports/---dcomm/---

publ/documents/publication/wcms_674831.pdf.

（6）Sara Raley, Suzanne M. Bianchi, and Wendy Wang, "When Do Fathers Care? Mothers' Economic Contribution and Fathers' Involvement in Childcare," *American Journal of Sociology* 117, no. 5 (2005): 1422–59.

（7）Lockman, *All the Rage*, p. 16.

（8）"Sharing Chores at Home: Houses Divided," *Economist*, October 5, 2017, https://www.economist.com/international/2017/10/05/houses-divided.

（9）Scott Coltrane, "Research on Household Labor: Modeling and Measuring the Social Embeddedness of Routine Family Work," *Journal of Marriage and Family* 62, no. 4 (2000): 1210.

（10）Claire Kamp Dush, "Men Share Housework Equally – Until the First Baby," *Newsweek*, May 10, 2015, https://www.newsweek.com/men-share-housework-equally-until-first-baby-330347.

（11）Lockman, *All the Rage*, p. 3.

（12）Tracy Moore, "The Stupid-Easy Guide to Emotional Labor," *Mel Magazine*, 2018, https://melmagazine.com/en-us/story/the-stupid-easy-guide-to-emotional-labor.

（13）最近のインタビューで、ホックシールドは次のように述べている。

『管理される心』のなかで私が導入した「感情労働」という言葉は、その仕事に対する適切な感情を感じなければいけない有償の仕事を意味しています。感情を呼び起こしたり、抑制したりすることが必要とされるのです。多くの感情労働が求められる仕事もあれば、あまり要求されない仕事もあります。普段よりも親切にふるまう客室乗務員の仕事から、必要であれば普段よりも厳しくふるまう集金人の仕事まで、感情労働を求められる仕事は多様です。例えば、教師、高齢者ホームのヘルパー、保育士などもそうです。つまり、肉体労働や精神的労働をしていると同時に、何よりも感情を生み出し管理する能力に関して雇われ、監視されているのです。

Julie Beck, "The Concept Creep of 'Emotional Labor,'" *The Atlantic*, February 6, 2018, https://www.theatlantic.com/family/archive/2018/11/arlie-hochschild-housework-isnt-emotional-labor/576637/.

（14）Gemma Hartley, *Fed Up: Emotional Labor, Women, and the Way Forward* (New York: HarperCollins, 2018), pp. 3–4.

（15）Ibid., p. 4.

(16) Ibid., p. 1.

(17) Ibid., p. 5.

(18) 例えば以下を参照。Eyal Abraham, Talma Hendler, Irit Shapira-Lichter, Yaniv Kanat-Maymon, Orna Zagoory-Sharon, and Ruth Feldman, "Father's Brain Is Sensitive to Childcare Experiences," *Proceedings of the National Academy of Sciences* 111, no. 27 (2014): 9792-97. 家父長制的社会秩序を合理化・自然化する要因になっている性差別的仮説を扱ったより一般的な議論は、『ひれふせ、女たち』第三章を参照。

(19) 以下を参照。Arlie Russell Hochschild (with Anne Machung), *The Second Shift: Working Families and the Revolution at Home* (London: Penguin, 1989), pp. 5-6 および Lockman, *All the Rage*, p. 17.

(20) 注目すべきは、もし特権のある女性が有償で家事や育児のサポートを得たとしても、自分を助けてもらうために雇った人との関係性を、ひとりで管理しなければならないという追加の感情的負担が生じうることである。

(21) Susan Chira, "Men Don't Want to Be Nurses. Their Wives Agree," *The New York Times*, June 24, 2017, https://www.nytimes.com/2017/06/24/opinion/sunday/men-dont-want-to-be-nurses-their-wives-agree.html.

(22) Ibid. このような妻たちは本質的にその仕事を認めておらず、夫の威厳には値しないとみなしているのか、もしくは、それまで就いていた仕事よりも地位が低く低賃金の仕事を夫がした場合、我慢できないほどの不快な感情が生じるだろうと予見しているからなのか、という疑問については、この研究では確かに論じられていない。

(23) N. Gregory Mankiw, "Why Aren't More Men Working?" *The New York Times*, June 15, 2018, https://www.nytimes.com/2018/06/15/business/men-unemployment-jobs.html. 同期間中、非労働力として計上されている女性の割合が劇的に減少していることに注意してほしい。一九五〇年には三分の二近かったが、今日では四三%にまで減少している。

(24) これは『アトランティック』に掲載されていたロックマンの記事からの引用である。"Don't Be Grateful That Dad Does His Share," May 7, 2019, https://www.theatlantic.com/ideas/archive/2019/05/mothers-shouldnt-be-grateful-their-husbands-help/588787/.

この記事においてロックマンは、以下のような研究を参照している。Suzanne M. Bianchi, John P. Robinson, and Melissa A.Milkie, *Changing Rhythms of American Life* (New York: Russell Sage Foundation, 2006), pp. 121-22;

Andrea Doucet, "Can Parenting Be Equal? Rethinking Equality and Gender Differences in Parenting," in *What Is*

Parenthood?, edited by Linda C. McClain and Daniel Cere (New York: NYU Press, 2013), pp. 251-75; Claire M. Kamp Dush, Jill E. Yavorsky, and Sarah J. Schoppe-Sullivan, "What Are Men Doing While Women Perform Extra Unpaid Labor? Leisure and Specialization at the Transitions to Parenthood," *Sex Roles* 78, no. 11-12 (2018): 715-30.

(25) Hartley, *Fed Up*, pp. 27-28.

(26) Jancee Dunn, *How Not to Hate Your Husband After Kids* (New York: Little, Brown, 2017), p. 8. [2017『子どもが生まれても夫を憎まずにすむ方法』村井理子訳、太田出版、一六―一七頁]

(27) Ibid., p. 58. [同上、八九頁]

(28) Ibid., p. 60. [同上、九二頁]

(29) Claire Cain Miller, "Why Women, but Not Men, Are Judged for a Messy House," *The New York Times*, June 11, 2019, https://www.nytimes.com/2019/06/11/upshot/why-women-but-not-men-are-judged-for-a-messy-house.html. 記事のタイトル[〝家が散らかっているとなぜ男性ではなく女性が批判されるのか?〟]にもかかわらず、この調査結果はやや曖昧である。

　実験に参加した人びとは、ある女性が清潔な部屋を使っていると伝えられたものの、その部屋は男性が使っているときよりも清潔ではないと判断した。その女性はまた、来客に対して好意的ではなく、来客を快く思っていないとみなされた。

　男女ともに、部屋が汚いことはペナルティになった。ある男性の部屋は汚いと伝えられると、その部屋は今すぐに掃除しなければならず、部屋が汚い男性は部屋が汚い女性よりも(部屋の汚さに対して)責任感と勤勉さが足りないと参加者たちは回答した。これに関しては、男性は無精者であるというステレオタイプに陥っているようだと調査者は指摘している。

　しかし、ひとつの重要な違いがあった。女性の場合とは異なり、部屋が汚い男性は、来客から批判されたり、来客を迎え入れることに抵抗を感じたりすることはないだろうと参加者たちは回答した。

(30) ただし、家のなかがめちゃくちゃだと気づいたり、マルチタスクをこなしたり、タスクを切り替えたりするのは女性の方が上手であるという仮説は、全面的に虚偽であることが証明されつつある。以下を参照。Leah Ruppanner, "Women Are Not Better at Multitasking. They Just Do More Work, Studies Show," *Science Alert*, August 15, 2019, https://www.

sciencealert.com/women-aren-t-better-multitaskers-than-men-they-re-just-doing-more-work.

(31) Lockman, *All the Rage*, p. 25.

(32) 最近の報告書によれば、合衆国では四〇%以上の母親が世帯の唯一の、または主要な稼ぎ手になっており、二五%弱の母親が「共働き」――「収入が世帯総収入の二五%以上を構成している既婚者」と定義される――であった。さらに、子どもと同居している合衆国の家族は、三分の二以上の母親が家庭外で有償労働をしている。Sarah Jane Glynn, "Breadwinning Mothers Continue to Be the U.S. Norm," *Centre for American Progress*, May 10, 2019, https://www.americanprogress.org/issues/women/reports/2019/05/10/469739/breadwinning-mothers-continue-u-s-norm/.

(33) Dunn, *How Not to Hate Your Husband*, p. 64.［『子どもが生まれても夫を憎まずにすむ方法』、九七―九八頁］

(34) Ibid., p. 58.［同上、八八頁］

(35) Lockman, "Don't Be Grateful," *The Atlantic*.

(36) Dunn, *How Not to Hate Your Husband*, p. 250.［『子どもが生まれても夫を憎まずにすむ方法』、三八二頁］

(37) それと同時に、先述したように男性パートナーに関与を求めるのではなく、より立場の弱い女性たちに「寄りかかる(leaning down)」ことの危険性――とくに比較的裕福な白人女性として――を認識するのは一般的に非常に重要だ。彼女たちは非・白人で貧しく、白人女性のためのケア労働に搾取されることになる。

(38) Dunn, *How Not to Hate Your Husband*, p. 257.［『子どもが生まれても夫を憎まずにすむ方法』、三九四頁］

(39) Ibid., p. 256.［同上、三九二頁］

(40) Ibid., p. 247.［同上、三七九頁］

(41) Ibid., p. 272.［邦訳未収録のため訳は本書訳者によるものである］

第八章　想定されない――知への資格

二〇一九年二月九日、ガーディアン紙は「私と外陰：女性一〇〇人がすべてを明かす」という記事をツイートした。[1] その記事は、ラウラ・ドッジワースが撮影した親密な写真のシリーズを紹介しており、女性（シス、トランスを問わず）の外陰部や、それに該当する身体の部位を持つジェンダー・ノンコンフォーミング〔ジェンダー・アイデンティティが典型的なジェンダー規範には当てはまらない人びとを広範に指す言葉〕の人びとの外陰部に対して、人びとの偏見をなくし、啓発することを目的にしていた。すぐに、ある男性がこの記事のタイトルは検討する必要があるのではないかと言及した。「正確にはヴァギナだ」と、「ドクター・ポール・バレン」はツイートした。訂正は過不足なくすぐに行われた。外陰部とはもちろん、外側から描写された際の解剖学上の正しい用語であること。ヴァギナは子宮へと繋がっている内部器官であり、写真に撮るのは比較的難しいのだと。訂正はまた、権威ある情報筋からももたらされた――婦人科医がその例である。[2] Dictionary.com もまたこれに参加した――「そうですね、確かに」とツイートし、オンライン辞書の「外陰部」という単語のページへのリンクを貼っていた。[3]

しかし、ポール・バレンは思いとどまらなかった。増長する、という驚くべき技巧を用いて、自分の使用法こそが実際には正しいのだと断言した。彼は（後に削除されたツイートで）次のように書いている。[4]「ヴァギナを外陰部に置き換えようとする最近の試みは、愛情からなされていると私は思っている。」

それはとくに酷いマンスプレイニングの事例だ、という不可避だが適切な指摘に対して、バレンは同じように抵抗した。「それはマンスプレイニングという言葉の誤用だ」と。「この言葉を正当化したいわけではないが、定義によると何かを説明している男性がいるだけでは不十分だ。たとえ聴衆のなかに女性がいたとしてもだ。」

「マンスプレイニング」はある男性が何かを説明しているということ以上のものを意味するという点では、バレンは確かに正しい。しかし、彼のツイートはそれ以上のものに関連した条件を確実に満たしていた。マンスプレイニングという行為の典型的な例は、男性がより専門性を有する女性の発言者または発言者たちに対して、不正確な何かを（不正確に）説明すること——そして、自信過剰で傲慢、また、威圧的な態度で話し、その結果として権威ある人から指摘されても引き下がらず、自分の間違いを認めない、というものだ。だから、マンスプレイニングに関していえば、ポール・バレンのツイートは完璧な見本だったのだ（実際、彼がその後に行った口論は、その立場をさらに強固にしただけだった）。

このひな型から多少外れた行動がマンスプレイニングになるかどうかは、議論の余地がある。自然言語において多くの言葉で表現される概念と同じように、その拡張は曖昧で、時とともに変化する可能性はある（その場合、私は鍵となる問いを次のように理解するようにしたい。私たちはこの言葉をどのように理解するべきなのだろうか？　どのように定義し、理解するのが最も生産的なのだろうか？）[5]。しかし、こうした議論において私は、マンスプレイニングの根底にある、永続した態度のようなものに関心がある[6]。端的にいえば、その答えは資格である。知識や信念、情報を所有することに関連した、認識的なさまざまな資格である。

とくにマンスプレイニングの場合、自分は詳しく知っている人であるという立ち位置を会話ではデフォルトとして占有できるという、マンスプレイナー［mansplainer：マンスプレイニングをしてくる男性］の根拠のない資格の意識に由来しているのではないかと考えられる。自分は情報を発信し、訂正し、権威ある説明をできる人であるという資格意識である。彼がそのような資格を付与されていないときや、または、部分的にしかそうした資格がないとき、彼は不愉快になる。他の人、つまり女性がその男性よりも多くのことを知っている場合はとくにである――だから彼は、最初から自分の認識の方が優れていると思い込むのではなく、そうではない可能性があることを想定しておく必要がある。その例として、ドクター・ポール・バレンは予想すべきだったのだ。写真のシリーズを制作し、その後「私と外陰部」というタイトルの記事のためにインタビューを実施した女性、ラウラ・ドッジワースは、彼女自身のアイデア――言うまでもなく、彼女自身の解剖学的特徴でもある――に言及するための、正確な用語を知っているということを。[7]

本書において私は先に、ミランダ・フリッカーの認識的不正義という概念を紹介した。とくに取り上げたのは証言的不正義であり、関連する知識の領域（身体の経験や痛み、病いなど）に関しては、ある社会的集団のメンバー（例えば黒人女性のように）に対する偏見があるために、語り手の言葉は本来ならばそうであるべきよりも信頼できないものとして受け取られる、というものだ。その主題について知っている者（knower）としての彼女の地位は、それゆえに不当に否定されたり無視されたりする。私がここで紹介する認識的資格（epistemic entitlement）という概念は、証言的不正義という考えに近いことは明らかだ。しかし、両者は性質が異なっており、かつ相互に補ってもいる。証言的不正義があまり特権を持たない発言者を――一般的には、その発言者が証言を試みた後に――不当に排除することに関与しているのに対して、認識的資格は、特権をより多く有している発言者の側に、より大きな権威を強制的に想定することに関与する。[8]このように理解すると、認識的資格とは証言的不正義に先駆けて存在しており、その原因でもあることがわかる。[9]

また、認識的資格が表面化すれば、特権をあまり持たない発言者が会話において意図的に、または適切に貢献できなくなってしまう可能性がある。このことは、哲学者のクリスティ・ドットソンが「証言的窒息 testimonial smothering」と呼ぶものの構成要素でもある。自分の言葉が適切に受け止められず、かえって「安全ではない、またはリスクがある」状況に自分が置かれていることが予測されると、発言者は自ら沈黙してしまうというものだ[10]。証言する具体的な内容に、口にするだけで発言者である女性を危険やリスクにさらしたりするような何かがあるために生じるのだと考えられる。あるいは、発言者の女性があえて何かを言ったり、男性の絶え間ない説教を遮ることは安全ではない、またはリスクがあるという理由からも女性は沈黙するのかもしれない。実際、マンスプレイナーの話に割り込むのはほとんど不可能だろう。

この点に関しては、レベッカ・ソルニットによる古典的で刺激的なエッセイ『説教したがる男たち』のなかで象徴的な出来事が語られている(「マンスプレイニング」という言葉はソルニット自身が作った言葉ではなく、また、彼女はそれに対してある種のアンビバレンスを感じている。しかし、それでもやはり彼女のエッセイは、この造語とその後の多くの言説に影響を与えた)。ソルニットは女友だちと一緒にディナー・パーティーに参加した。そこで彼女は年配の「威圧的な」主催者の男性から、ディナーの後で彼女が書いたものについて話をしたいから残るよう言いくるめられた。「君は二冊ほど本を出版しているそうだが」とその男性は穏やかに声をかけた。「ええと、あと何冊かはあるんですが」と彼女は答えた。「で、何について書いてるの?」と、彼は見下すような口調で尋ねた――「友人の七歳の娘にフルートのレッスンについてしゃべらせるときのような調子」だったとソルニットはつけ加えている。それにもかかわらず、彼女は応じて当時の最新作について説明し始めた。その本はイギリス系アメリカ人の写真家であり、映画の先駆者でもあったエドワード・マイブリッジを取り上げたものだった。しかし、彼女は話を進められなかった。ソルニットは次のように想起している。

マイブリッジの名前を出すや、彼は私を遮った。「今年出たばかりのマイブリッジ関連のとても重要（インポータント）な本を知ってるかね。」無邪気な娘役を演じることに夢中になっていた私は、自分の本と同じ主題の本がその年に出ていたのに見落としていた、と危うく信じかけた。男はすでにそのとてもインポータントな本とやらについて、ああだこうだとまくし立てていた——その表情にはすごく既視感があった——はるか彼方までおよぶ自分の権威、そのぼんやりと霞む地平線をじっと見つめながら滔々と長話をする男の、自己満足しきった表情(11)。

ソルニットの友人はすぐに気づいたのだが、まさにその重要な本というのは、ソルニットの著書だった。そのことについて友人は三、四回口を挟もうとした。しかし、そのマンスプレイナーは、なぜか彼女の話を聞けなかった。最終的にその知らせを聞いたとき、彼は顔を伏せて「青ざめて」しまった。ソルニットは次のように記している。

> 実際には読んですらおらず、二、三か月前にニューヨーク・タイムズの書評欄で見ただけだったまさにその重要な本の著者が私だったという事実は、彼の「物事が整然と分類された世界」をめちゃくちゃにしてしまったらしい。彼はショックで口も利けないほどだった——もっとも、少しするとまた長話を始めたが。

ソルニットはマンスプレイニングの本質について多くの洞察を私たちに与えてくれているが、なかでも最も印象的なのは、このやり取りのなかで話し手がふたりとも役割を与えられており、その役割から抜け出せなくなっているという点だ。主催者の男性はもちろん権威ある人として、そしてソルニットはナイーブな人——「猥褻な受胎のメタファーかなにかで言えば、私は男たちの英知と見識によって満たされるべき空っぽの容器にすぎなかった」と彼女自身は記している——としての役割だった。社会的力学が作用しているため、会話の流れを変えることは非常に難しい。ソルニットの女友だちが介入しようとする力でさえ、きわめて制限されていた。また、そうした能動的な傍観者がいなかったとしたら、どのようなものであれ訂正がなされていたのかも疑問である。部分的には、訂正できるかどうかは、その本は実際には自分が書いたのだと主張する自信をソルニットが持てるかどうかにかかっている——彼女が指摘するように、著名で多くの作品がある作家（白人女性であることは言うまでもない）として、彼女は比較的有利な立場にあった。それと同じくらい重要なのは、ソルニットがこうした方法で自分のことを主張するためには、社会的に耳障りで無礼だと受け取られる可能性があることを進んで引き受けようとするかどうかにかかっている、ということだ。もちろん、彼女にはそうする権利——完全に正統な権利——が十分にあった。しかし、あのやりとりを構造化している歪んだ認識的資格の感覚によって、主催者の男性は最終的に自分の過ちに気づくと「青ざめ」た顔になってしまった。ソルニットには彼に恥をかかせてしまう危険性があったのだ。しかし、彼が躊躇したのはほんの一瞬のことで、認識的支配の最初の場を無情にも奪われると、今度は他のことを説明し始めたのだった。

このような出来事は、女性たちに強力な戒めを与える。「真実は今も昔もこれからも、お前たちには手に入らない」と。それによって私たちは、真実からはほど遠いところにとどめられているのだ。確かに、女性もまた傲慢なときがあり、専門家に対して間違った「説明」をしてしまうときもある。ソルニットもそのことは率直に認めている。しかし、ここでのポイントは、マンスプレイニングはシステムであるということだ。マンスプレイニングは（はるかに）広範なシステムの一部である。ソルニットはそのシステムを男性の「傲慢の群島 archipelago of arrogance」と的確に表現している——私はそれに、資格という概念をつけ加えたいと思う。

真実が私たちのものではないのならば、権力者のものでもないはずだ。女性の声に耳を傾けることは、道具的な理由——単なるパフォーマンスか、慰めか、美徳をアピールするためなど——を除いては必要ないとされる。もちろん、この問題は複数の複合的抑圧を受けている女性たちにとっては、はるかに深刻で、ときにその問題は固有のかたちで現れる。トレッシー・マクミラン・コットムは「ガール・シックス Girl 6」という素晴らしいエッセイにおいて、デイビッド・ブルックスとジョナサン・チェイトがそれぞれ「Twitter でフォローしている黒人女性の人数を数えている。三三二名および三七〇名のうち、わずか六名。マクミラン・コットムは次のように述べている。

黒人女性が書いたものを読んだり、黒人女性にインタビューをしたり、黒人女性をフォローしたり、そして、黒人女性の存在について考えたりしなくても、プロフェッショナルでスマートな人になることができる。(12)

黒人女性はただ見過ごされるだけではない。彼女たちは、認識的特権を過度に付与された多くの人びとから、そもそも耳を傾けてもらえないのだ。

・・・

これまでみてきたように、認識的資格の感覚は、最大限の（労せずして得た）自信をともないながら、平気で保持される。また、嫉妬深く監視されたり擁護されたりもする——気味が悪く、支配的で虐待的でさえあるようなふるまいがなされるときもある。そうした認識的資格が最も邪悪なかたちで現れたもののひとつが、ガスライティングである。

「ガスライティング」という言葉は、一九三八年のパトリック・ハミルトンの戯曲『エンジェル通り Angel Street』に由来する。この小説は、「ガス燈 Gas Light」というタイトルで、舞台で上演されていたが、[13]後にふたつの異なるタイトルがつけられて映画化されており――イギリス版とアメリカ版である――、どちらも原作よりもよく知られている。しかし、私は映画版よりも演劇版の方が充実していると考えているため、以下の議論のベースは演劇を念頭に置いている。

「ガス燈」(以下、このように言及する)では、ジャック・マニンガムは妻であるベラを狂わせようとする。彼の本当の目的は、第二幕ではじめて明らかにされる。しかし――重要なことに――、彼の行動ははじめからわかりやすく、閉所恐怖症のような劇中のまさに息苦しい雰囲気を醸し出している。第一幕では、家庭内の恐怖が鮮明に描かれている。マニンガム氏は、事あるごとに妻を邪険にし、貶める――使用人たちの前で彼女を辱め、絶えず矯正し、そのことによって彼女に植えつけている不安も、不合理で根拠のないものだと非難さえしている(マニンガム氏:「ベラ、なぜそんなに不安なんだ? 君を非難するつもりなんてなかったのに。」マニンガム夫人:(びくびくしながら……)「違うの、あなた。あなたがそんなつもりじゃないのはわかっているわ。[14]」彼はその後、彼女を叱る。実際に非難し続ける)。とくに残酷で長期にわたる一連の操作において、気が狂っていて理性も失いつつあるのだと妻に信じ込ませるために、マニンガム氏は夫婦共有の持ちものを定期的に隠し、それを妻のせいにする。そして、彼女はただその原因だからというだけでなく、道徳的にも責任があるのだとする。彼女は有害で邪悪であり、混乱し錯乱しているように描かれている。(さらに、彼は妻がペットの犬をわざと傷つけたと――最も痛ましいことだが――非難し、彼女が残酷で虐待的な人であるかのように思わせている)。ベラ・マニンガムが夫に何度も指摘しようとしているように、この告発の組み合わせはもちろん支離滅裂である。もし彼女が本当に混乱していて、自分のふるまいをどうすることもできないのであれば、きっと彼は怒るのではなく、彼女に優しく接し、助けようとするべきだろう。[15]しかし、マニンガム氏はそうはせず、妻が彼の善意に訴えかけようとする試みも無視してしまう。彼女は家庭では本当に無力で、完全に夫に服従している。夫によって意図的に友人や親戚の誰からも隔離されているため、家庭の外にも頼れる人はいない[16]。彼女はそれゆえ、彼に従うしかない――しかしそれでも、彼の激しい怒りをなだめることはできない。

マニンガム氏のふるまいの影響――この後説明するが、ガスライティングとして知られるようになった、はっきりとした虐待のパターンが衝撃的に描かれたものである――は、最も根本的なリアリティを述べる資格があるという感覚を、彼女自身から奪ってしまう、ということだ。第一幕の終わりに向けて、がっかりすることにデウス・エクス・マキナの手法が取られている。つまり、刑事が彼女を訪ねてきて、解放的ではあるが恐ろしい真実を最後に告げるのだ。彼女の夫は極悪非道のシドニー・パワーという人物であり、ルビーを盗むために家の前所有者であるアリス・バーロウを殺害したのだという。彼は一五年ほど前にアリスの喉を切り裂いて口封じをした後、ベラに遺産を使って屋敷を買うように仕向けた。しかし、彼はルビーの在り処がわからなかったのではないかと、ラフ刑事はベラに打ち明けた。パワーは家の最上階でまだ宝石を探しているかもしれない――そこは妻や使用人が立ち入ることができず、閉ざされてはいないだろうか？　確かにそうかもしれない、とベラは気づく。

マニンガム夫人：信じられないようなお話です（が）、夜ひとりでいると、誰かが上を歩いているような気がするんです――（上を見て）あそこです――夜、夫が出かけているときに――音を聞きました、寝室で。でも見に行くのは怖くて――

ラフ：そのことをご主人には伝えましたか？

マニンガム夫人：いいえ。怖かったんです。彼が怒ります。お前は存在しないものを想像しているだけだと言うでしょう――

ラフ：あなたの夫が上を歩いているのかもしれないとは思わなかったのですか？

マニンガム夫人：はい――私が思ったのはまさにそのことでした――けれど、私は自分の頭がおかしくなっているにちがいないと思っていました。教えてください。どうしてご存知なんですか？
ラフ：あなたはなぜ知っていたのか、まず教えてくれませんか、マニンガム夫人。
マニンガム夫人：本当なんです！　本当なんです。私は知っていました、知っていました！[17]

ベラ・マニンガムは、夫が上の階をうろついているのを実際に、心の底から知っていた。彼女が説明するように、彼が毎晩、表向きは家を出ていくと、その一〇分後に（実際には天窓から屋根裏部屋に入る前に）ガス燈が消えるからだった。そして、再び玄関から戻ってくる一〇分前になると、ガス燈は炎が完全について元の状態に戻るのである。ということは、家のどこかで別の灯りが点けられ、また消されていることになる――他のランプがガス圧を奪ってしまうので、それぞれのランプの灯りが弱くなってしまうからだ。しかし、ベラ・マニンガムは、知っていることを否定するよう強いられていた――彼女自身も自分を認められなかった。夫による認識的支配はあまりにも強力だったため、夫の動機はおろか、夫の動きを疑問に思う勇気さえなかった。そして、彼の認識的資格の感覚――この種の支配を維持し、彼女のリアリティを条件づけることができるというもの――はあまりにも強大だったために、彼女自身、狡猾で嘘つきな夫についてのわずかな疑念を抱くことでさえも罪悪感に苛まれていたのだった。劇の冒頭には次のようなやりとりがあるが、これは彼女が夫の信念の正しさや行動の善意に対して疑問を抱く余地がないことを示している。第一幕では、彼女は希望をもって危険を冒している。

マニンガム夫人：あぁジャック。最近あなたはとても優しくなったわね。もしかして、私の考えを理解し始めているのかしら。
マニンガム氏：私がそうではなかったことがあるかな、ベラ？

マニンガム夫人：あぁジャック。そうね、本当にそうね[18]。

劇全体の文脈からすれば、マニンガム夫人が夫の優しさ、つまり特定の残虐行為に疑問を持つことが許されていないのは明白である。

ガスライティングには認識的な側面だけでなく、道徳的な側面もある。さまざまなテクニックを用いて、被害者はガスライターから見た出来事の説明や、彼の語り、彼の言い分に異議を唱えることは実質的に禁止されている[19]。彼女は人間関係のなかで、彼の権威を疑ったり、知識についての彼の主張に異議を唱えたり、ある事柄に関して彼と意見を異にしたりすることによって、重大な罪を犯すことになるだろう[20]。哲学者のケイト・エイブラムソンがガスライティングに関する画期的な論稿において主張しているように、「証拠を無視したり却下したりする人と……ガスライティングをする人との違いは、異議を唱えられる可能性にさえ耐えられないか否かである[21]」。

先述したフィクションの事例ほど極端ではないにしても、ガスライティングの実際の事例は決して少なくはない。そうした事例からは、ガスライティングとは家族や親密な関係性のなかではよく生じるという事実が浮かび上がる。カイル・ステフェンスの例をみてみよう。彼女は、ミシガン州立大学の体操チームの医師、ラリー・ナッサーによって被害を受けた多くの少女のうちのひとりである。彼女は虐待を受けたと両親に報告したとして、ナッサーの名を傷つけたことを彼に謝罪するよう強要された。誰が謝罪を強要したのか？　それは彼女の両親である。彼女の両親。彼らはステフェンスをただ信じていなかっただけではない（この文脈では、それでさえも十分に悪いが）。申し出た彼女を罰し、善良な医師を不当に扱ったとみなしたのだった——何が起きたのかについてのその医師の語りは、事実上非の打ち所がないものになった。そして、こうしたガスライティングに遭った多くの被害者のように、ステフェンスはその後、自分自身の記憶を疑うようになった。「私は洗脳されていると感じるようになりました」と、二〇一八年一月に開かれたラリー・ナッサーの裁判において、彼女は法廷で証言した。「まるで私が彼を非難したことなどなかったかのようでした。自分が現実を摑めていないように感じました。その虐待は果たして生じていたのだろうかと、疑うようになったのです。」彼女はトラウマになった出来事を頭のなかで何度も何度も思い返し、真実を摑み取ろうとしたのだろう――そのため、自分は嘘つきではないということを、彼女は忘れなかった。[22]

ガスライティングが実際に起きたもうひとつの事例は、最近ヒットしたポッドキャスト「ダーティ・ジョン Dirty John」で詳しく語られている。ジョンの被害者という名で呼ばれるようになったデブラ・ニューウェルは、五〇代後半の離婚歴のある女性で、以前の夫婦関係が終わった後に出会い系サイトに登録していた。最初は、ジョン・ミーハン――彼女がオンラインで知り合った人物である――に夢中になった。彼はロマンチックで、気配りができ、麻酔科医として順調に働いているのだと彼女は信じていた。一緒に暮らすようになり、結婚した後、デブラは夫の経歴がほとんど捏造であると知った（彼女の子どもたちは以前から疑っていた）[23]。彼が主張したように、ジョンは麻酔科医でもなく医師ですらなかったが、麻酔科専門看護師としての訓練は受けていた。しかし、患者用の薬を盗んだ後に免許を停止されていたため、もはや麻酔科専門看護師ではなくなっていた（当時、手術台に乗せられた人のなかには、苦しい思いをした人もいただろう）。デブラとジョンがはじめて会ったとき、彼は薬物窃盗という重罪で出所したばかりだった――彼女がそれを知ったのはずっと後になってからだった。彼は長年、処方箋鎮痛薬の依存症だった。また、何人かの女性たち――前の結婚も含めて――と別れた経験があり、彼は接近禁止命令を出されてもいた。彼は詐欺師だったが、ある意味ではそれ以上のことをしていた。彼に会った多くの人びとは、彼の存在をとても不安に感じ、暴力という脅威が水面下に潜んでいるかのように感じられたと述べている。彼がなぜそのように言われるようになったのか、その理由の一部を紹介したい。

ジョンは出会い系サイトを使って女性をたびたびナンパしていました。よく使っていたのはmatch.comやPlenty of Fishというサイトです。デートのとき、彼は医療用手術着を着て医者のふりをしていました。女性たちに親密な写真を撮って送るように仕向け、それを使って脅迫していました。その写真を女性の家族に送りつけていたのです。子どもが通う学校にも送っていました。アーバイン在住の女性から聞いた話では、ジョンは彼女の写真をmatch.com用に切り貼りし、彼女のことを「ふしだらな女 slut」や「家の破壊者 home wrecker」と書いたチラシを近所の人たちにばらまいていたそうです。裁判官が彼に対して五年間の接近禁止命令を出したので、彼は報復として彼女に対して接近禁止命令を求めていました。ポーターランチ在住の女性が警察に語ったところによれば、彼は意識を失っている彼女をレイプし、その様子を写真に撮ったとほのめかす匿名の手紙を彼女に出していたそうです。「お前はこれから何年もの間、俺のカモになるんだ」、手紙にはこう書かれていました。「俺が冗談を言っていると思ってるのか？　俺が息をするたびに、手術で移植されたみたいなお前の人生は台無しになる。写真をどうもありがとよ。」[24]

「私がこれまで出会ったなかで、最も狡猾な人間……最も狡猾で、危険で、人を欺く人間。」これは、あるキャリア警官がジョン・ミーハンを評した言葉である。

彼が所持していた書類のなかに、多くの過去を明らかにするもの（警察の報告書、接近禁止命令、刑務所や留置所の記録）を発見した後、デブラはカリフォルニア州ニューポート・ビーチにある彼女たちの高級住宅から引っ越した。彼女はホテルに潜伏することにした――助けを求めた刑事に勧められて、追跡されないように数日ごとに場所を変えた。その間、ジョンは腰の手術で入院し、腸閉塞のため寝込んでいた。『ロサンゼルス・タイムズ』の記者であり、ポッドキャスト「ダーティ・ジョン」のホストでもあるクリストファー・ゴファードは次のように詳述している。

（ジョンは）理解できないような非難のメールを（デブラに）送り始めました。彼女が彼を殴ったとか、財布から一万ドルを盗んだとか。警察を呼ぶぞと脅したりもしていました。彼はもはや理解できない何かになっていったのです……彼女の美しさを惜しみなく褒めて彼女を誘惑しようともしました。しかし今や、彼女の容姿を否定し、年齢を馬鹿にし、五九歳でも魅力的であろうとし続ける彼女を嘲笑しています。「五回もの結婚で、お前は家族に嫌われている。これがどうなるか知りたくないか？俺はもちろん知りたい。どれだけ悪い結果になるか知りたくはないか？　お前は俺を殴った。お前が俺を脅したんだ。」彼女はこう返信しました。「もういい、あなたは邪悪だ。」

デブラは最初に主張したにもかかわらず、また、これらの告発はまったく真実ではなかったにもかかわらず、ジョンは自分を被害者として描き続けた。最終的に、さまざまなことがあったのに、なぜか彼女は彼を許したのだった。どうしてこのようなことが起きたのか、デブラは次のように説明している。

デブラ：（彼が入院している間に）二、三日が過ぎて、私はただ彼の顔をまっすぐに見て、なぜこんなことをしたのか聞きたかったんです。訪ねてみると、彼は「そういった話は間違いだ、自分は嵌められたんだ」と言いました。彼は、自分は嵌められて、刑務所に入れられたんだと何度も言っていました。どうか彼を許してあげてください。彼は、すべての証拠を目の前にしないと私が理解できないと悟ったんです。

ゴファード：すべては大きな誤解だったと？

デブラ：すべて誤解で、彼にはそれに対する答えがあったんです。あまりにも説得力があったので、私は「わかった」と思いました。彼は文字どおり、この時点で「自分はそんな人間ではない」と確信させたのです。

ゴファード：書類がたくさんあったのに？
デブラ：はい。すべての事実を目にしましたが、それだけの説得力がありました……それに、彼に夢中でした。恋をしているとき、話を聞くのはとても難しいですよね。頭ではなく、心で聞いているんです。
ゴファード：ダーティ・ジョンというニックネームについて、彼に尋ねてみたことは？
デブラ：真実ではないと言っていました。彼は「君がどこでそれを知ったのかわからない」と。まるですべてを……彼は私に納得させたのです。彼は本当にそういうことが得意で、寒い日であっても気温が九五度［華氏］あると私を納得させられたんです。それだけ優秀でした。自分自身に疑問を抱くほどに。
ゴファード：自分の人生に関するすべての事実は幻覚だと信じ込まされているような感じでしょうか？
デブラ：そうです、彼はそのように見せかけるんです……自分は素晴らしい男で、他の人たちが自分に悪いことをしたんだと言っていました……いつもそう繰り返してストーリーを語っていました。私を失うのではないかと思って嘘をついていたけれど、私がこんなにも寛容な人間でとても幸運だと思っている、私は彼の人生における愛で、私が彼をより良い人間にしたのだと言っていました。すべてがこのような感じでした……私は少し罪の意識を感じました。私と彼は結婚しているのに、彼は入院していたんです。でも同時に、恐怖も覚えました……
ゴファード：詳しく説明してください。なぜ罪だと思ったんですか？
デブラ：約束したからです。私は結婚すると約束したんです――良いときも悪いときも。
このやりとりからもわかるように、誰かに自分の合理性を疑わせたり、自分が本当におかしいのかもしれないと思わせたりすることは、ガスライティングが目指しているものだとこれまで論じてきたような、認識的支配を達成するためのひとつの方法に過ぎない(25)（しかし、そうであっても、そうした扱いから影響を受けている可能性はある。デブラは自分の判断には疑問を持ったが、自分の正気を疑ったわけではない）。この事例のように、ガスライターは自分の話を信じてそれまでの罪を許すことを、被害者に対して道徳的であることの必須条件にしてしまうことがある(26)。彼は自分自身を、他の人びとの犠牲者として、または彼女の犠牲者として描いたり、その他のさまざまなかたちで傷つきやすい立場にある者として描くだろう――この事例では、ジョンは多発性硬化症を患っており（その証拠はないが）、殺人狂ではなくむしろ（実際にそうだったように）自殺願望があると主張していた。

忠誠心や同情心に訴えかけて相手を服従させることは――信じられないことではあるが、見当違いの罪悪感から彼女は彼の話を疑うことはない――、彼女が自分の合理的能力を疑うのと同じくらいの効果がある。彼に対して疑問を持つならば、それは彼女に根本的な問題がある――認識的であれ「狂っていて」、妄想的、偏執的である）、道徳的であれ（彼女はビッチで、信頼できず、残酷で容赦ない、など）――、という意図が込められている。そしてその結果、彼に疑問を投げかけない、または投げかけることができない人になってしまう(27)。

このように、ガスライティングは自分の話よりも彼の話を信じなければならないという、誤った義務感を被害者に抱かせる。彼女は認識的に支配されている――植民地化されているとさえいえるだろう。これがどれほど邪悪かすぐにわかるだろう。誰かを傷つけるということを超えているのだ。ガスライティングが成功すると、被害者は自分になされた危害を危害だと名づけることができなくなる――そして同じように、誰がそれをしたのかもわからなくなる。

ジョン・ミーハンがデブラ・ニューウェルを取り戻し、自分の薄っぺらな嘘や言い訳を彼女に信じ込ませるために用いた戦術は、決して異常なものではなかった。彼は、デブラが離婚を申請した後もこの戦術を何度も何度も使った（その後、彼は癌で死にかけていると主張すらした。「死にそうなんだ、デブ。僕は死にかけている。お願い、何か考えてくれ。そうすれば僕たちは前に進める」と、ジョンはデブラにメールを送った。「うまくいかないんだ、デブ。君がいないと酷いことになる。君が必要なんだ」）。そして、クリストファー・ゴファードによれば、こうした悲しげな自己描写は「自分は永遠に被害者であるというジョンの人生に通底する大きな物語」と完全に一致していた。実際には、ジョンはラグナ・ビーチを手始めとして、デブラ・ニューウェルに使ったのと同じ手法で少なくとも八名の女性に被害を与えていた。彼が欲しかったもののなかにお金が含まれていたことは確かだろう。ゴファードは、デブラ・ニューウェルをこの酷い状況から救い出そうとした弁護士のマイケル・R・オニールにインタビューしている。

ゴファード：彼の目的は、人びととの生活に入り込み、結婚して、その人が持っているものを半分奪うことだったんですね？
オニール：いいえ、すべてのものを取ることでした……結局、彼は信じていたんです。自分にはその資格があるのだと。彼には資格が付与されていました。

しかし、ジョン・ミーハンの資格意識はこれまで論じてきたような財政的な面に限られなかった。実際、被害者の女性からお金を巻き上げることは、単なる手段だったのかもしれない――彼のあくなき女性への支配欲が、金銭というかたちで現れたのだった。それが彼の恐ろしさであり、危険なところでもあった。ゴファードは次のように述べる。

（ジョン・ミーハンが女性たちを犠牲にしていた）話に一貫しているのは、サディズムと断固とした復讐心のようなものです。それらが示しているのは、自分が習得した闇の技術（dark craft）の仕組みに喜びを感じるひとりの男でした。単に金（を搾取する）ということにはとどまらないようでした。彼は、自分の意思に逆らう者を辱めることに執着しているようでした。

彼が好んだガスライティングの戦術はさておき、ダーティ・ジョンは多くの点においてマニンガム氏を現実にしたようだった。そして、少なくともいくつかの点では、彼の動機はより明確だった。お金も欲しかったが、マイケル・オニールいわく、「彼の最終的な目的はゲームだった」。彼は女性たちに勝ち、彼女たちを取り込もうと決意した。誘惑、欺瞞、支配の心理ゲームで自分が負ける可能性があることに耐えられなかったのである。ガスライティングは、彼の歪んだ視点からすると、彼が直面したであろう問題に対する独特な解決策だった。女性たちに、パートナーや対話者、つまり独立した視点を持つ人物がいるという錯覚を維持させつつ、同時に、彼女たちが彼に対抗する能力を破壊するにはどうしたらいいのか。被害者を文字どおり破壊し、彼女たちの視点を消し去ることに彼は何のためらいもなかったことが、ポッドキャストの最終回で明らかになった――デボラの娘テラを誘拐し、おそらくは殺害しようとした経緯が詳細に述べられたのだった[28]。しかし、より粗雑な抹消方法を用いるのではなく、被害者の大半をガスライティングすることによってジョンは被害者を魅了し、魅力的に思わせ、納得させ、それと同時に疑問を抱かれる可能性を排除したと感じることができた。

ケイト・エイブラムソンが主張しているように、誰かをガスライティングすることは通常は長期間のプロジェクトになる。ガスライターの話に付き合うという認識的義務の感覚を作り出すのは時間がかかり、通常はかなりの努力が必要になる（その努力はガスライティングが達成しようとしている認識的支配を、必ずしも意識的に目指しているわけではないが[29]）。しかし、認識的資格は、反対意見を持ち、脅威的なものの見方をする資格が他者にはないという間違った感覚をもたらすことにもつながる。たとえ実際に人びとにそうした資格があるとしても。このことは、男性が女性を永遠に黙らせようとする体系的試みや、女性が意見を述べた際に瞬間的に怒りを覚えることへとつながる可能性がある。しかし、後者の場合であっても、その瞬間的な怒りはしばしば暴力や脅迫を暗示する。レベッカ・ソルニットが観察しているように、マンスプレイニングに関する彼女の古典的エッセイが比較的穏和そうな出来事から始まり、レイプや殺人で終わっていることには意味がないわけではない――性的暴行を証言しようとした女性は、永久に沈黙させられてしまうのである。[30]

控えめに言っても、オンライン上で自分の意見を述べている女性に対して男性が激怒している例は少なくはない。私自身もそうした怒りを何度も経験し、そうしたミソジニーを予測し、耐える方法を次第に身につけていった。それでも、私や、他の少女や女性たちに対する男性の暴言には、息を吞むようなときもある。[31]私が本章を書いていたとき、ミソジニーな発言[32]をよくすることで有名な、オーストラリアの右翼ラジオ番組のホスト、アラン・ジョーンズが、ニュージーランドの首相ジャシンダ・アーダーンの気候変動に関する見解に異議を唱えていた。国際的なリーダーたちが参加していた太平洋諸島フォーラムで、アーダーンはオーストラリアが気候変動に対して無策であり、オーストラリアは海面上昇によって壊滅的な影響を受ける「太平洋（諸島）に応えなければならない」と正確に述べた。また、二〇五〇年までに二酸化炭素の排出量をゼロにするためニュージーランドは協力するということを改めて表明した。[33]これらの発言が、アラン・ジョーンズの激しい怒りを引き起こしたのは驚くことではない。いくつかの研究が示しているように、気候変動の話になると保守的な白人男性はどんなに間違っていても、今起きていることを起きていないと意見する資格があると思っている[34]（こうした基本的な現実を否定することは、ある意味で地球をガスライティングしようとしているようなものだ）。

そのため、ジョーンズの怒りは予想できたかもしれない。[35]それにもかかわらず、彼の表現はトップニュースになった。「彼女は地球温暖化について説教していて、気候変動を何とかしなければならないと言っている」と、ジョーンズはラジオ番組で怒りながら言った。「（オーストラリアの首相である）スコット・モリソンが、彼女の喉に靴下を突っ込むために十分な説明を受けるのかどうか、気になるところだ[36]。」このような脅迫めいた発言に対して非難の声が広がっていることを受けて――それは同じくらいの権限を持つひとりの男性によって、アーダーンが黙らされていることを大いに楽しむものだった――、アラン・ジョーンズは当初、謝罪することを拒否していた。彼はただ、最もありえない方法で話をそらそうとしただけだった。評論家たちが自分の言葉を故意に誤解しているのだと彼は言った。実際には、アーダーンは自分で自分の喉に靴下を突っ込むべきだという意味だったと。これは少しもマシではないし、信じることもできない[37]。

何が起きているのか、または起きるのかについての自分の感覚が脅かされるような意見を他者が表明した際に、それに対処できない、または対処したくないというような男性もいる。そうした男性たちは、とくに少女や女性が、世界で何が起きているのか、何を変えなければいけないのかを語るという、正統な認識的資格の感覚を主張することに耐えられない。彼らの反応は、そうした立場にある少女や女性にただ激しく反対するというだけではない。確かに、彼らはときに彼女たちの発言に異論を唱えるだけの余裕がないようにみえる――または、その意欲もないようにみえる。その代わりに、彼女の言葉には何の意味もメリットもないと否定することによって（彼女は狂っている、または彼女は邪悪だなど――どちらにせよ、彼女の発言は考慮に値しないということだ）、彼女を黙らせたり、意見が異なる可能性を排除したりしようとする。または、そうした男性は自分とその仲間たちが、女性に言葉を取り消させる力を持つ世界を想像している――この場合、彼女の喉に何かを詰めることによって、彼女を永遠に黙らせるのである。驚くべきことに、彼はその間、自分が正当な人、あるいは苦しんでいる人であるかのように感じているのである。

『ガーディアン』が報じたように、反ＤＶ団体「アワー・ウォッチ Our Watch」のＣＥＯであるパテイ・キナーズリーは、ジョーンズの「言葉による暴力の脅し」に懸念を表明した――「女性に対する暴力を容認し、正当化する環境を作り出す言葉の力」が指摘されている。キナーズリーはまた、「誰かを黙らせようとしなくても、その人の意見に反対することはできる」と、良識的につけ加えていた[38]。
さて、親愛なる読者であるあなたにはできると思う。しかし、すべての人がそうであるわけではない。

注

（1） Laura Dodsworth, interviewed by Liv Little, "Me and My Vulva: 100 Women Reveal All," *The Guardian*, February 9, 2019, https://www.theguardian.com/lifeandstyle/2019feb/09/me-and-my-vulva-100-women-reveal-all-photographs.

（2） ジェン・ギュンター博士の適切な介入については以下を参照。http://twitter.com/DrJenGunter/status/1094831250945191936/.（二〇一九年五月五日閲覧）

（3） Julie Scagell, "Guy Mansplains 'Vulva' vs. 'Vagina' to Women and It Goes About as Well as Expected," *Scary Mommy*, February 12, 2019, https://www.scarymommy.com/vulva-versus-vagina-twitter/.

（4） その後の彼のツイートには支離滅裂なものもあった。「ダムダウン［dumbing down：知的水準を低くすること］なら私は支持していないような質問を、あなたははぐらかしている。私が問題にしているのはそういう立場だ。」このツイートは、ポール・バレンの間違いは「ヴァギナ」を「外陰部」に誤って置き換え、正しい解剖学的な用語をより広く「ダムダウン」したのではないかという（その時点では歓迎されていたかもしれない）示唆に反応したものである。

（5） サリー・ハスランガーによって提唱された、定義上の問題に対するこうした「改良主義的 ameliorative」アプローチを支持する議論については、拙著『ひれふせ、女たち』第一〜二章を参照。ハスランガーの独創的で画期的な分析については、彼女の以下の論文を参照。Sally Haslanger, "Gender and Race: (What) Are They? (What) Do We Want Them to Be?" *Noûs* 34, no.1 (2000): 31-55. この論文は彼女の著書 *Resisting Reality: Social Construction and Social Critique* (New York: Oxford University Press, 2012) に再録されている。

（6） いつものように、「態度」といっても個々の主体と心理学者との間で解明されるような、深い心理的なものを意味しているわけではない。私が関心を持っているのは、「態度とは何か?」というよくある質問のときに身ぶりで示されるような態度である。つまり、一般的な社会的期待や仮定を反映し、それを永続させるという意味で、一般的な種類の悪いふるまいとは一体どうなっているのか、ということである。

(7) 女性は所有しているが男性は所有していない身体の部位について、Twitter上で男性が女性を訂正しようとしたのはこれが最初ではない。二〇一六年一〇月、ドナルド・トランプが女性の「性器 pussy」を摑んだことを自慢している隠し撮りの音声映像が公開された後、@DaveBussoneという男性ユーザーは、ヴァギナは実際には内部器官であるため、その部分を無理やり触られたり、「摑まれ」たりして性的暴行を受けるのは不可能だという事実を誤解していた。その話題を報道した政治評論家のキルスティン・パワーズに対して、彼は次のようなツイートをした。「いつもは及第点をあげてるけど今回は違ったな。膣は体内にある。解剖学の本を見ろよ。摑めないだろ。#MAGA。」キルスティン・パワーズはこう返信した。「自分のヴァギナがどこにあるかくらい知ってるわ。」以下を参照。https://www.facebook.com/kirstenpowers10/posts/1070957156354394/.

(8) ここで私は、非難を含意する言葉として「認識的資格」を解釈している。そうした不当で過度な資格を付与された態度に言及するためである。ゆくゆくは、この態度は例えば自分の見解を主張したり、知識を述べたり、権威をともないながら情報提供するなどの、正当で妥当な認識的資格の感覚と区別する必要があるだろう。

(9) ここでなされるべきもうひとつの重要な区分は、道徳的な性質についてである。証言的不正義は、他者の声に耳を傾けるという認識的義務を果たしていない行為主体に関するものであるのに対し、認識的資格は行為主体の不当かつ過度に資格を付与された態度やふるまいに関するものである——言い換えれば、他の人が自分の声に耳を傾ける義務についてあまりにも多くを想定しすぎているということである。本章の注20を参照。

(10) ドットソンによる証言的窒息の正確な定義は、以下のようなものである。

証言的窒息とは、究極的には、聴衆に対して証言的能力があることを示す内容のみを証言に盛り込むために、自分の証言を切り詰めてしまうことである……証言的窒息の例としては……次のような三つの状況がよく見られる……(一)証言の内容が安全ではなくリスクも高くならざるをえないとき、(二)発言者の証言内容に対して、聴衆がその証言能力を示す必要があるとき、(三)証言的能力の欠如が、悪質な無知に起因する、あるいは起因しているようにみえなければならないとき。

"Tracking Epistemic Violence, Tracking Practices of Silencing," *Hypatia* 26, no. 2 (2011): 244.

(11) Rebecca Solnit, "Men Explain Things to Me," reprinted in *Guernica magazine*, August 20, 2012, https://www.guernicamag.com/rebecca-solnit-men-explain-things-to-me/. [= 2018、ハーン小路恭子訳、『説教したがる男たち』左右社、八—九頁]

(12) Tressie McMillan Cottom, *Thick: And Other Essays* (New York: New Press, 2019), p. 219.

(13) Patrick Hamilton, *Angel Street: A Victorian Thriller in Three Acts* (copyrighted under the title *Gas Light*) (New York: Samuel French, 1939) [= 2020、林清俊訳『エンジェル通り』Kindle版]

(14) Ibid., p. 5.

(15) このことは、ガスライティングが障害者差別にもとづいていることを部分的に示している。すなわち、精神疾患は人道的で効果的、かつ偏見のない方法で治療するのではなく、恥ずべきもの、スティグマを付与されるべきものであるという考え方にもとづいていると考えられる。この点について議論を交わしたボビー・コーンとニコラス・ティルムス、そして、コーネル大学のヒューマニティーズ研究会が二〇一九年春に開催した「(Un) following」セミナーに参加したメンバーに感謝したい。

(16) 哲学者のケイト・エイブラムソンが主張しているように、孤立はガスライター [gaslighters：ガスライティングする人] が用いる重要な戦術である。被害者や標的にされた人は、自分の認識を正当化したり、または、少なくとも裏づけをしたりするために気軽に相談できる人がいなくなってしまう。以下を参照。Abramson "Turning Up the Lights on Gaslighting," *Philosophical Perspectives* 28 (2014): 2.

(17) Hamilton, *Gas Light*, pp. 34-35.

(18) Ibid., pp. 10-11.

(19) ここで特筆すべきは、ガスライティングは必ずしもジェンダー化されてはいないものの、ケイト・エイブラムソンによって明らかにされた方法では、ジェンダー化された力学を頻繁に利用し、永続させている、ということである。エイブラムソンは次のように指摘している。

そもそも、(一) 男性よりも女性の方が頻繁にガスライティングの標的となり、(二) ガスライティングを行うのは男性である場合が多い。さらに重要なことに、ガスライティングは必ずしも常にそうではないが、次のような点で性差別的であることがよくある。（三）ガスライティングは性差別的（または差別的）行為に対する女性たちの抗議の文脈で、またはそれに応じるかたちで頻繁に行われる。（四）ガスライティングで用いられる感情操作の形式のいくつかは、標的が内面化している性差別的規範に依拠していることが多い。（五）ガスライティングが成功した場合――意図した方法で実際に標的を弱体化させた場合――その標的が抵抗しようとしていたまさにその性差別的規範と／または、ガスライターが彼／彼女の標的を操作するために依拠していた性差別的規範は強化される。そして、（六）ガスライティングはときに、ガスライターがそれを行うことで維持しようとする性差別的規範のまさにその一部であることもある。
"Turning Up the Lights," p. 3.

（20）先に、私は証言的不正義と認識的資格（という不当な思い込み）の違いについて焦点を当てた。証言的不正義とガスライティング（これも私が論じてきたように、極端なかたちの認識的資格から生じることがある）の間にあるもうひとつの区別についても、今ここで注目すべきである。証言的不正義は、加害者がその対話者を知っている者、あるいは知っている者になる可能性がある者として扱うという、真の道徳的義務を果たさないことに関連する。ガスライティングは、加害者――ガスライター――が、対話者自身の認識的立場が潜在的に優位であるか否かに関係なく、ガスライターをそのやりとりのなかで知っている者として扱うよう、偽りの道徳的義務を対話者に課すことに関するものである。そのため、ガスライティングは証言的不正義のひとつの形態ではあるものの――レイチェル・V・マッキノンが説得力をもって主張しているように――、それだけではなく、とくに不気味なものである。以下を参照。Rachel V. McKinnon, "Allies Behaving Badly: Gaslighting as Epistemic Injustice," in *The Routledge Handbook of Epistemic Injustice*, edited by Gail Polhaus, Jr., Ian James Kidd, and José Medina (New York: Routledge, 2017), pp. 167–75.

（21）Abramson, "Turning up the Lights," p. 9.

（22）Kyle Swenson, "Abuse Survivor Confronts Gymnastics Doctor: 'I Have Been Coming for You for a Long Time,'" *The Washington Post*, January 17, 2018, https://www.washingtonpost.com/news/morning-mix/wp/2018/01/17/ive-been-coming-for-you-for-a-long-time-abuse-survivor-confronts-gymnastics-doctor/.

（23）ジョン・ミーハンは、デブラ・ニューウェルを子どもたちや親族から分離させようともしていた。繰り返しになるが、ケイト・エイブラムソンが主張しているように、これはガスライターがよく用いる戦術である（本章注16を参照）。

（24）この引用と、以下の抜粋は「ダーティ・ジョン」のポッドキャストからのものである。以下を参照。https://www.latimes.

com/projects/la-me-dirty-john/.

（25）私が用いているガスライティングの概念は、ケイト・エイブラムソンが次のように記しているものよりもやや広く捉えている。

（「ガスライティング」という言葉で）識別されるようになった現象は、感情的操作のひとつの形態であり、ガスライターは（意識的であるかどうかにかかわらず）、彼女の反応、認識、記憶や／または信念が、単なる誤りではなくまったく根拠のないものである――典型的には、気が狂っているといえるほど根拠がない――という感覚を抱かせようと誘導しようとする……ガスライティングは、彼女自身が自分を対話者として真剣に捉えないように仕向けることを目的としている。

彼女は続けて、こうも記している。

ガスライターは、標的を「頭がおかしい」「過激だ」「偏執的だ」と非難する。ガスライティングの文脈においてこれらの言葉に共通しているのは、単に相手が間違っている、勘違いしているというだけでなく、彼女は間違っていたり誤解したりしているかどうかを判断できないような状態にあるのだ、と告発する方法になっているという点である。その告発は、標的の基本的な合理的能力に関するものだ――事実を正確に把握する能力、熟考する能力、基本的な評価をする能力、適切に対応する能力など、思慮深い道徳的主体として彼女は独立している。ガスライティングが成功すると、その人の独立した立場という側面が酷く損なわれるという意味において、標的は狂わされてしまう。

"Turning Up the Lights," p.2 および p.8. それぞれの頁から。

（26）デブラ・ニューウェルは過去に、夫を許し、自分の認識を放棄するための用意がすでにあったのかもしれない暗い理由があった。彼女の姉であるシンディは、数十年前に夫のビリー・ヴィッカーズに殺害されていたのである。彼はシンディから離婚を申し立てられた後に、至近距離から彼女の後頭部を撃った。それでも、シンディとデブラの母親であるアーレイン・ハートはビリーのすべてを許した。母親は殺人事件の裁判で、自分の意思で彼のために証言した。彼女は極端なかたちの許しを実践した――少なくとも、彼女のふるまいを目撃した一部の人びとによれば、彼女は娘の記憶を損なうようなことをしたといわれている。クリストファー・ゴファードは次のように記している。

彼女の証言は、トーマス・アヴデフ検事を驚愕させた。彼女は血も凍るような極刑を求めると思っていたが、彼の解釈によれば母親の証言は……シンディは夫の扱いを間違えたのだとした。「彼女をバスの下に放り投げたんだ。」アヴデフは言う。「私はあの家族の力学がわからない。あれを決して理解することはできないだろう。なぜ被害者を悪く言うのか。」

https://www.latimes.com/projects/la-me-dirty-john/

私は本書が被害者の女性よりも——この例のようにたとえ自分の娘であっても——加害者の男性に共感してしまう傾向を探ることで、その鋭い疑問に答えるための一助になるよう願っている。ひとことでいえばヒムパシーであり、それによって多くのことに答えることができる。

(27) ガスライティングには、被害者を狂わせたいというガスライター側の動機があると主張する人もいるだろう。しかし、それはガスライティングを心理的要因に依拠させすぎているように思われる——定義が心理学的すぎることと、加害者の側にあまりにも意図を求めすぎていることの両方の意味で。私自身は、その行為が何を達成しようとしているのか（すなわち、「目的因 telos」という目的）、ガスライターが意識的にこの目標を目指しているのかどうか、そして、狂気を作り出したり、あるいは代替的に道徳化したりする戦術を用いているかどうか（あるいは、このふたつを組み合わせたもの、または、脅迫的なふるまいのような完全に別の戦術を用いるかもしれない）、という観点からガスライティングを定義するような考え方が好ましいと考えている。しかし、もちろんここでの短い言及からより多くの示唆を得られるとは思っていない。ガスライティングを理解し定義するうえでの最善の方法は、より大きな哲学的テーマでもある。興味がある読者は、これまでの注で言及してきたケイト・エイブラムソンやレイチェル・V・マッキノンによる明快な論稿を読むとよいだろう。

(28) クリストファー・ゴファードは次のようにコメントしている。ジョン・ミーハンは「とくに敵に対処するときにはマフィアのやり方を採用していた。彼は繰り返し、冷血な倫理観を称賛していた。死んだ敵は苦しまない。だからその愛する人を狙う。家族を狙うのだと」。これは彼がある晩に、テラ・ニューウェルのアパートに向かった理由だと思われる。そのとき彼は、警察が「誘拐セット」と呼ぶもので武装していた——ダクトテープ、結束バンド、キッチンナイフ、テストステロンの注射器、パスポートなどが入っていた。ジョンは、テラが反撃する前に彼女をナイフで刺した。最終的に彼女は武装解除に成功したが、自己防衛のために彼を数回刺してしまった。彼は四日後、病院で亡くなった。ゴファードは次のように述べている。「刑事は検察官のマット・マーフィーに、明らかに正当防衛だと思われると伝えた。このような事件では通常、犯人は逃亡し、被害者は高速道路の脇や砂漠に放置され、死亡してしまう。」

テラは逮捕も起訴もされなかった。以下を参照。https://www.latimes.com/projects/la-me-dirty-john-terra/.

(29) Abramson, "Turning Up the Lights," pp. 8-12.

(30) Solnit, "Men Explain Things to Me," Guernica.

(31) もちろん、インターネット上では誰もが標的にされる可能性がある。しかし、重要なことは——私の分析によれば、それをミソジニーたらしめているのは——、女性を標的にすることが（男性と比較した場合に）明らかに不均衡であるかどうか、そして、しばしば明確にジェンダー化された脅迫や侮辱をともなっているかどうかである。前者については以下を参照。"The Dark Side of Internet Comments," *The Guardian*, April 12, 2016, https://www.theguardian.com/technology/2016/apr/12/the-dark-side-ofguardian-comments.

(32) 例えば、二〇一二年にジョーンズは、オーストラリア初の女性首相であるジュリア・ギラードは「もみがら袋に押し込んで」海に沈めるべきだと言った。その年の後半にギラードの父親が亡くなったとき、ジョーンズは娘を恥じていたことが致命傷になったのではないかとも発言している。

(33) その後、アーダーンはこの公約を実行に移し、ニュージーランドでこの目標を法律に明記した。"New Zealand 'On the Right Side of History' with 2050 Carbon Emissions Target, Jacinda Ardern Says," *ABC News*, November 7, 2019, https://www.abc.net.au/news/2019-11-07/new-zealand-passes-leading-carbon-emissions-law/11683910.

(34) Aaron M. McCright and Riley E. Dunlap, "Cool Dudes: The Denial of Climate Change Among Conservative White Male in the United States," *Global Environmental Change* 21, no. 4 (2011): 1163-72.

(35) 環境保護活動家のグレタ・トゥーンベリに対する数々の非難と比較してみてほしい。彼女は——自閉症スペクトラムでもあるのだが——障害者差別のステレオタイプやそれにともなうレトリックの対象にもされている。例えば、オーストラリアのコラムニスト、アンドリュー・ボルトによる彼女への酷い攻撃をみてほしい。「あんなに若くて多くの精神障害を抱えた少女が、あれだけの数の大人に教祖として扱われているのを私は見たことがない。」彼は、「グレタ・トゥーンベリ教の気がかりな秘密」というタイトルをつけた記事でこのように書いているのである。*The Herald Sun*, August 1, 2019, https://www.heraldsun.com.au/blogs/andrew-bolt/the-disturbing-secret-to-the-cult-of-greta-thunberg/news-story/55822063e3589e02707fb5a9a75d4cc.

(36) Kate Lyons, Naaman Zhou, and Adam Morton, "Scott Morrison Condemns Alan Jones's Call to 'Shove Sock Down Throat' of Jacinda Ardern," *The Guardian*, August 15, 2019, https://www.theguardian.com/media/2019/aug/15/alan-jones-scott-

morrison-shove-sock-throat-jacinda-ardern.

(37) (広告を中止する企業や、不快感を抱いた放送局からの)強い圧力を受けて、ジョーンズはその後、中途半端な謝罪をした——その同じ日、彼はジャシンダ・アーダーンを「間抜け」な「偽善者」と呼んだ。"Alan Jones Writes to Jacinda Ardern to Apologise After Companies Pull Ads," *The Guardian*, August 16, 2019, https://www.theguardian.com/media/2019/aug/16/alan-jones-writes-to-jacinda-ardern-to-apologise-after-companies-pull-ads.

(38) Lyons, Zhou, and Morton, "Scott Morrison Condemns Alan Jones's Call to 'Shove Sock Down Throat' of Jacinda Ardern," *The Guardian*.

第九章　選ばれない――権力を得る資格

二〇一六年の合衆国大統領選挙で、ヒラリー・クリントンがドナルド・トランプにまさかの敗北を喫してから、この国における女性の当選可能性（electability）をめぐる問いは広く議論されるようになり、そして当然のことながら差し迫ったものとみなされるようになった[1]。このような議論が馬鹿げたものではないことは多くの調査によって示されているが、後に本章で述べるように、その答えは操作や誤解を受けやすいものである。しかし、誰が権力を得るにふさわしいかという議論になると、多くの（すべてではないが）状況において、女性は著しく不利な立場に置かれている。そして、二〇二〇年の選挙でドナルド・トランプを倒すことが、多くの人びとにとって最大で喫緊の政治的課題ならば、少なくとも特権のある男性候補者と比べると女性が選ばれるのは難しいという証拠を無視はできないだろう。私たちは、この証拠がどれほど強力であるかを立証し、女性が当選することの困難さを克服できるのか否かを問う必要がある。また、「当選可能性」の枠組みが誰にとって有利に働くのかも問う必要があるが、これについては後述する。

マデリン・ハイルマンと共同研究者たちの画期的な研究において、被験者たちは仮想の男性と仮想の女性――それぞれ「ジェームズ」と「アンドレア」という名前がつけられた――を、人事ファイルの情報にもとづいて評価するよう求められた[2]。ジェームズとアンドレアはともに、航空会社の副社長補佐という、男性にコード化された指導的役職に就いている設定だった。研究者たちは、被験者たちが受け取る評価対象の二人に関する平均的な情報に実質的な差異がないよう担保するため、人事ファイルの名前を交換していた（それぞれのファイルの名前は、被験者ひとりおきに入れ替えられていた）。しかし、被験者たちは男性の指導者に対して、顕著で一貫したバイアスを示した。具体的には、候補者の能力に関する情報が曖昧な場合、被験者たちの八六％が「ジェームズ」を「アンドレア」よりも有能であると判断した。しかし、好感度という点では、二人の候補者に対する判断に大きな差はなかった。二人の能力の高さを明確にする情報（各々がそのレベルの全従業員中、上位五％に入るというような情報）が人事ファイルに含まれるようになると、結果は変わった。このときは、八三％が「アンドレア」よりも「ジェームズ」の方に好感が持てると判断したのである（相対的な能力の順位は大差なかったにもかかわらず）。興味深いことに、被験者の性別によって結果を細分化しても得られる知見に違いはなく、男性も女性も同じバイアスのかかった傾向を示した[3]。

要するに、人は性別に関係なく、歴史的に男性が占拠してきた権力ある地位にいる男性の方を、女性よりも有能だと思ってしまう傾向があるのだ。その思い込みが他の情報によって明確に否定されない限り。そして、その思い込みが強く否定されるとき、女性は嫌われやすく、とくに「対人関係における敵」とみなされてしまう。この研究では、悪事を企んでいる、厚かましい、自分勝手、無愛想、人を操ろうとする、信頼できない人物とみなされた。研究者たちはこの結果を「劇的である」と表現している――「落胆」もつけ加えられるかもしれない。このようなバイアスがまん延しているなかで、いったいどうしたら女性が勝てるというのだろうか。

女性が選ばれることの困難さを示すさらなる証拠は、二〇〇八年の大統領選挙の二年前、潜在的な有権者への戸別訪問調査において浮き彫りになった。デビット・ポールとジェシー・スミスという研究者たちは、調査対象者たちに三名の共和党員（ルディ・ジュリアーニ、ジョン・マケイン、エリザベス・ドール）と二名の民主党員（ジョン・エドワーズとヒラリー・クリントン）を検討してもらった。女性候補者は（党内および他政党との）すべての一対一の対決では男性候補者に敗れたのだった。おそらく最も注目すべきは、自党の女性候補者へ投票しないようにするために、多党の候補者に乗り換えた有権者が相当数いたことである。例えば、民主党の有権者はヒラリー・クリントンではなく男性の共和党候補者を選んでいた。ここ数十年の間、アメリカ人は自党の候補者に投票する傾向が強いことを考えれば、この調査は少なくとも大統領選挙に立候補する場合、「女性は勝てない」という仮説を自然なかたちで裏づけたといえる。[4] この仮説に対するさらなる（そして同様に落胆する）証拠として、多くのアメリカ人（過半数すれすれのアメリカ人男性も含む）は、女性大統領というアイデアにいまだに「非常に満足している」わけではないことを示す最近の研究結果もある。[5]

もちろん、対抗馬が男性の場合も含めて、女性が選挙で勝つことが、で、き、る、という十分な証拠もある。二〇一八年の中間選挙で記録的な数の女性政治家が議会に選出されたことは、[6] そのひとつの例である。しかし、社会心理学者たちは最高位の権力や、最も男性的なものとしてコード化された権威ある地位を志向する女性には、人びとを不快にさせ続ける何かがあると推測している。ある実験では、上院議員に立候補していると説明された仮想の女性政治家は、――酷いジェンダー・バックラッシュにさらされたが――、権力志向であると明確に説明されるまではほとんどジェンダー・バイアスを受けなかった。さらに、研究者たちが指摘するように、権力志向であると認識されるためには多くを必要としない。単に大統領選挙に立候補するだけで十分かもしれない。研究者たちによれば、「バックラッシュは、命令や決断、そして権威的なスタイルをより多く要求される政治的役割（例えば合衆国大統領や下院議長など）を担う際に、より頻繁に生じる」。[7] 高度に男性的なコードを付与された一般的な権力的地位――例えば上司やマネージャーなど――を志向する女性にも、同様のペナルティが適用されるかもしれないと推測されている。

それゆえに、私たちは多くの女性が議会や上院に選出されているという事実だけでは満足できない。問わなければならないのは、もしあるとするならば、いかなる条件下において女性が最も許容されにくい形態の権力を保持することが受け入れられるようになるのか、ということである。

ハイルマンのさらなる研究は、いかにして、また、なぜ女性の権力が許容されるのかという点に重要な光を当てている。ハイルマンは、同僚のタイラー・オキモトと共同で、歴史的に男性が占有してきた権力的地位を女性が獲得したときに生じるバイアスの根源を探っている。彼女たちが知りたかったのは、「男性型の仕事で女性が成功しているという明らかな証拠があったとしても、嫌われたり、個人的に軽蔑されたりするなどのキャリアが妨げられる問題に女性が直面する」のはなぜか、ということだった。[8] ハイルマンたちは、そのような地位で成功した女性は「共同性 communality」の欠如、つまり、面倒見のよさや社会性といった資質が欠けているに違いないという認識から生じており、これらの資質を欠いた女性は厳しく罰せられるという仮説を立てた。なぜなら、ハイルマンとオキモトが指摘するように、「女性は共同性があるようにふるまうべきであり、親切さ、共感性、理解力といった他者への配慮を示す養育的で社会的に敏感な特性を表現するべきである」という不文律が広く存在するからだ。[9] 本書を通じて述べてきたように、このような社会的規範は男性よりも女性に対してはるかに厳しく強要される傾向がある。ハイルマンらはまた、共同性がないと認識されて罰せられるため、女性は思いやりがない特性を積極的に示すべきではないとしている。男性のものとされる指導的役割に就いた女性が成功しただけでも、こうした欠点があると推測されたり、想定されたりすることがある。ハイルマンとオキモトは次のように述べている。

いくつかの調査から明らかにされたのは、被験者たちは女性マネージャーが成功した、とだけ伝えられた場合（追加の行動に関する情報は与えられなかった）、その女性マネージャーは共同性に関する好ましい対人関係的資質とみなされているものを欠いており、代わりに、自分勝手、狡猾、腹黒い、冷たい、人を操ろうとするなどの特性を持っていると考えたことだ。したがって、男性の仕事において女性が成功しているという知識だけで、その女性に対する対人関係上の否定的な反応が引き起こされるようだ。[10]

しかし、こうした推測を阻止することは可能なのだろうか？ そのような思い込みをやめさせるのは可能なのだろうか？

可能である。ハイルマンとオキモトは最初の研究と同様のパラダイムを用いてこの問いを研究することにしたが、ひとつの決定的な違いがあった。それは、「ジェームズ」と「アンドレア」はともに共同性についての考え方を有していると示唆する情報を、実験条件に含めたことである（この実験に対する比較実験では、両者の考え方には言及せず、どちらも非常に有能であるとした条件で実施されている）。結果はどうだったか？ 比較実験では、アンドレアに対するバイアスも、また、ジェームズに対するバイアスも完全に残っていた（つまり、以前の研究結果が再現されただけだった）。しかし、アンドレアは「他者に対して理解があり、気を遣うことができる」「協力したり手助けしたりすることを勧める」「従業員の帰属意識を高めようとしてきた」人物であると部下から評価されていることが被験者たちに明示されると、このパターンは逆転した。つまり、被験者たちはより望ましい上司として、また二人のうち好ましい方の上司として、アンドレアを選ぶ傾向が有意に強くなり、ジェームズよりも対人関係において敵対的ではないと判断したのである。覚えておいてほしいのは、この条件ではジェームズも同様に共同性の特徴を持っていると提示されていたにもかかわらず、このような結果になったことである。[11] 共同性が認識されると女性候補者には大きな違いがもたらされるが、男性候補者には作用しない。優しさを示すことは、権力のある女性には必要不可欠だが、その男性ライバルには重要ではないようだ[12]。

そのため、男性の大統領候補は同じくらい、あるいはそれ以上に資質がある女性候補者よりも必然的に支持を集めやすいと思い込むのは間違いである[13]。先述した調査で明らかにされたのは、特定の条件下では、男性支配的な領域において女性も男性と同等に、あるいはそれ以上に、権力を行使する資格があるとみなされうるということだ。これは良いニュースである。では、悪いニュースは？　このような特定の条件が満たされる場合は少ないということである。大統領選において共同性があると認識されるためには、多くの女性候補者たちにとって困難な闘いが強いられることになる。

「サラダ狂いのエイミー・クロブシャーは、フォークを忘れた側近を叱りつけた」という見出しを読んだとき、私は息ができなかった[14]。この記事は、「エイミー・クロブシャーはスタッフをどのように扱っているか」という、より真面目なタイトルがつけられて『ニューヨーク・タイムズ』に掲載されていた。この報道は、二週間ほど前に大統領選への出馬を表明したミネソタ州選出の上院議員に関する妥当な懸念と、卑猥にも似た逸話を組み合わせたものだった。なかでも最も印象的だったのは、次の文章である。

エイミー・クロブシャー上院議員は空腹だったがフォークを持っておらず、イライラしていた。二〇〇八年、サウス・カロライナ州を訪問した際に同行した側近は、空港のターミナルで荷物を運んでいる間に上司のためにサラダを調達した。しかし、搭乗時に残念なニュースが発覚した。搭乗ゲートに着く前、彼はプラスチック製のフォークを取ってくるのを忘れてしまったのだが、乗務員は短いフライトだったためフォークを用意していなかったのだった。

その後の展開はおなじみのものだった。クロブシャー女史は即座にその側近の不手際を叱りつけた。

その後の展開は意外なものだった。このエピソードを知る四名の人物によれば、彼女は自分のバッグからクシを引っ張り出し、それを使ってサラダを食べ始めた。

その後、彼女はそのクシをスタッフに手渡し、こう指示した。「きれいにしといて。[15]」

『ニューヨーク・タイムズ』の記事が、この記事の後半で詳しく述べられている彼女の様々な行動から書き始められたものではなく、先述の（今や一〇年以上も前の）出来事から始まり、側近の視点から語られ、上院議員を最大限困惑させるように書かれていたことの方が、私にはむしろ気がかりだった。彼女は側近に物を投げつけたり、日常的に皿洗いをさせるなどの不適切な仕事を割り当てていた。クロブシャーがスタッフを積極的に虐待していたことへの懸念は深刻に受け止められるべきだが、この記事が、怒りを表現するだけで理解力や人間らしさを感じられない女性上司をただ許容できない人たちの反発を招いたことも疑いない。さらに重要なのは、おそらくクロブシャーに関するこれらの記事のすべてが直接的な国民の関心事であり、適切に書かれたものであると考える人びとからも、男性政治家に関する同じような報道にはほとんど反響がなかったということだ。例えば次の記事をみてほしい。

新たな報道では、ジョー・バイデンは表向きは愛想が良くユーモアもあるが、その裏には激しい気性を隠し持っており、元副大統領だったときに日常的にスタッフに暴言を吐いていたことが明かされた。……「彼のために働いている人たちはみな怒鳴られ続けていた」と、元顧問は本誌に語った。

……

バイデンに関する暴露は、対抗馬のミネソタ州上院議員エイミー・クロブシャーが二〇二〇年二月の大統領選への出馬を表明する直前に報道されたものをもとにしている。[16]

この報道にも反響はあったが、クロブシャーの記事に対するものとはかなり異なっていた。とくにバイデンに対しては、誰も何も言わない状態だった。

バーニー・サンダースも「信じられないほど虐待的である」と元部下から評されている。彼が二〇一六年の大統領選に出馬している最中に発表された「アンガー・マネジメント：サンダースは従業員たちのために闘う。自分の従業員を除いて」というタイトルの記事では、ポール・ハインツがサンダースの「おじいちゃん的」な肖像に異議を唱えていた。

長年にわたってサンダースのそばで働いてきた人びとによれば、「気難しいおじいちゃん」という言葉では彼を表現しきれないという。彼らは、サンダース上院議員の特徴を無礼で、短気で、ときに非常に敵対的であると述べる。サンダースは、人生の多くをバーモント州の労働者たちのために闘うことに費やしてきたけれども、自分のために働く人びとを不当に扱っている、と彼らは言う。

元選挙スタッフのひとりは、「上司としての彼は信じられないほど虐待的だった」と述べており、再三の暴言に耐え続けていたと主張する。明らかなダブルスタンダードであり、「彼は職場で別の上司が同じことをしているのを見つければ、その行為を追及するだろう。だが、自分の従業員に対して自分がやっていることは省みない」。……この元従業員の話をうけて、サンダース上院議員はカッとなりやすいと語る人もいる。選挙遊説でサンダースと働いた民主党の内部関係者は、「バーニーはクソったれだった」、「クソったれ以上のクソったれだった」と言う。[17]

もうひとりの大統領候補者だったベト・オルークも、スタッフに対して「ろくでなし」なふるまいをしていたことを自ら告白している。「ランニング・フォー・ベト」という、テキサス州における合衆国上院議員選挙に落選した彼を追ったドキュメンタリーのなかで、オルークは「F爆弾［会話のなかで侮蔑語を使うこと」を落とし……記者のために「踊ら」なければならないことに文句を言い、自分のスタッフに対してキレていた。……ドキュメンタリーで、オルークは「ときに自分がとんでもないろくでなしだったことはわかっている」と自分の一番の側近に対して認めており、その側近はこの点について異議を唱えてはいない」と、オルークが大統領選への出馬を表明する直前に発表されたニュース記事には書かれていた。[18]

クロブシャーのスタッフへの扱いに関する報道に比べて、バイデンやサンダース、オルークに関する話にはほとんど関心が持たれず、騒動にもならなかった。これは、権力を持つ女性が共同性を欠いていると認識された場合は厳しく罰せられる傾向にある一方で、男性が同じ特徴を持っていても比較的関心を持たれないという先述した研究結果とよく合致している。大統領候補者のモラルの欠如を受け止めるべきであるとどれほど真剣に考えたとしても、そこにジェンダー化されたダブルスタンダードがあることに弁解の余地はない。

もし先述のようなクロブシャーの記事が流布されなければ、彼女が大統領候補としてどれほど人気になりえたかについては、合理的な判断はわかれるだろう。[19] しかし、共同性が欠如していると認識されたことで、確実に将来の可能性を阻害された別の女性大統領候補者がいる。ニューヨーク州のカーステン・ギリブランド上院議員である。[20] ギリブランドが犯したとされる非‐共同的な罪は、クロブシャーとはまったく異なっていたものの、少なくとも同じくらいの怒りをかった。ギリブランドは、ミネソタ州選出の上院議員による性的不法行為を糾弾したことから、「アル・フランケンを裏切った」と人びとから思われている――それゆえ彼女は、不誠実で、危険で、自己中心的で、日和見主義だとみなされていた。[21] ギリブランドは、フランケンの辞任を要求した三〇名ほどの民主党議員のうちのひとりに過ぎなかったが（フランケンは二〇一八年のはじめに自発的に辞任した）、辞任を最初に要求したのが彼女だったという事実は、多くの人びとにとって許しがたいものだった。[22] ギリブランドが大統領選から撤退することを表明した後、二〇一九年八月の『ポリティコ』の記事は、当時の状況をうまくまとめている。

一時、ギリブランドは手強いとまではいえなくとも、書面上では正当な大統領候補のように思われた。欠点はあるが、彼女は完璧な選挙記録とドナルド・トランプへの説得力のあるカウンターになりそうな、明確なフェミニスト的メッセージを発信しているというプラス面もあった。しかし、ギリブランドはフランケン上院議員を追い詰めたという批判につきまとわれていた。アル・フランケンの辞任は避けられなかった。……水曜の夜にギリブランドの辞任が発表された数時間後、彼女の名前もフランケンの名前もTwitterにトレンド入りし、切っても切れない関係にあるようにみえた。

「フランケンは、資金調達の点で確かに問題があった」と、ギリブランド陣営に精通している人物は語る。「彼の存在は何度も何度も立ちはだかった。」クリントンの元主席報道官であるジェン・パルミエリは、「フランケンの件は本当に厳しい試練で、ギリブランドに非常に大きな影響を与えたこと」は「疑いの余地がない」。「ギリブランドの選挙戦におけるもうひとつのストーリーは、フランケンの辞任と、人びとがその責任を彼女に不当に押しつけたことだった」とパルミエリは語る。「選挙戦には多くの候補者がいるためどの候補者にとっても大変だが、フランケンの一件は本当にギリブランドの障壁だった。」[23]

男性が性的に不適切な行為をしたり、強い性的関心を示したり、相手の意思に反して身体を触ったりしたという複数の信憑性のある報道があったとしても、暗黙のうちに資格が付与されている男性の権力を、女性リーダーが阻害するのはこの上ない罪だと考える人びともいる。

権力のある女性に対するバイアスを探るために、ハイルマンとオキモトはさらにふたつの実験を行った。そのうちのひとつの実験では、「アンドレア」が「ジェームズ」と同様に、共同的なふるまいをしたという情報を再度追加した。しかしその実験では、共同的なふるまいの動機は明らかにはせず、複数の部署または全社的イニシアチブの一環であり、それゆえ「(単に)職務をまっとうするために共同的にふるまっただけ」であると示唆することにした。[24] 被験者たちは類似したふたつの文章(繰り返すが、これらは「ジェームズ」と「アンドレア」に交互に適用されている)を読まされた。そのひとつは、「ジェームズ/アンドレアは、○○会社での最後の年に、従業員との関係性を非常に重視することで知られる上司のもとで働いた」。もう片方の評価対象者についての記述は、「近年、○○会社は行動指針を更新し、従業員の不安を理解することにより重きを置いている。この会社の全社的イニシアチブの一環として、ジェームズ/アンドレアは……」というものだった。前回の実験と同様に、「ジェームズ」と「アンドレア」がとったとする共同性に関するふるまいについての説明を読んだ後、被験者たちは評価に取りかかった。

この実験でも、アンドレアが部下に対して気遣いや配慮を示していたという事実によって、彼女を嫌い、対人関係上の敵であると判断する傾向は克服されたのだろうか? そうではなかった。アンドレアの共同性に関する態度が、彼女自身の性格特性によるものであることが示されないと、被験者たちは先行実験で証明された顕著なジェンダー・バイアスを再び示したのだった(そして繰り返しになるが、そうした結果が再現された)[25]。共同性に関する態度は、それが不変的な性格上の特性もしくは彼女自身の真の性格に由来すると考えられる場合にのみ、女性に有利に働くようである。

これはとくに驚くべきことではない。しかし、著名な女性政治家にとって「本物である authentically anything」とみなされることが難しい政治の世界では、厄介な意味をもつ。ヒラリー・クリントンだけでなく、オーストラリア初の女性首相になったジュリア・ギラードなどの複数の著名な女性政治家たちが、「偽物」、「本物ではない」、単に権力を得ようとしているだけ、という非難に苦しめられてきた。[26] クリントンの支持率は国務長官時代は高かったが、大統領選出馬に向けて動くようになると急落し始めた。クこれは、彼女がリビアのベンガジ事件への対応において、および（偽装メール事件を通じた）国家安全保障問題について、ひどく無関心であるとメディアで描かれたことと一致し、またそれは理由の一部でもあった。ジュリア・ギラードは、首相になるまではオーストラリアでかなり人気のある政治家だった。しかし、首相になったとたんに偽物、自己中心的、日和見主義、冷笑的、裏切り者（党内論戦で前首相のケビン・ラッドを倒したため）とメディアによって広く報道された[27]。

　世間の注目を集める人物についての情報が豊富にあることを考えれば、著名な女性がある時点において他者への思いやり、配慮、認識が不十分であったと描く方法を見つけるのは難しくない。私たちは、著名な女性に対するあからさまな人格攻撃や誹謗中傷キャンペーンのみならず、彼女に特別な重要性が与えられていることに対する繊細で潜在的に正当な懸念にも警戒しなければならない。

　この論点をどのように受け止めるのが正しいのか、というのはやや微妙な問題だ。共同的であること自体は、重要な美徳である。しかし、私たちがリーダーに期待する美徳は数多くあり、権力ある地位にいる人すべてに並外れた共同性（ほどほどに優しい、共感性がある、思いやりがある、といった程度ではなく）を期待するのは現実的ではなく、フェアでもない。また、女性に向けられる共同性への期待自体が実際に合理的だとしても、それと同様の正当な道徳的基準を男性に対して適用するにはまだほど遠い状態だ、というシンプルな指摘もある。

　一度立ち止まって考えるに値するもうひとつの複雑な問題は、共同性についての認識が、個々人の政治的価値観によって大きく異なる可能性があることだ。例えば、下院議員のアレクサンドリア・オカシオ＝コルテスは、左派の人びとには非常に共同的であると広く（そして非常に正しく、と私は思っている）認識されている。しかし、ＦＯＸニュースやその他の保守系メディアでの騒がれ方から判断するに、右派の人びとにはそう思われていない。他の社会正義に関する問題のなかでも、環境問題に熱心に取り組んでいる有名な少女や女性たちにも同じことがいえる。環境活動家のグレタ・トゥンベリが国連で行っ化された偽りの義務に抵抗した。代わりに彼女は、道徳的正しさを示すような、そして、悲しみや同情を強く呼び起こすような方法で、聴衆を厳しく非難した。

あなた方は、空っぽな言葉で、私の夢と子ども時代を奪いました。それでもまだ私は恵まれている方です。苦しんでいる人びとがいます。死にゆく人びとがいます。生態系全体が破壊されています。私たちは今、大量絶滅の初期段階にいます。なのに、あなた方はみな、お金の話と、経済成長が永遠に続くというおとぎ話しかしない。よくもそんなことができますね！[28]

オカシオ＝コルテスやトゥンベリに向けられたミソジニーが、女性の公人に対するかなり手厳しい基準と比較してもなお酷いことは、本章で論じてきた権力をめぐる力学によって説明できる。[29] 左派の人びとが彼女たちを（次世代のために闘うという超然的な共同性もそのひとつの理由として）好めば好むほど、右派の人びとはそれに腹を立てる――とくに、この少女や女性が、実際に人びと（＝自分たち）の利益を損ない、人格を傷つけているという感覚から。[30]

共同性に対する認識が、ジェンダー・バイアスをともなうさまざまな種類の周縁化といかに相互作用しているのかという、扱いの難しい問題もある。例えば、神経学的非定型もしくは非常に内向的な人は、長期的もしくは広範な対人関係をとおして気遣いを示すことが容易ではないかもしれない。それにもかかわらず、彼女たちは道徳的な問題を深く志向し、社会正義に忠実かもしれない。共同性についての道徳的美徳を明示するための方法には、さまざまな余地があるべきである。

そして私たちは、共同的なリーダーの構想を当たり障りのない優しさの構想に落とし込んではならない。哲学者のミーシャ・チェリーとアミア・スリニバサン、政治理論家のブリトニー・クーパー、政治評論家で作家のソラヤ・ケマリーとレベッカ・トレイスターが説得力をもって論じているように、ある状況下では怒りや憤りを示す正当な資格が付与されている。[31] とくに、不当な扱いを受けている人びと、抑圧されている人びと、周縁化されている人びとを代表して怒りの感情を自由に表現することは、共同性に関するニュアンスの異なる解釈として認められるべきである。エリザベス・ウォーレンは、事あるごとに過剰に憤慨しているとジョー・バイデンからほのめかされたことへの反応として、支持者たちに「私は怒っていることを認めます」という件名のEメールを送った。その不正義が世界で最も裕福な国で起きていることを考えれば、私たちは激しく怒るべきである、と。しかし、「女性は怒ってはいけないと繰り返し何度も言われてきた」と彼女は指摘している。「女性に黙っていてほしい権力ある男性たちにとって、魅力がないとされるからだ。[32]」

したがって、政治指導者になろうとする女性たちにとって、彼女に対する人びとの認識を改善することが難しい理由はいくつもある――たとえ彼女が気遣いができ、親切で思いやりのある正真正銘の人物で、ハイルマンとオキモトの研究で明らかにされた共同性に関する人びとの後押しのようなものから、理論的には恩恵を受けるべき人物であったとしても。そしてまた、本当に共同性があることを自分自身で示さなければならないのは、性別にかかわらずどんな人にとっても特段難しいだろうという論点もある。写真撮影の際、赤ちゃんにただキスをしているのではなく、本当に気遣っているのだということをどうやって示せるだろうか？　さらにいえば、赤ちゃんにキスをすることに、写真撮影以上の何かが常にある、と期待するのは現実的だろうか？　政治家に要求される時間とエネルギーの量を考えれば、選挙遊説で出会うすべての人それぞれに対して深い人間的関与を期待するのは、雌のユニコーンのような社会的に超人的な存在であることを期待するに等しいかもしれない。

エリザベス・ウォーレンは、少額の寄附者に個別に電話をかけることでよく知られるようになり、二〇二〇年はじめ頃までには有権者個人と一〇万枚ほどのセルフィーを撮っていた[33]。コメディアンで俳優のアシュリー・ニコール・ブラックは、恋愛関係を修復するつもりはあるのかと、冗談半分だったがTwitterでウォーレンに尋ねた。「DMしてくれたらわかります」とウォーレンは答えた後、非常に丁寧な電話をかけた[34]。

ウォーレンにとって左派の主なライバルであるバーニー・サンダースが選挙運動中に心臓発作を起こしたとき、彼女は、体調が良くなりますようにという親切なメッセージ（多くの大統領候補者たちがしたのと同じように）を送っただけではなく、それ以上のことをした。サンダースが病院で療養している間、彼のスタッフたちに夕食とクッキーを送ったのである[35]。

「エリザベス・ウォーレンは、スターバックスの列で先頭になったとき、自分が何を頼むかをいつも決めていて、他人を待たせることはない[36]」、「エリザベス・ウォーレンは「どんなウイスキーがありますか?」とバーテンダーに尋ねることはない。彼女はすでに棚をチェックしている[37]」、「エリザベス・ウォーレンは、歩道や地下鉄で幅を取りすぎることはしない。彼女は自分の持つ特権を理解していて、公共の場を人びとに譲る[38]」。

Twitterで一時的にミームになったこの種のツイートは、エリザベス・ウォーレンが親切で、思いやりや共感性があり、他者のニーズに配慮するといった並外れた共同性を有しているという認識が人びとの間で広まったことを反映していた。そして、本章で検討した実験結果にもとづく証拠に照らせば、こうした認識は大統領選に出馬したときの彼女の人気の高さと、二〇一九年一〇月までに最有力候補になったことを説明できる[39]。他方で、彼女の人気が急落した――地元であるマサチューセッツ州を含むあらゆる初期の予備選で三位以下にとどまった――ことも説明できる[40]。

ウォーレンは、共同性の美徳を持っていたことに加え、あらゆる民主党候補者のなかでほぼ間違いなく、最も経験豊富で、準備ができており、落ち着きがあり、賢かったという事実にもかかわらず、上記のような結果になった。彼女は、気候変動からコロナウイルスのパンデミック対策に至るまで、政策が包括的であることで有名だった。そして、彼女の（重要性はほとんどなかったが）祖先が先住民であることを確認するためにDNAテストを受けるという間違いを犯したときには、謝罪するだけでなく、その失敗からも学んだ。[41] キンバリー・W・クレンショーはTwitterで次のように述べている。

私は今日ウォーレン（@ewarren）に投票した。（なぜなら）彼女は黒人女性の声を聞き、「経済的正義は人種的正義を実現するには不十分であった」ことを理解していて、誤りを認めることができるたくましい女性だ。そして、計画性のあるリーダーがいないと、いかに命が犠牲にされるのか私たちは目の当たりにしてきた（ためである）。[42]

私はこれに大賛成だ。以降の文章は、私が熱心なウォーレン支持者として書いているということを全面的に公表する。私は最初から彼女に投票するつもりだった。[43] 彼女はきわめて優れた大統領になっただろうと思うが、この文章を書いている日に彼女の選挙キャンペーンが中断されて、私は非常に落胆している。

しかし、ウォーレンが指名を獲得するに値するかどうかについては意見の相違があるものの、彼女の以前の人気を考えれば少なくとも彼女が今までよりうまくやらなかったこと――バーニー・サンダースやジョー・バイデン、または、ときにはピート・ブティジェッジやマイケル・ブルームバーグといったさまざまな白人男性との争いに負けたこと――にはかなり驚き、困惑した。[44] 本章で検討したいくつかの研究は、この不可解な結果に光を当てている。

共同性があるかどうかという認識の問題は、その認識が急変しやすいことである。したがって、それは――必要だとしても、これまでみてきたように――女性政治家が有権者に訴えるときには危険な要素になる。このような立場の女性たちは、強力なダブルバインドに襲われる。つまり、並外れて共同的であれという期待をかけられる一方で、過去の行為や自身の見解、政策のある一面に対して人びとが失望することが避けられないときには炎上する。自分自身が並外れた共同性があるようにみせてはいけない。クロブシャーやギリブランドのように、選挙戦ができなくなるような大きなリスクを冒してはならない。[45]

ウォーレンは大統領選挙期間中、ストレートなミソジニーやそれに付随したジェンダー・バイアスにも直面した。彼女の怒りは道理のあるものだったが、不快感や不安感を覚える人もいた（保守的な作家のジェニファー・ルービンは、「卑しく怒っているウォーレンは見苦しい」とツイートした[46]）。ウォーレンの教授としての経歴は、女性だからという理由で他者に忌み嫌われるものだった[47]。彼女のことを第二の大統領候補としてならば好きだった人はいたかもしれないが、少なくとも投票ブースで明らかになった真実とは、男性候補者の方が好まれているということだった。これは先述のジェンダー・バイアスの現れだろう（もちろん、自身の価値観にもとづいた合理的な理由で、バイデンやサンダースの方を好む人がいることを否定はしない[48]）。そうしたバイアスは無意識であることも多く――女性は選ばれない、というよくある言い回しによって――、後になってそれと判明する（このバイアスに対する適切な反応が、あるTシャツに鮮明に描かれていた。「彼女にf★★★ingにも投票したら、当選してしまうだろう。」幸いなことに、このTシャツの無修正版も入手できる[49]）。本章で示してきたように、こうしたバイアスは男性と同様に女性にも、ミレニアル世代のような若い人びとにもみられることが実証されているのを忘れてはいけない[50]。

しかし、ウォーレンの当選可能性を苦しめたのは、より厄介な形態のミソジニーだったかもしれない[51]。彼女が掲げた国民皆保険（メディケア・フォー・オール）制度を実施するための詳細について説明するよう強く求められたとき――その追及は急進派のライバルであるサンダースに対するものよりもはるかに激しかった――、ウォーレンはアフォーダブルケア法「ACA：通称オバマケアと呼ばれるもの」をもとに提供される保証範囲を拡大し、最終的にホワイトハウスでの三年めには単一支払いシステムを用いた多くの人に行きわたる医療法案を可決するという包括的な計画を公表した[52]。人びとがこの計画について何を考えたのであれ（私個人としては、重要な進歩的価値観を実現するための具体的な方法については、十分な認識論的謙遜さを持ちたいと考えているが）、ウォーレンは主張を変えたと思われたために、厳しく、そして私の考えでは不釣り合いに非難された。彼女に多大な損害を与えた失敗と認識されたのがケアに関連するものだったことは、おそらく偶然ではなかっただろう。人びとは、女性リーダーには気遣い(ケア)における完璧さを無意識的に求める傾向がある。一方で、男性リーダーによる同様の、またはそれ以上の過ちは許容されている[53]。

同様にウォーレンは、選挙戦終盤でスーパーPAC［Political Action Committee：政治行動委員会］の資金を受け入れる決断をしたため、一部の進歩的な人びとからのかなりの支持を失ったと思われる。この決断に同意するか否かにかかわらず、ウォーレンの支持者になったかもしれない人々にとって、それがウォーレンを大統領選から撤退させる引き金だったのかどうかは不明である。しかし、繰り返しになるが、女性たちには堅実さと純粋さの両方においてジェンダー化された二重基準が課されており、その点について支持されていた事柄に関して過ちを犯すと、容赦ない取り締まりを受ける傾向がある[54]。そしてもちろん、女性たちの信頼性も正当な理由なく疑問視されることが多い[55]。

私たちは女性に多くを期待しすぎている。好きな、あるいは尊敬する女性に期待を裏切られると、それがたとえ些細で許容できるものだったとしても、多くの場合は自分の方が道徳的に優位だと考える人びとによって、その女性は罰せられる。彼らは、道徳主義を介してミソジニーを発動しようとしているのではなく、単にその女性にふさわしい［と彼らが考える］反応をしているだけである。一方で、そうした完璧さは男性ライバルには要求されない。サンダースは、過半数の代議員を獲得した候補者が自動的に民主党の候補者になるべきかについて、その結果が二〇二〇年の選挙で自分に潜在的に有利に働くとみなすと二〇一六年に立場を翻したものの、何のペナルティも受けなかった[56]。バイデンも、曖昧な公的医療保険プランや選挙期間中に語った尾ひれのついた話——彼の盗作の歴史は言うまでもなく——に関して、大きな批判には直面しなかった。[57]

しかし、おそらくウォーレンが選挙中に支持を失った最も重要な出来事は、彼女とサンダースが対立した珍しい瞬間だったのだろう。ウォーレンがサンダースに大統領選出馬計画を伝えた二〇一八年一二月の会談の詳細がリークされた後のことだった。ウォーレンの内部関係者によると、そして後にウォーレンが認めたところによると、女性がトランプに勝てるとは思えないとサンダースが言ったようだ。一方、サンダースはそうした発言をしたことは激しく否定している。[58]むしろ彼は、性差別は女性候補者に対抗するためのトランプの武器になるだろうと言ったのだと主張している。

何が起きていたにせよ——そして、その出来事に関する両者の意見が究極的に相容れないのかはわからないとしても——、この対立においてウォーレンはサンダースよりもはるかにダメージを被りやすい立場にあった。[59]女性が、世間において信頼されている男性人物の認識論的・道徳的権威に異議を唱えるとき、その他の条件がすべて同じならば、女性の方が正しくない、もしくはモラルに反しているような人だと思われがちである。そして、ウォーレンの場合に状況をさらに悪くさせたのは、彼女が文句を言っていると受け取られたことだった。つまり、サンダースを性差別で非難したのではないにもかかわらず、そうだと非難された。これは、サンダースと「うまくやれなかった」ことでウォーレンが進歩的な大義を裏切ったと認識されたことと相まって、彼女に多大な損害を与えた。概して、相手が話の全容を語り損なった、もしくは、単に話をすべて覚えていなかったという互いの意見の対称的な食い違いだったにもかかわらず。しかし、彼女は嘘をついているのだと男性が言ったとき、人びとは男性の方を信じる傾向にある。嘘をついているのは彼の方だと女性が言えば、その女性は男性を残酷に攻撃しているのだと認識される。この事件の後、ウォーレンをヘビに見立てたミームがTwitterで急増した。何を象徴しているのかは明らかだ。男性と女性が対立した際、有毒で卑劣なのは女性の方だ、ということだ。

こうした出来事はすべて、男性ライバルとは異なり、とくに共同性に関する価値が想定されるとき、女性は間違いを犯す資格を付与されていないという、広く普及した――そして実際にそのとおりなのだが――ミソジニーの感覚を反映している。女性には金銭を受け取る資格はない。女性には相手方の男性から突きつけられた発言に対抗する資格はない。そして、ある条件下では女性が権力を得る資格を付与される可能性があったとしても、それを積極的に求める資格はないし、対立している男性からそれを奪う資格もない。この事実を直視しない限り、女性大統領は誕生しないだろう。

しかしこのことは、ウォーレンが選ばれなかったという物語を遡及的に支持するわけではない。予備選で投票がなされるまで、未来は開かれたままだった。そして、当選可能性の枠組みには、決定的な欠陥がいくつもあった。

ひとつは、予言の自己成就であり、ある候補者は勝てないだろうと投票者に言われれば言われるほど、その候補者が勝てる見込みは少なくなる。結局、当選可能性は揺るぎない社会的事実ではなく、私たちが常に、そして集団的に構築しているプロセスのなかにある社会的事実なのである。[60] 二〇一九年六月の世論調査で、その日に実施される選挙で誰に投票するかを有権者に尋ねたところ、最も有力だったのはジョー・バイデンで、バーニー・サンダースがそれに続いた。しかし、もし魔法の杖を使えるなら誰に大統領になってほしいかを尋ねてみると、エリザベス・ウォーレンが僅差で人気候補として浮上した。[61]

民主党の候補者としてウォーレンは好意を持たれていたにもかかわらず、当選可能性に関する懸念から彼女への投票を早々に諦めた人びともいただろう。このことはとくに女性にとっては真実となる。選挙予測サイト538のネイト・シルバーは、次のように述べる。「他の有権者が彼女に投票しないのではと心配して、ウォーレンに投票しなかった女性がたくさんいる。でも、みんなが本当に大統領になってほしい人に投票しさえすれば、その女性は勝っただろう！」[62]

当選可能性についての語りは、ある人びとの偏っていて不公平な選好を都合よく合理化するうえでも役立った。そしてまた、理由は異なっていたとしても別の候補者らが選ばれるためには同等、もしくはより強力な障壁があるかもしれないという事実を覆い隠した。

有望な女性候補者（および有望な有色人種の男性候補者も）が立候補していた今回の選挙期間中に、当選可能性についての懸念がかってないほどの影響力をともなって浮上したことは非常に悩ましい[63]。「彼女に投票したいけれど、彼女は……ではない」という文章の欠落部分を埋める何かが常にあるように思われる。この文章の続きが、彼女の能力や好ましさ、または――現在の――彼女の当選可能性についての懸念を伝えるものであったとしても、それは、それでもなお別の白人男性候補者に投票するというすでに決まっている結論の口実として役立ってしまうことが多い。こうしたことは、その人自身の無意識のジェンダー・バイアスを反映している場合もあるし、他人の想像上のバイアスにおもねっている場合もある[64]。いずれにせよ、これはより大規模な保守主義を形づくるものである。そして、それゆえに、集合行為上の問題をも構成しているのである。このような状況下で、女性だからという理由で早々に女性を見限ってしまえば、女性は何もできなくなるだろう。さらに、女性たちの可能性を少なくとも潰している人びとの善意が何であれ、事実として女性はミソジニーの対象になる。つまり、女性は男性の世界で女性としての壁に直面する。

おそらく、当選可能性についての語りのなかでも最も有害な影響を与えたのは、二〇二〇年の民主党予備選で女性に投票することを利己的な選択として――トランプがホワイトハウスに返り咲くという現実的な脅威を考慮した際の政治的責任として――組み立てたことだ。それによって、ウォーレンの政策に最も惹かれそうな人びとの良心は餌食にされた。そうした人びとは共同性の価値を重んじており、それゆえに大局的な観点から自分が望ましいと思っていた候補者に投票しないことも厭わなかったのかもしれない。

しかし、そのさらなる大局の一部には、こうした状況でもその仕事に最も適していると思う人に投票する資格が私たちには付与されていることが、確かに含まれている。私の考えでは、その最適な人とは、分離主義者と協働していたことを最近になって擁護し、若いラテン系女性政治家の髪の匂いをいやらしく嗅いだ男性ではない。選挙運動中に心臓発作を起こした後、健康に関する記録の公開を拒否した男性でもない[65]。私が最適だと思うのは、とびきり頭が良く、真に思いやりがあり、あらゆることに関するプランを持っている女性だ。

注

（1）選択可能性の高さと、最も有望な女性大統領候補だったエリザベス・ウォーレンについて言及しているニュース記事は、本書執筆時（二〇一九年九月一日、選挙の一年以上前である）で一万七千件ほど世に出回っていた。もちろん、そのなかには理論的に男性候補者が選ばれる可能性や、一般的な当選可能性により焦点を当てたものもあったかもしれない。しかし、そうした記事の見出しをざっと見ると、ほとんどの記事ではそうではないことが示唆される。例えば、二〇一九年八月のある週に掲載された記事には、以下のようなものがあった。

Aaron Blake, “Elizabeth Warren Is Surging, but This One Big Question [Electability] Looms Over Her,” *The Washington Post*, August 8, 2019, https://www.washingtonpost.com/politics/2019/08/08/elizabeth-warren-all-important-electability-question/;

Jonathan Martin, “Many Democrats Love Elizabeth Warren. They Also Worry About Her [Electability],” *The New York Times*, August 15, 2019, https://www.nytimes.com/2019/08/15/us/politics/elizabeth-warren-2020-campaign.html/;

Nicole Goodkind, “Democrats Worry That a Female Candidate Can't Beat Trump,” *Newsweek*, August 15, 2019, https://www.newsweek.com/2020-candidates-women-vote-trump-electability-1454622.

（2）Madeline E. Heilman, Aaron S. Wallen, Daniella Fuchs, and Melinda M. Tamkins, “Penalties for Success: Reactions to Women Who Succeed at Male Gender- Typed Tasks,” *Journal of Applied Psychology* 89, no. 3 (2004): 416-27.

（3）なお、一人の被験者は性別が特定できなかった。おそらく単なる記入漏れか、ノンバイナリーの被験者だったためだと考えられる。

　また、ハイルマンらの研究は二〇〇四年に発表されたが、本章で明らかにするようにこの実験は広く再現されている。さらに、被験者たちは当時平均年齢二〇・五歳の大学生であり、ミレニアル世代である。これらの結果を歴史的な遺物として簡単に片づけることはできない。

（4）David Paul and Jessi L. Smith, "Subtle Sexism? Examining Vote Preferences When Women Run Against Men for the Presidency," *Journal of Women, Politics, and Policy* 29, no. 4 (2008): 451-76.
　繰り返しになるが、性別によって結果に違いはなかった。この研究については本章の注2で言及した研究とあわせて、以下の記事で詳しく論じられている。"It's the Sexism, Stupid," *Politico*, April 11, 2019, https://www.politico.com/magazine/story/2019/04/11/its-the-sexism-stupid-226620.

（5）Emily Peck, "Half the Men in the U.S. Are Uncomfortable with Female Political Leaders," *HuffPost*, November 21, 2019, https://www.huffpost.com/entry/half-us-men-uncomfortable-with-female-political-leaders_n_5dd30b73e4b0263fbc993674.

（6）この選挙の結果、一一七名の女性が第一一六回議会に選出された。八九名の女性が当選した二〇一六年の選挙と比較してみてほしい。Li Zhou, "A Historic New Congress Will Be Sworn in Today," *Vox*, January 3, 2019, https://www.vox.com/2018/12/6/18119733/congress-diversity-women-election-good-news.

（7）Tyler G. Okimoto and Victoria L. Brescoll, "The Price of Power: Power Seeking and Backlash Against Female Politicians," *Personality and Social Psychology Bulletin* 36, no. 7 (2010): 933.

（8）Madeline Heilman and Tyler Okimoto, "Why Are Women Penalized for Success at Male Tasks?" *Journal of Applied Psychology* 92, no. 1 (2007): 81.

（9）Ibid.

（10）Ibid., p. 82.

（11）アンドレアがこのように表現されたのなら、ジェームズも同じように部下の「ニーズに敏感で、面倒見がよく、他者に関与するタイプのマネージャー」、「協調的な職場環境をつくることの重要性を強調する」人物、「ポジティブな共同体を促進するための努力を称賛され」ている人物として描写されただろう。Ibid., p. 83. いつもどおり、これらふたつの共同性に関する説明は、被験者ひとりおきに入れ替えられた。

なお、研究者たちは、この調査結果が女性には違いをもたらし、男性には作用しないような単なる褒め言葉の挿入による影響ではないことを確認するため、アンドレアとジェームズに関する肯定的かつ共同的ではない情報を追加するという条件もつけ加えている。

(12) しかし、繰り返しになるが被験者の性別によって結果に違いはなかった。このことは、その人自身の性別は、こうしたバイアスにも、バイアスの改善方法にも影響を与えないことを示唆している。Ibid., p. 84.

(13) ここで、クリントンが人気投票で勝ったことを思い出してもらいたい。この主張の効力は弁証法的な文脈では限定的であるけれども。私は、クリントンがどれほど良い大統領になりえたかについては広く意見が分かれるだろうと思う。しかし、彼女の方がトランプよりも良い大統領になったであろうことには、私はほとんど疑いの余地はないと考えている。したがって、圧倒的に素質のある候補者だった彼女が、二〇一六年の選挙で敗北したことは、後述するように決定打ではないものの、ヒラリーだけでなく女性の当選可能性全般に関するいまだ悩ましい点である。

(14) Tina Nguyen, "Salad Fiend Amy Klobuchar Once Berated an Aide for Forgetting a Fork," *Vanity Fair*, February 22, 2019, https://www.vanityfair.com/news/2019/02/amy-klobuchar-comb-fork-salad. 公平を期するために述べると、この記事のトーン自体は慎重であり、筆者は通常、記事の見出しをつけることはできない。

(15) Matt Flegenheimer and Sydney Ember, "How Amy Klobuchar Treats Her Staff," *The New York Times*, February 22, 2019, https://www.nytimes.com/2019/02/22/us/politics/amy-klobuchar-staff.html.

(16) Joseph Simonson, "Biden Aide: 'Everyone Who Has Worked for Him Has Been Screamed At,'" *Washington Examiner*, July 1, 2019, https://www.washingtonexaminer.com/news/biden-aide-everyone-who-has-worked-for-him-has-been-screamed-at.

(17) Paul Heintz, "Anger Management: Sanders Fights for Employees, Except His Own," *Seven Days*, August 26, 2015, https://www.sevendaysvt.com/vermont/anger-management-sanders-fights-for-employees-except-his-own/Content?oid=2834657. 以下も参照。

Harry Jaffe, "Bernie Sanders Is Cold as Ice," *Boston Magazine*, September 29, 2015, https://www.bostonmagazine.com/news/2015/09/29/bernie-sanders/.

Mickey Hirten, "The Trouble with Bernie," *Lansing City Pulse*, October 7, 2015, https://www.lansingcitypulse.com/

stories/the-trouble-with-bernie, 4622.

Graham Vyse, "10 Things Biographer Harry Jaffe Learned About Bernie Sanders," *InsideSources*, December 23, 2015, https://www.insidesources.com/10-things-biographer-harry-jaffe-learned-about-bernie-sanders/.

確かに、このような情報源のなかにはクロブシャーの記事を報道した情報源よりもはるかに小規模で権威もあまりないものも含まれている。しかし、ある意味でそれがひとつのポイントでもある。女性上院議員に関するこうした噂話は、事の発端からかなりの報道価値があると考えられていたのである。

(18) Alex Seitz-Wald, "Beto O'Rourke Drops F-Bombs, Snaps at Staff, Stresses Out in Revealing New Documentary," *NBC News*, March 9, 2019, https://www.nbcnews.com/politics/2020-election/beto-o-rourke-drops-f-bombs-snaps-staff-stresses-out-n981421.

(19) ポリティコは、二〇一九年二月三日以降の世論調査の数字を記録している。クロブシャーの支持率は当初二月一〇日から三月一〇日までの数週間で三〜四%、その後、二〇一九年の残りの期間はほとんどは一〜二%で推移したが、一度トップテンの候補者から脱落したこともあった。https://www.politico.com/2020-election/democratic-presidential-candidates/polls/.（二〇一九年一二月二〇日閲覧）クロブシャーは、ニューハンプシャー州の予備選では第三位と健闘したにもかかわらず、スーパー・チューズデーの前に選挙戦から脱落した。

(20) 誠実な大統領候補者として広く期待されていたギリブランドの場合、世論調査の数字はクロブシャーよりもさらに悲惨だった。当初、彼女の支持率は常に一%台で、たった一度だけ（四月七日までの週に）二%台になった。七月と八月には、ポリティコのランキングで一〇位以内に入ることはなくなり、民主党の第三回候補者討論会への参加資格を満たせない見通しになったため、八月二八日（水）に指名争いから撤退した。https://www.politico.com/2020-election/democratic-presidential-candidates/polls.

(21) 次のツイートは、ギリブランドが大統領選からの撤退を表明したことに反応した代表的なものである。

「選ばれた一〇人の候補者には満足しているけど、苦い思いはまだある……アル・フランケン（@alfranken）は「トランプ」を排除するための手強い相手になっただろうに……でもこうなることはわかってたんだろ?」（https://twitter.com/criteria681/status/1166879516951797762）

「党は感謝している。私たちはＮＲＡ［全米ライフル協会］とアル・フランケンのことも決して忘れない」（https://

twitter.com/rmayemsinger/status/1166845231448256518)
「バイバイ、ガール……署名 アル・フランケン」(https://twitter.com/DCRobMan/status/1166827567040598018)

（22） 道徳的にいえば、フランケンが辞任した責任はフランケン自身のみにある——さらに、彼にはもともとの悪行（私はこの告発者たちを信じている）の責任もある——ことを思い出してほしい。この点についての詳細は以下の私の記事を参照。"Gillibrand's Al Franken Problem Won't Die," *The Cut*, January 17, 2019, https://www.thecut.com/2019/01/kirsten-gillibrands-al-franken-problem-wont-die.html.

（23） Elena Schneider, "Why Gillibrand Crashed and Burned," *Politico*, August 29, 2019, https://www.politico.com/story/2019/08/29/kirsten-gillibrand-drops-out-2020-race-1477845.

（24） Heilman and Okimoto, "Why Are Women Penalized for Success at Male Tasks?" p. 86.

（25） 研究者たちは、このジェンダー・バイアスを克服しうるもうひとつの方法を示している。それは、評価対象者に親であるという情報を含めることである。女性の場合は母親であるという情報は好意的に受け止められたが、男性の場合は繰り返しになるが違いはなかったようだ。すなわち、子どものいない男性と比べて、父親であることは好感度や上司としての望ましさに対して感知できるほどの「後押し」をもたらさなかった。しかし、ハイルマンとオキモトが指摘するように、この結果の適用可能性はやや限定的である。なぜなら、多くの研究によって女性は強い母性バイアスにさらされており、それによって母親は、子どものいない女性よりも仕事に対する能力や関与が低いとみなされる傾向があると示されているためである。ここから先には、別の不当なダブルバインドの可能性が地平線から悪い顔を覗かせているようだ。

（26） この力学は明らかにジェンダー化されているのではないかと考えた私は、ratemyprofessor.com の学生評価集計から、女性の教授は「偽物」「本物ではない」といったような単語で言及されることが圧倒的に多いという証拠を見つけた。少なくとも男性によって占有されている地位において、女性の権威は「本物ではない」とみなされやすい何かがあるという仮説をある程度裏づけている。自著『ひれふせ、女たち』第八章（とくに「なりすまし」の節）を参照。

（27） 『ひれふせ、女たち』第八章参照。

（28） "Transcript: Greta Thunberg's Speech at the U.N. Climate Action Summit," *NPR*, September 23, 2019, https://www.npr.org/2019/09/23/763452863/transcript-greta-thunbergs-speech-at-the-u-n-climate-action-summit.

（29） ニュージーランドの女性首相となったジャシンダ・アーダーンに対する反応と比べてほしい。彼女は二〇一九年三月、クライストチャーチで起きたモスク銃撃事件の被害者に深い共感を示したことで広く称賛された。しかし、本書第八章「想定されない」の最後で論じたように、アーダーンは環境問題に取り組んだことで一部の人びとから非難された。

ミソジニーと気候変動否定主義の関係をより広範に分析したものとしては、以下が優れている。Martin Gelin's piece "The Misogyny of Climate Deniers," *The New Republic*, August 28, 2019, https://newrepublic.com/article/154879/misogyny-climate-deniers.

(30) 伝統的家族観を擁護しているように見せかけられるので、左派よりも右派の方が共同的であると認識されることは簡単かもしれない。これは、私が『ひれふせ、女たち』で予言したように、保守的な女性は他のすべての条件が同じならば、左派や中道の女性よりもミソジニーの対象になりにくいということとも一致する。『ひれふせ、女たち』第四章、pp. 114-115［一五九―一六〇頁］を参照。

(31) 以下を参照。Myisha Cherry, "Love, Anger, and Racial Injustice," in *The Routledge Handbook of Love in Philosophy*, edited by Adrienne Martin (New York: Routledge, 2019), chapter 13;
Amia Srinivasan, "The Aptness of Anger," *Journal of Political Philosophy* 26, no. 2 (2018): 123–44;
Brittney Cooper, *Eloquent Rage: A Black Feminist Discovers Her Superpower* (New York: St. Martin's, 2018);
Soraya Chemaly, *Rage Becomes Her: The Power of Women's Anger* (New York: Atria, 2018);
Rebecca Traister, *Good and Mad: The Revolutionary Power of Women's Anger* (New York: Simon & Schuster, 2018).

(32) Shannon Carlin, "Elizabeth Warren Doesn't Care If Joe Biden Thinks She's Angry," *Refinery* 29, November 10, 2019, https://www.refinery29.com/en-us/2019/11/8752565/elizabeth-warren-angry-joe-biden-email-response.

(33) Benjamin Fearnow, "Elizabeth Warren Celebrates Taking 100,000 'Selfies' with Supporters During 2020 Campaign," *Newsweek*, January 5, 2020, https://www.newsweek.com/elizabeth-warren-celebrates-taking-100000-selfies-supporters-during-2020-campaign-1480473.

(34) Lauren Strapagiel, "Elizabeth Warren Followed Through on Giving This Woman Advice on Her Love Life," *BuzzFeed News*, May 19, 2019, https://www.buzzfeednews.com/article/laurenstrapagiel/elizabeth-warren-followed-through-on-giving-this-woman-love.

(35) Aris Folley, "Warren's Campaign Team Sends Dinner, Cookies to Sanders Staffers After Heart Procedure," *The Hill*,

October 3, 2019, https://thehill.com/homenews/campaign/464253-warrens-campaign-team-sends-dinner-cookies-to-sanders-staffers-after-heart.

(36) このツイートには、一八〇〇件のリツイートと二万二八〇〇件の「いいね」がつけられていた。https://twitter.com/AlishaGrauso/status/1144073941922832385.（二〇一九年八月一一日閲覧）

(37) このツイートには、三一〇〇件のリツイートと三万二五〇〇件の「いいね」がつけられていた。https://twitter.com/MerrillBarr/status/1144074388993499136.（二〇一九年八月一一日閲覧）

(38) このツイートには、三八〇〇件のリツイートと四万一六〇〇件の「いいね」がつけられていた。https://twitter.com/ashleyn1cole/status/1144125555438018560.（二〇一九年八月一一日閲覧）

(39) Steve Peoples, "Analysis: Elizabeth Warren Growing into Front-Runner Status," *AP News*, October 16, 2019, https://apnews.com/43a868c4b91746f5a5a74df751a08df3.

(40) 二〇二〇年三月四日のスーパー・チューズデーでは、ウォーレンは午後一時の時点で四七名の代議員しか獲得できなかった。他の候補者をみてみると、バイデンは五一三名、サンダースは四六一名を獲得している（選挙戦から撤退する前、ブティジェッジは二六名、ブルームバーグは二四名、クロブシャーは七名を獲得していた。タルシー・ギャバードも一人を獲得している）。https://twitter.com/NBCNews/status/1235264711136071680.

(41) ウォーレンはより良いことをするという約束だけでなく、先住民コミュニティの人びとのニーズを今後の優先事項にするという約束をした。以下を参照。Thomas Kaplan, "Elizabeth Warren Apologizes at Native American Forum: 'I Have Listened, and I Have Learned,'" *The New York Times*, August 19, 2019, https://www.nytimes.com/2019/08/19/us/politics/elizabeth-warren-native-american.html.

(42) https://twitter.com/sandylocks/status/1234924330040954880.（二〇二〇年三月四日閲覧）

(43) この文章を書いている時点で、名目上はオーストラリア市民であり合衆国の永住権者であるため、私は投票することができない。

(44) 例えば、ロクサーヌ・ゲイのツイートを参照。「私はこの一連の選挙に困惑している。サンダースはうまくやるだろうと思っていたが、ウォーレンもうまくやるだろうと思っていた。彼女の結果はただただ不可解だった。バイデンの大勝利にはとても失望している。彼が候補者に選ばれたとしたら、あぁ、ビヨンセを副大統領にしたらいい。」https://twitter.com/

rgay/status/1235081083038752768.（二〇二〇年三月四日閲覧）

（45） カマラ・ハリスの事例はさらに扱いが難しい。理由はいくつかある。ひとつには、彼女は選挙戦から撤退する前に、ウォーレンよりはかなり少なかったが、クロブシャーやギリブランドよりもはるかに多くの支援を受けていたことがある。別の理由としては、検事としての彼女の実績に真の懸念があったことだが、それについて私は何とも言えない。例えば性別適合手術を拒否したために投獄されたトランス女性に関する彼女のオフィスでなされた決定のいくつか、そして検事としての任務は、彼女が本当に共同性や思いやりに欠けていることを示すものだろうか？　この点に関しては、クロブシャーのスタッフに対する扱いについてどう考えるかということよりも、合理的な意見が大きく分かれているように思われる。ハリスは、制度的な人種差別、トランスフォビア、およびその他の同じような構造的問題に寄与していた。このことこそが、私にとってはより重要である。最後に、別の注意事項として、おそらくハリスの場合は大統領を目指す黒人女性として独特なバイアスにさらされていたため、先述の白人女性たちとハリスを比較することには、ここでの限られた議論の目的に対して認識的利点があると考えられる。

　こうした問題を考えるうえで示唆を与えてくれた、また、ハリスの検察記録に対する私の当初の懸念の（すべてではないが）いくつかを再考するよう促してくれた、レジナルド・ドウェイン・ベッツに感謝する。

（46） https://twitter.com/JRubinBlogger/status/1230317991180546049.（二〇二〇年三月四日閲覧）

（47） こうした批判をうまく要約しているものとして、以下を参照。Susan J. Demas, "Nobody Likes a Smarty Pants: Why Warren and Obama Irk Pundits So Much," *Wisconsin Examiner*, February 20, 2020, https://wisconsinexaminer.com/2020/02/20/nobody-likes-a-smarty-pants-why-warren-and-obama-irk-pundits-so-much/.

（48） 予備選の直前、実際にウォーレンは民主党有権者のなかで上から二番めの候補者だった。以下を参照。Philip Bump, "A New National Poll Answers a Critical Question: Who Is the Second Choice of Democratic Voters?" *The Washington Post*, January 28, 2020, https://www.washingtonpost.com/politics/2020/01/28/new-national-poll-answers-critical-question-who-is-second-choice-democratic-voters/.

（49） そのTシャツはここで入手できる。https://nextlevely.com/product/shes-electable-if-you-fucking-vote-for-her-elizabeth-warren-shirt/.（二〇二〇年三月四日閲覧）

（50） 本章注3を参照。

（51） ここでは私が書いた記事を参照している。“Warren Succeeded Because Voters Saw Her as Caring. That's Also Why She Failed,” *The Washington Post*, November 15, 2019, https://www.washingtonpost.com/outlook/warren-succeeded-because-voters-saw-her-as-caring-thats-also-why-she-failed/2020/03/06/8064b7c2-5f0f-11ea-b014-4fafa866bb81_story.html.

（52） 以下を参照。Alex Thompson and Alice Miranda Ollstein, “Warren Details How She'd Transition Country to ‘Medicare for All,'” *Politico*, November 15, 2019, https://www.politico.com/news/2019/11/15/warren-medicare-for-all-071152.

（53） バーモント州の障害のある有権者に対してサンダースが思いやりに欠けていたことを示すいくつかの証拠は、以下の私の記事を参照されたい。“Unfeeling the Bern: Or, He Is the One Who Protests,”（https://www.academia.edu/30041350/Unfeeling_the_Bern_or_He_is_the_One_Who_Protests_--Draft_of_June_2）. サンダースの政治に対する私の懸念について、より一般的に論じたものとして以下の記事がある。“The Art of Losing: Bernie Sanders' White Male Problem,” https://www.academia.edu/30040727/The_Art_of_Losing_Bernie_Sanders_White_Male_Problem_Draft_of_May_24_2016_.

（54） 「かつて、ハーバード初の「有色人種の女性教授」となるために人種を偽ったことがあり、右派の企業弁護士であるエリザベス・ウォーレンが、「私を支援するために組織されたいかなるスーパーPACも否定する」と自身のウェブサイトに書いているにもかかわらず、今やその分野で最大のスーパーPACを有していることは十分に述べられていない」と、以下の代表的なツイートで述べられている。Aren R. LeBrun @proustmalone（https://twitter.com/proustmalone/status/1235215120160219139. 二〇二〇年三月四日閲覧）

（55） ヒラリー・クリントンとジュリア・ギラードはとくに信用ならない政治家であるという認知（私はこれは大いに間違っていると思うが）に関する広範な議論については、自著『ひれふせ、女たち』第八章を参照。

（56） Hope Yen, “AP Fact Check: Sanders' Shift on Delegates Needed to Win,” *AP News*, March 1, 2020, https://apnews.com/a5f8f2335cf1b617dbb6626845b1c4a8.

（57） ひとつめの真相は、以下を参照。Libby Watson, “Joe Biden's Individual Mandate Madness,” *The New Republic*, October 23, 2019, https://newrepublic.com/article/155477/joe-bidens-individual-mandate-madness. ふたつめについては以下を参照。Matt Flegenheimer, “Biden's First Run for President Was a Calamity. Some Missteps Still Resonate,” *The New York Times*, June 4, 2019, https://www.nytimes.com/2019/06/03/us/politics/biden-1988-presidential-campaign.html.

（58） MJ Lee, “Bernie Sanders Told Elizabeth Warren in Private 2018 Meeting That a Woman Can't Win, Sources Say,” *CNN*,

January 13, 2020, https://www.cnn.com/2020/01/13/politics/bernie-sanders-elizabeth-warren-meeting/index.html.

(59) 大統領選挙でトランプは女性候補者に対して性差別を武器にするだろうと述べることは、そうした会話の文脈では、女性が彼に勝つのは確かに困難な状況にあるということを強く示唆している（さもなければ、なぜそんなことに言及するのか？　とくにこれはウォーレンにとってほとんど重要ではなかったのだから）。しかし、サンダースがそのようにほのめかしたこと自体が性差別だったのか、女性が大統領に選ばれる際に直面する乗り越えられない壁についてのもっともらしい仮説——これまでみてきたように、そのことは最終的には正当化されないけれども——を記録する方法に問題があっただけなのか、については意見が分かれている。

(60) ここでは、エズラ・クラインとのインタビューを引用する。"Kate Manne on Why Female Candidates Get Ruled 'Unelectable' So Quickly," *Vox*, April 23, 2019, https://www.vox.com/policy-and-politics/2019/4/23/18512016/elizabeth-warren-electability-amy-klobuchar-2020-primary-female-candidates.

(61) バイデンは「実際の選挙」についての質問では二九％の有権者から支持を得た。サンダースが一七％とそれに続いた。ウォーレンは一六％だった。しかし、「魔法の杖」の質問では、二一％の人びとがウォーレンを支持し、バイデンとサンダースを支持したのはそれぞれ一九％だった。Max Greenwood, "Poll: Democrats Prefer Warren When Not Considering 'Electability,'" *The Hill*, June 19, 2019, https://thehill.com/homenews/campaign/449315-poll-dems-prefer-warren-when-not-considering-electability.

(62) シルバーのこの発言は、注61で取り上げた世論調査の結果をミシェル・コトルが議論した記事で引用されている。"Elizabeth Warren Had a Good Run. Maybe Next Time, Ladies," *The New York Times*, March 5, 2020, https://www.nytimes.com/2020/03/04/opinion/democrats-super-tuesday-warren.html.

(63) これは、スーパー・チューズデー（多くの州で予備選が行われる日である）までに、史上最も多様性に富んだ民主党が選出したのは七〇代後半の三名の白人男性であり、そこにかろうじてエリザベス・ウォーレンがしがみついている状態だったことを指している。

(64) 「代理人による性差別」という概念に関する優れた議論については、以下を参照。Moira Donegan, "Elizabeth Warren's Radical Idea," *The Atlantic*, August 26, 2019, https://www.theatlantic.com/ideas/archive/2019/08/sexism-proxy-still-sexism/596752/.

（65） 以下を参照。Amanda Arnold, "All the Women Who Have Spoken Out Against Joe Biden," *The Cut*, April 5, 2019, https://www.thecut.com/2019/04/joe-biden-accuser-accusations-allegations.html.

Emma Tucker, "Sanders Backtracks on Promise to Release Medical Records: 'I'm in Good Health,'" *The Daily Beast*, February 9, 2020, https://www.thedailybeast.com/bernie-sanders-backtracks-promise-to-release-medical-records-says-im-in-good-health.

第一〇章　絶望しない——少女たちの資格

私は、第一作めの『ひれふせ、女たち』を絶望感とともに終わらせた。「私は諦める」と記したのだ。「もっと希望の持てるメッセージを発信できたらよかったのに。」代わりに、私はある事後分析——人びとにミソジニーの問題を深刻に受け止めてもらうことに、またはその問題が何であれミソジニーを直視してもらうことに、悲観していた理由の概観——を結論で提示した。

希望に満ちた状態からはまだほど遠いものの、今の私はそれほど絶望していない。ひとつには、初期の私は知的なミスを犯したと考えているためだ。つまり、少女たちや女性たちが直面している問題を、深く真面目に考えることを拒否しているのは一部の人びとであるということと、多くの人びとがそうしようとしないということを混同していた。この間、多くの読者から、ミソジニーの問題と闘うために私とともに考える準備をしていた、切望すらしていたと聞いて、私は嬉しい驚きと衝撃を受けた。残念ながら、本書で明らかにしたように、ミソジニーを否定し最小化しようとする力がいまだ巨大であることは言うまでもない。しかし、それに対抗するための推進力も数多くあるのだ——それは現存しており、醸成されてもいる。

私がもはや絶望しない別の理由は、より個人的なことである。本書の大部分は第一子を妊娠中に執筆したのだが、過去の絶望は贅沢なものだったと感じるようになった。今はその贅沢さに浸る余裕もない。

私は今もなお、破壊的で有毒なバックラッシュを引き起こさずに、フェミニストが切望しているような社会的進歩が達成される可能性には悲観的である。[1] しかし、諦めることはもはや遂行可能な選択肢ではないと感じる。私は、どんな結果になろうと、闘い続けることの必要性をますます感じるようになった。私にとっての希望は、未来はより明るいものになるだろうという信念だが、それはあまり重要視してはいない。一方で、より良い世界のために闘う——そして同様に重要なのは、世界が後退しないために闘う——という考えは、信念ではない。それは、賛同することのできる政治的コミットメントである。[2]

このような感情に拍車がかかったのは、私と夫が女の子を授かったと言われたときだった。私たちは喜び、そして恐れた。子どもに対する自然な願望と、ミソジニーの現実およびそれをしばしば引き起こす男性の資格を冷静に受け止めることを両立させるのは難しい。本書をとおして論じてきたように、少女および女性たちがいつも罰せられるのは、男性がそれとなく資格を付与されているとみなしているものを男性に提供しないからではなく——そして、自分がそれに値するという膨れ上がった男性自身の感覚によってではなく——、男性の特権を可能なものにし、それを助長し、維持するよう作用する社会構造によってである。明らかに、私たちは親として娘により良いものを望んでいる。

同時に、自分たちが女の子を——より正確にいえば、現時点では女の子である子どもを——授かっていると知って、少しほっとしたことも認めなければならない。男の子を自信と喜びに溢れ、かつ彼自身の特権に適切に配慮できるように育てることを考えると、とくに道徳的な挑戦として怖気づいてしまう気がした。どんな子どもも、子どもの頃から自分自身が潜在的な悪党であるという恐ろしい感覚を持ちながら育つべきではないことは明らかだ。非生産的で、非倫理的で、極端にいえば虐待的ですらあるだろう。いかにして適切なバランスをとるかについて、夫と私は、必要な知恵と経験を持った人びとから学びたいと思っている。[4] これは終わりのない育児に関する疑問でもあり、その多くは子どもの性別にかかわらず当てはまりもする。以下、私は自分自身をいかなる専門家であるとも提示したくない。実際、現時点ではほとんど専門家ではないだろう。

しかし私は、この本を執筆している途中で、どのような資格が付与されていると娘に感じてほしいか、自分自身で考えていることに気づいた。それは、性別にかかわらず、すべての人びとに付与されている財である。しかし、少女および女性たちは、少年および男性たちよりも重要ではない、もしくは劣っていると感じるだけでなく、ある形態の基本的人間性や、一般的良識について付与されている資格は少ないと感じるよう社会化されていることが多い。資格付与、それは本書で述べてきたように、自分はそれに値する、または自分は他者から与えられるべきだという、一部の人びとの不当な感覚を指すことがほとんどであった。しかし、そうはいっても、資格付与は汚い言葉ではない。資格付与は正真正銘なものであり、妥当なものであり、正当化されるものだろう。

そして、親になるというレンズはここで、少なくともふたつの理由から概念的に役立つと私は考えている。ひとつには、女性に真にふさわしいもの、または女性に与えられるべきものについての話になると、被害者非難の罠に陥りやすいということがある。私たちが住むこの不公平な世界では、道徳的に女性に資格付与されているものに触れないことで、または、それについて主張することで、女性が責められるようなことはほとんどない。しかし、女性は何らかの方法で自分自身のことを強く主張するべきであると——遡及的に、そしてしばしば批判的に——言うことと、娘や同じ属性の集団が前向きな方法で自分を主張するようエンパワメントされることを望むことの間には差異がある。もちろん、それは女性が自分の持っている権利を主張することがいつも実行可能で安全であることを意味するのではない。女性が自分の権利を主張することは、ミソジニーによって取り締まられ、禁止されることの一部である。しかし、少なくとも娘には、彼女に付与されている資格を理解し、状況が許すならそれをきちんと主張する準備をしておいてほしい。それが許されない状況ならば、娘にははっきりと怒りを感じてほしいし、自分自身だけでなく特権があまりない人びとのためにも、構造を変える必要性を強く訴えてほしい。

それゆえ、ここでは未来のこと、すなわち道徳的発達に重点を置くことが有益である。また、これらの努力を道徳的発達の一面として強調することも役に立つだろう。人にどのような資格が付与されているのか――または、少なくとも人にはどのような資格が付与されているべきなのか――を学ぶことは、人が他者に何を負っているのかを学ぶことと分離不可能なほどに結びついている。とりわけ、高学歴で比較的裕福な中流階級の、シスジェンダーでヘテロセクシュアルな、ほぼ障害のない、ふたりの親から生まれた白人の少女として、娘が自分自身の特権に気づけるようになることが何よりも重要である。これは、人びとの違い、多様性、さまざまな脆弱さを理解し受容することを娘に教えるという、確実に重要な任務にとどまらない。彼女が免れる周縁化や抑圧の形態の対象になってしまう人びとを擁護し、支援する特別な義務があることを娘に教えるということも含まれている。わかりやすい一例として、私たちの社会で黒人や褐色の身体を抑圧している法的および超法規的な取り締まり行為に参加しないのは言うまでもなく、それを容認しない義務がある。同様に、これまで非常に多くの白人女性がしてきたように、有色人種の女性の感情および物質的労働に搾取的に「寄りかからない」義務がある。そして、彼女の正当な資格の意識は、複数の軸に沿った特権のなかに生まれるひとりの人間として、彼女が何をし、何を言い、何に頼ることに対してその資格を付与されていないのかを知ることによって、常に緩和されなければならない。

資格が付与されているものについて、娘に知ってほしいことは何か？　私が娘に知ってほしいのは、彼女には――それが身体的にであれ、感情的にであれ――苦しみを感じる資格があり、その後強く抗議し、助けを求め、ケアされ、癒され、大切に育てられる資格があること。私が娘に知ってほしいのは、彼女の身体的・感情的ニーズを信じてもらえる資格があり、他の人びとと同様の――医療およびその他の――ケアを受けるに値するのだということ。

私が娘に知ってほしいのは、身体的に自律している資格があるということ。つまり、彼女の身体に触れたいという人から、いつ、どのように触れられるか、あるいは触れられたくないかを決める資格があるということ（そしてもちろん、彼らはただＯＫだろうと推測するのではなく、彼女の同意を得なければならない）。私が娘に知ってほしいのは、ハグやキスは、それが善意からのものであったとしても、常に任意のものであること。彼女の身体を侵害しそうな人に対して「ノー」を言うことに、罪悪感を覚えたり恥だと感じたりする必要はないこと。そのときが来たら私が娘に知ってほしいのは、自分の生殖能力を完全にコントロールする資格があり、子どもを産むか否かの決定は、他の誰でもなく彼女自身にあるということ。

私が娘に知ってほしいのは、彼女に対して推定されている性別はただの私たちの推測であり、それが間違っていると言う完全な資格があるということ。私が自分の子どもに知ってほしいのは、男の子もしくはノンバイナリーになることは、実行可能な選択肢であるだけでなく、私たちの家庭では積極的に受容されサポートされること。そして、私たちはすべてのトランスおよびノンバイナリーの子どもも大人も困難なく生きられる世界をつくるために、あらゆる場面で闘っていくこと。

私が娘に知ってほしいのは、女性は、男性と同じように、ノンバイナリーの人びとも同様に、大人の責任を果たすうえで他者からサポートされる資格があるということ。私は、母親と同じようにご飯を作り、皿洗いをし、洗濯をする父親の姿を目にする可能性のある（可能性が高いとまでは言わないまでも）家庭で娘が育つことに安堵している。いくつかの研究では、父親がいる学齢期の娘は、父親が公平な家事分担をしているとより大きな望み――教師や看護師、専業主婦といったとくに女性的にコード化された生き方に従うよりも、例えば弁護士や医者になりたいといった――を持つ傾向にあることが示されている[5]。このパターンは、母親の方が多くの家事を担っている家庭であっても、両親がジェンダー平等主義的な信念を明確に支持している場合も維持される。ここでは、行動は言葉よりも雄弁であるようだ。このことが長期的な人生の目標やキャリアの選択につながるかどうかにかかわらず、ジェンダー化された労働分業に関して、子どもは思った以上のことを感受していることが示されている。

私が娘に知ってほしいのは、スポーツをしたり、音楽を奏でたり、踊ったり、刺激的なことをしたり、喜びや悲しみ、恐れ、愚かさを表現したりするなど、さまざまな方法で自分の身体を使い、楽しむ資格があるということ。私が娘に知ってほしいのは、お腹いっぱい食べ、空間を占め、大きな声を出し、私が夢見ることしかできないような身体的自己意識の欠如を楽しむ資格があるということ。妊娠中であっても、娘に自分の身体の形や大きさ、障害、特徴などを恥ずかしいと感じさせる人がいるなら、喜んで殺してしまうだろうと思う（私にそのようなことをする資格がないことは重々承知しているとはっきり述べておく）。

私が娘に知ってほしいのは、人間のセクシュアリティはさまざまなかたちをしているということ。彼女には、ストレート、クィア、バイセクシュアル、アセクシュアル等になる資格があること。私が娘に知ってほしいのは、大きくなって自分のセクシュアリティがどのようなものだと判明しても、それにほんの少しの恥もスティグマも感じることなく、自分のセクシュアリティを充分に楽しむ資格があること。私が娘に知ってほしいのは、少しの恥もスティグマも感じることなく、セックスに「ノー」を言う資格があるということ。私が娘に知ってほしいのは——これは書くのが難しいが——、彼女が直面するかもしれない性的またはその他のいかなる虐待、ハラスメント、暴行も、道徳的に忌み嫌うべきものであること。娘の妊娠中も含め、過去数年にわたって私の意識の多くを占領してきた男性の性的資格と性的暴力に関する現実について、娘にどのように、またはどの程度話せばよいのか、あなたが読んできたこの本を書いている間、私はまだわかりかねている。ここで私は言葉を失う[6]。

私が娘に知ってほしいのは、不正義に対してはたとえそれが彼女の周りの人びとを不快にするとしても、本音を言って、正々堂々と意見を述べる資格があること――そして、ときにはそうする義務があるということ。私が娘に知ってほしいのは、話す資格があるということ、ただそれだけである。教室では男子の方が女子よりも発言を求められる場合が圧倒的に多いことが、研究によって示されている。このパターンは、とくにＳＴＥＭ分野で固定化されている[7]。こうしたことは、通常は故意ではないとしても、非常に不公正であることを娘に知ってほしい。そして、もしその状況が生じたとしたら、それは彼女のせいではなく、システムに問題があるのだと理解してほしい。私が娘に知ってほしいのは、物事を知る資格があり、後からバックラッシュや有無を言わせないマンスプレイニングに遭うことを考えずに、それを他者に説明する資格があるということ。もちろん、私は彼女に良い聞き手――自分よりも物事に精通した人の知識に敏感で、それを理解できる人――になってほしいとも思う。

　私が娘に知ってほしいのは、誰か――親である私たちも含めて――の気持ちに合わせて、彼女自身の本当の気持ちや身体に関する真実を取り繕うのは彼女の仕事ではないこと。実際、ガスライティングが非常に陰湿な現象で、愛情のある、善意の、一見するとうまく機能している家庭内で起きる傾向にある理由のひとつは、子どもたちが自分の気持ちを感じ、それを完全にさらけ出すための余地を両親から与えられていないためだと私は考える。子どもが本当の気持ちをしまっておかないと、子どもに自分がおかしいと感じさせたり、罪悪感を抱かせたりするために、「あなたがそんなことを感じるはずがない」「あなたはそんなことを言ってはいけない」といった表現が容易に使われる。怒ったり、悲しんだり、不安を感じたり、単にわからないと表現したりする資格があることを、私は娘に知ってほしい。

　私が娘に知ってほしいのは、権力を持ち、状況によっては特権のある少年や男性も含めた他者と競争する資格があるということ。私が娘に知ってほしいのは、最終的に彼らに勝つか、さもなければ彼らよりも地位が上ならば、彼らに対して権力や権威を行使する地位を占める十分な資格があるということ。私は娘に、親切で恐れを知らないリーダーになってほしい。私はまた、娘には上品な敗者になってほしい。私は娘に、共同的な考え方をする、利他的な人になってほしい。同時に、道徳的誤りを含めた間違いを犯す資格があることも感じてほしい。他の多くの少女や女性たちとは異なり、もしくじけそうなときでも、愛され、許されることを知ってほしい。間違いを犯すことが避けられないときは、きちんと率直に自分の誤りを認め、訂正する準備をしておいてほしい。

そして、私が娘に知ってほしいのは、これらの事柄に関する彼女の資格は、彼女の最も重要な道徳的義務のいくつかと決定的に結びついているということ。つまり、構造的不正義が積極的に是正される世界をつくるために、ジェンダーに関係なく、すべての人びとと共有されるべき義務である。私たちは、社会的・法的・医療的機関のなかで、少女および女性たちが価値を認められ、ケアされ、信じてもらえる世界のために、ともに闘わなければならない。私たちは、少女および女性たちの身体が日常的にコントロールされ、性的なものとして扱われ、ハラスメントの対象にされ、暴行され、傷つけられる――ましてや完全に破壊される――ことがない世界のために、ともに闘わなければならない。私たちは、すべての少女および女性たちが、特権ある少年や男性たちが暗黙のうちに資格を付与されているとみなしている、セックス、ケア、愛を主に提供する側の人間に追いやられるのではなく、ひとりの人格をもった人間として安全かつ自由に存在できる世界のために、ともに闘わなければならない。もちろん、これらのことは、私たちの道徳的な共同体のあらゆる構成員にとっての正義を達成するために、急進的であったとしても是が非でも起こさなければならない構造的変化のほんの一部に過ぎない。だが実際、この文章を書いている時点では、それを思い描くことは難しい。

そう、私はこの文章を書いてはいるが、すべての事柄をうまく娘に教える自分を想像できない。私たちの文化のなかには、非常に多くの対抗言説が存在する。そして、私自身が適切に、完全に学んだことはないが、娘に教えなければならないこともたくさんある。少女および女性たちが、自分たちに資格付与されているものを確実に主張できる世界、ましてや彼女たちがそれらを得られる世界を描くことは、今でもはるかに難しい。それは長期にわたる、おそらく果てしない闘いになるだろう。しかし、娘に向かって私はこう言うことができる、私はその闘いのなかにいる、と。

注

（1）例えば、MeToo運動をきっかけとして、職場のジェンダーに対する態度が多くの人びとにとって良い方向へは進まなかったことを示す研究を参照してほしい。二〇一九年のはじめ頃、研究者たちは「男性の一九%が魅力的な女性を雇うことに抵抗があると回答し、二一%が男性と近しい対人関係をともなう仕事（出張をともなう仕事など）に女性を雇うことに抵抗があると回答し、二七%が女性の同僚と一対一のミーティングを避けると答えた」と明らかにした。これは、MeToo運動が最初に始まった直後である二〇一七年に実施された調査結果からすると大きく後退していた。その間にこれらの数字は、一例を除いて実際のところ増え続けている。Tim Bower, "The #MeToo Backlash," *Harvard Business Review*, September–October 2019, https://hbr.org/2019/09/the-metoo-backlash.

（2）ここで、信念と政治的コミットメントを区別するひとつの方法は、信念とは世界を正確に反映することを目的としているのに対し、願望、コミットメント、行動は積極的に世界を変える（または、繰り返しになるが世界が後退するのを防ぐ）ことを目的とするというものである。私は、二〇世紀のイギリスの著名な哲学者であるエリザベス・アンスコムが、その名著*Intention*（Oxford: Basil Blackwell, 1957［＝2022、柏端達也訳、『インテンション――行為と実践知の哲学』岩波書店］）で最初に定式化した区別を用いている。終わりのない政治的闘争の理解は、未来への希望または楽観主義に依拠しないという説得力のある議論については、以下を参照。Kathryn J. Norlock, "Perpetual Struggle," *Hypatia* 34, no. 1 (2019): 6–19.

（3）すなわち、私たちは自分の子どもがトランス男性またはノンバイナリーになる可能性を認識しており、そのことを積極的に受け入れるということである。

（4）しかしながら、男の子の子育てについてのリベラル界隈での共通した考え――男の子は、女の子と比較して自分自身の感情に触れたり、それを表現したりできるようになるために、より多くの手助けを必要とするというもの――は、確固とした実証的基盤を欠いているように思われるということを記録しておくのも価値があるかもしれない。大規模なメタ分析では、男の子と女の子の間では感情表現における差異は概して小さく、微妙なもので、文脈に大きく依存することが研究者によって明らかにされている。Tara M. Chaplin and Amelia Aldao, "Gender Differences in Emotion Expression in Children: A Meta-Analytic Review," *Psychological Bulletin* 139, no. 4 (2013): 735–65.

（5）もちろん、これらの女性的にコード化された生き方は、それがあらゆるジェンダーの人びとによって自由に選択されるならば、歓迎すべきである。しかし、ここでのポイントは、子どもたちの視野を早期に狭めてしまうのは残念なことであり、少女たちの将来の見通しに父親の選択が重要な違いをもたらしているようだ、ということである。そしてまた悲しいことに、少年たちの将来の選択はより首尾一貫しているようであるということも、注目に値する。つまり、少年たちは親の労働分業にかかわらず、典型的なジェンダーにもとづく生き方を自分のものとして同定するのが一般的であった。この研究の概要については、以下を参照。Emily Chung, "Dads Who Do Housework Have More Ambitious Daughters," *CBS News*, May 28, 2014, https://www.cbc.ca/news/technology/dads-who-do-housework-have-more-ambitious-daughters-1.2655928.

（6）もちろん、少年や男性たちも、少女や女性たちに比べれば一般的に低い割合ではあるものの、性的な虐待、暴行、ハラスメントに直面する（ノンバイナリーの人びとは、少なくとも少女や女性たちと同じくらい被害に遭いやすいのではと私は疑っている）。しかし、被害者のジェンダーが何であれ、性的な暴力を犯す人びとの大部分は、男性である。以下を参照。Liz Plank, "Most Perpetrators of Sexual Violence Are Men, So Why Do We Call It a Women's Issue?" *Divided States of Women*, November 2, 2017, https://www.dividedstatesofwomen.com/2017/11/2/16597768/sexual-assault-men-himthough, for relevant discussion.

（7）以下を参照。David Sadker and Karen R. Zittleman, *Still Failing at Fairness: How Gender Bias Cheats Girls and Boys in School and What We Can Do About It* (New York: Scribner, 2009).

謝辞

本書の執筆期間は短かったものの、出版までに六年近くの歳月がかかっている。多くの人たちにサポートしてもらったため、全員に感謝の気持ちを伝えるのはとても難しい。十分ではないだろうが、はじめに、クラウン社の編集者であるアマンダ・クックの素晴らしい洞察力と編集者としての先見性、そして、このプロジェクトの間、私を支え、信じてくれたことに深く感謝している。ペンギンUK社の編集者であるカシアナ・ロニタには、本書を飛躍的に良いものにする鋭いコメントをもらった。あらゆる作者の夢を実現させるようなサポートに、大変感謝している。また、このプロジェクトにともに従事したわけではないが、私の最初の本の編集者であるオックスフォード大学出版社のピーター・オーリンがいなければ、本書を構想することはできなかっただろう。並外れた忍耐力と優しさ、洞察力で、前作『ひれふせ、女たち』の執筆を見守ってくれた。

私のエージェントであるルーシー・クレランドは、本書を刊行するまでに素晴らしいアイデアとサポートを提供してくれた。大変感謝している。企画段階で重要な手助けをしてくれた、ステファニー・シュタイカーにも感謝を述べたい。

フォーダム大学、ミシガン大学、ノースカロライナ大学チャペルヒル校、ＭＩＴ、インディアナ大学ブルーミントン校、ＲＩＴ、アラバマ大学バーミンガム校、ブルックリン公共図書館、ウースター大学、ナッソー・コミュニティ大学、プリンストン大学、ＣＵＮＹ、バッファロー大学、アマースト大学、コネチカット大学、ウェルズリー大学、コーネル大学人文学会、南イリノイ大学エドワーズビル校、ピュージェットサウンド大学、グリネル大学、南カリフォルニア大学での聴衆のみなさんにも感謝したい。本書のさまざまな箇所について、寛大で鋭いフィードバックをいただいた。また、コーネル大学セージ哲学科の同僚と大学院生のみなさんには、仕事をするうえで素晴らしい知的環境を提供してくれたことに深く感謝している。

個人的には、両親のアンとロバート、そして、きょうだいのルーシーにも感謝を伝えたい。想像をはるかに超えるほどの素晴らしい家族であり、論争や、ときには分裂を引き起こすような思考を追求することができる「安全な基地」を与えてくれた。三人のサポートと、みなが変わらずにいてくれることにとても感謝している。

最後に、素晴らしい夫、ダニエルがいなければ、この仕事はできなかっただろう。彼は私の支えであり、安心できる居場所である。知的に、物質的に、感情的に日々の私を支えてくれ、いつも頼りにしている存在である。彼は私の最初の読者であり、親友であり、そして今では、ともに親業をしている。いつの日にか、彼に少しでも恩返しができればと願うばかりである。

訳者あとがき

本書は、Kate Manne, 2020, *Entitled: How male privilege hurts women,*（New York: Penguin Random House LLC.）の全訳である。翻訳は、第一・四・五・六・八章および謝辞を鈴木が、第二・三・七・九・一〇章を共訳者である青木が下訳を作成し、全体の訳出を鈴木が整えた後に、鈴木・青木両名で校正作業を行った。なお、本書では邦訳のある文献も数多く引用されており、その場合は既に刊行されている邦訳版の訳に倣っている。本文中、［ ］内で示した文章は訳者による補いである。

著者であるケイト・マンは、コーネル大学哲学部准教授である。メルボルン大学にて哲学・論理学・コンピューターサイエンスを学んだ後、二〇〇六年から二〇一一年までマサチューセッツ工科大学哲学部に在籍し、修士号を取得。二〇一一年からはハーバードフェロー協会ジュニア・フェローを務め、二〇一三年より現職に着任している。専門は道徳哲学（メタ倫理学・道徳心理学）・フェミニスト哲学・社会哲学である。道徳哲学では主体に着目した学術論文を複数発表しているほか、本書でも注釈で頻繁に言及されているように、『ザ・アトランティック』『ガーディアン』『ニューヨーク・タイムズ』『ボストン・レビュー』『ハフィントン・ポスト』といった各種メディアに、道徳や政治、フェミニズム関連の評論やエッセイを寄稿するなど、多方面で精力的に活躍している。

マンの初の著書である *Down Girl: The Logic of Misogyny*（Oxford University Press）は二〇一七年に

出版され、二〇一九年には邦訳版（小川芳範訳、『ひれふせ、女たち――ミソジニーの論理』慶應義塾大学出版会。以下、前作に言及する際は邦訳版のタイトルを表記する）も刊行されている。『ひれふせ、女たち』は、大きな反響を呼んだ。『ザ・ニューヨーカー』『ワシントン・ポスト』『タイムス文芸付録』『ゲルニカ』をはじめとして数多くの媒体にレビューが掲載された。また、『タイムズ・ハイアー・エデュケーション』のキャリー・ティランド・ブラメン、『ビッグ・イシュー』のコーデリア・ファイン、『リーディング・リスト』のスカイ・クリアリーなどによって、同書は二〇一七年の年間最優秀本に、『ワシントン・ポスト』のカルロス・ロザダによって「二〇一七年の最も記憶に残る本」に、『ファイブ・ブックス』のポール・ブルームによって「残酷さと悪に関する本ベスト五」に、『MPRニュース』のケリー・ミラーによって「夏のビッグリード二〇一八」に選出されるなど、多方面で高く評価された。二〇一九年にはマン自身も、英国の総合月刊誌『プロスペクト』において「五〇人の世界のトップ思想家」に選出されている。

『ひれふせ、女たち』においてマンは、ミソジニー概念の再構築というプロジェクトに取り組んでいる。これまで、ミソジニーという言葉は「女性嫌悪」という意味で用いられてきた。しかし、この「嫌悪」という日本語訳からも推測されるように、従来のミソジニー概念（マンはこれをミソジニーの「素朴理解」と呼んでいる）は、ミソジニー的な行為をした者の心理状態や内面に焦点を当てざるをえなかった。こうした「素朴理解」には、ミソジニー概念のある種の使いにくさがつきまとっていた。ミソジニーなのではないか、あるいは、ミソジニーに起因するのではないかと思われる行為があった際に、その行為がミソジニーであるか否かを判断するためには、その行為者の精神面を奥深くまで辿らなければならなかった。しかし、ある人の心理がどのような状態であるのかを「正確」に判断することなど、専門家であっても困難である。差別、抑圧、偏見、格差など、ジェンダーに関連する不平等な状態を名指す言葉は数多あるが、どの言葉でもしっくりこない、ミソジニーとしか言いようがない出来事に直面した際、肝心のミソジニーという言葉は女性たちにとって使いにくいものだったのである（今でもその状況は続いてはいる）。

ミソジニーをめぐるこうした膠着状態を克服するためにマンが取り組んだのが、ミソジニーを概念的に再構成することである。前作『ひれふせ、女たち』においてマンは、ミソジニーを次のように論じている。

ミソジニーは、家父長制の遵守を監視しパトロールすることによって、その社会規範を下支えする。他方、性差別主義はそうした規範を正当化することに仕える。（『ひれふせ、女たち』一二八頁）

ここでマンは、性差別主義とミソジニーを明確に分離している。性差別主義とは家父長制秩序を正当化する論理であり、それに対してミソジニーとは家父長制秩序から逸脱している、あるいは脅かす人（＝女性）を監視し、場合によっては制裁を加えるものである。そして、両者は相互に補完しながら家父長制を維持しているとする。

本作『エンタイトル』においても、こうしたミソジニー概念は引き継がれている。本書でマンはミソジニーを次のように述べている。

ミソジニーは家父長制の「法執行」部門とした方が、最もよく概念化することができる――ジェンダー化された規範と期待を監視して強要するように機能し、様々な要因のなかでもとりわけジェンダーによって、不釣り合いに、または明確に、敵対的な扱いをされている少女や女性たちを巻き込むシステムである。（本書一一頁）

ミソジニーを「家父長制の「法執行」部門」と概念化することで、女性を標的としたさまざまな攻撃や彼女たちに課された「罰」を可視化し、あらためてそれが問題であると名指していくことができる。その際には、あるミソジニー的な行為をした人の内面を深く探索していくというような、従来のほぼ実行不可能な作業をすることはもはや必要なくなる。

本作『エンタイトル』もまた、『ザ・アトランティック』において「二〇二〇年のベスト・ブック一五冊」に選ばれるなど、注目を集めた書籍である。前作との関係としては「姉妹編」のような位置づけがなされていると言えるだろう。二〇一四年のアイラビスタ銃乱射事件や、二〇一六年の合衆国大統領選挙期間中にみられたドナルド・トランプ元大統領の女性蔑視発言など、取り上げられている事例も重なっていることが多い。

しかし、本作では社会においてミソジニーがいかに作用しているかというこれまでの軸は維持されているものの、「資格 entitlement」がキーワードになっている。原著には、「男性特権はいかにして女性を傷つけるか How male privilege hurts women」と手厳しい副題もつけられている。二作目ではなぜ「資格」に焦点が当てられているのか。この点についてマンは、オンラインニュースサイト『サロン』のインタビュー記事のなかで次のように語っている。

もしミソジニーが、家父長制的な規範や期待によって女性の不品行を取り締まり、罰を与え、善良でいるよう強要するのだとしたら、ある疑問が生じます。家父長制的な規範や期待とは、とくに今日の合衆国のような「ポスト家父長制」的な文脈において、どのようなものなのでしょうか。(Marcotte, Amanda, 2020, "From mansplainers to sexual assaulters, Kate Manne explains how society empowers men to harm women," *Salon*, https://www.salon.com/2020/08/10/entitled-kate-manne-sexism-male-privilege-feminism/(二〇二二年一一月二八日閲覧))

ミソジニーが取り締まり、罰を与えるのは家父長制的な規範や期待から逸脱しようとしたり、それに抗したりする女性である。しかし、合衆国のように法的・社会的に男女平等が（形式的で不十分であれども）実現されているような「ポスト家父長制」的社会において、ミソジニーが守ろうとしている「家父長制的な規範や期待」とはそもそも何なのだろうか。

その答えとしてマンが本作で提示しているのが、資格（entitlement）である。その資格の具体例として本書では、称賛を得る資格（第二章）、セックスをする資格（第三章）、同意される資格（第四章）、痛みの訴えを聞いてもらう資格（第五章）、自分の身体のことを自分で選択する資格（第六章）、家事労働をしてもらう資格（第七章）、知識ある者として語る／聞かれる資格（第八章）、権力を得るにふさわしい者とみなされる資格（第九章）である。多岐にわたる領域での資格が論じられているが、合衆国におけるすべての資格を網羅したものではない。また、マン自身も「他の文化的文脈ではどのような類似点や相違点があるのかという問いは、読者に考察してもらう方が適している」（二〇頁）と述べているように、社会や文化が異なれば資格とみなされているものの内実や、その作用の強弱も変わってくるだろう。

これらの資格は、男性のみに付与されているというよりも、より正確にいえば、すべての人に付与されているはずであるにもかかわらず、男性だけが他者との相互行為においてその資格にもとづいたふるまいをすることが社会的に許容されている資格である。そして、この無自覚の資格意識にもとづいたさまざまな行為に抗うことは難しい。アジズ・アンサリと望まない性的接触をしたグレースや（第四章）、自著についてマンスプレイニングをされたレベッカ・ソルニット（第八章）の例からわかるのは、日々の対人関係のなかで男性の無自覚な資格意識に起因するふるまいを遮ったり拒絶したりすることは、一般的に相手（＝男性）に対して「失礼」な行為だと思われている（もしくはそうみなされる可能性が極めて高い）ということだ。それゆえに女性は、「自分たちのふるまいが文化的にスクリプト化されている社会的状況を混乱させないように」「最大限に努力」しようとするのである（八七頁）。

ミソジニーという家父長制の「法執行」部門による監視、取り締まり、罰を克服するためには、何が必要とされるのだろうか。マンは次のように述べている。「本当の課題は、女性は完全な人間（human being）であり、愛やセックス、道徳的支援を与えてくれる人（human giver）ではないのだと認めることにある」（三三三頁）。本書で論じられてきた資格の多くは、私たちにも付与されているものである。しかし、合衆国だけでなく日本においてもまた、女性たちが「完全な人間」として各々の資格を行使し、それを享受するための文化的スクリプトはないことが多い。マンが娘へ向けて希望をもって本書を閉じたことに倣えば、現状が困難だからといって悲観的になり過ぎる必要もないのかもしれない。たとえ途方もない大仕事にみえようとも、人の営みが人によって作られてきたものである以上、普遍的で変更不可能ということはない。今そのスクリプトがないのであれば、これから作っていけばいいのだ。そして、それを可能にするのは何よりも私たちの日々の実践にかかっている。

・・・

共訳者である青木梓紗さんとの共同作業はとても充実した楽しい時間だった。毎回のミーティングは訳文のチェックだけにとどまらず、ついつい話が脱線してしまい、長時間に及ぶことも多かった。新たなアイデアを思いつく刺激的なディスカッションをしたこともあれば、たわいもない雑談から元気をもらうこともあった。権力を扱った第九章でマンは、エイミー・クロブシャー上院議員を高く評価している。二〇二〇年の合衆国大統領選挙は日本でも頻繁に報道されていたが、クロブシャー上院議員について報道していた日本国内のメディアはほとんどなかったように思う。合衆国のメディア産業の男性中心主義と、日本のメディア産業における男性中心主義という、二重の男性中心主義のフィルターによって彼女の存在は濾過され、私たちのもとには届いてすらいなかったのだということを、青木さんとのやり取りをとおして気づくことができた。また、そのときどきに日本国内で起きていた出来事を、英語で書かれた本書の各章につけられたタイトルになぞらえながら、互いの怒りを共有したりもしていた（たとえば、Unchangeable: On the Entitlement to Family Name などのように）。長年の友人でもある青木さんに感謝している。いつもありがとう。

人文書院の編集者である松岡隆浩さんにも大変お世話になった。本書の企画を快く引き受けてくださり、刊行まで私たちふたりに伴走してくださったこと、心からお礼申し上げたい。

二〇二二年一二月

鈴木　彩加

著者紹介

ケイト・マン（Kate Manne）

1983年、オーストラリア・メルボルン生まれ。コーネル大学哲学部准教授。専門は倫理・社会・フェミニズム哲学。著書に『ひれふせ、女たち　ミソジニーの論理』（小川芳範訳、慶応義塾大学出版会、2019年）。

訳者紹介

鈴木彩加（すずき　あやか）

1985年生まれ。大阪大学大学院人間科学研究科博士後期課程修了。博士（人間科学）。現在、筑波大学人文社会系准教授。著書に『女性たちの保守運動』（人文書院、2019年、第20回大佛次郎論壇賞受賞）、『問いからはじめる社会運動論』（共著、有斐閣、2020年）、訳書にブリー『レイシズム運動を理解する』（人文書院、2022年）。

青木梓紗（あおき　あずさ）

1982年生まれ。大阪府立大学大学院人間社会学研究科博士前期課程修了。修士（人間科学）。民間企業国内勤務を経て、海外勤務。

Printed in Japan
ISBN 978-4-409-24153-0 C0036

エンタイトル
――男性の無自覚な資格意識はいかにして女性を傷つけるか

二〇二三年 四 月二〇日 初版第一刷印刷
二〇二三年 四 月三〇日 初版第一刷発行

著　者　ケイト・マン
訳　者　鈴木彩加
　　　　青木梓紗
発行者　渡辺博史
発行所　人文書院
〒六一二-八四四七
京都市伏見区竹田西内畑町九
電話〇七五(六〇三)一三四四
振替〇一〇〇〇-八-一一〇三

印刷　創栄図書印刷株式会社
装丁　村上真里奈